高等院校人文素质教育系列教材

创新思维与创业教育

单 盈 编著

清华大学出版社
北京

内 容 简 介

本书在简要阐述创新意义的基础上，较详细地讲解了多种创新思维方法，如发散思维、收敛思维、综合思维、逻辑思维、灵感思维等。本书共分为八章，主要讲述了创新的相关概念、创新与创业、创业者与创业团队、创业机会与创业风险、商业模式、创业资源与创业计划等内容。本书内容通俗易懂，并配有案例，帮助读者举一反三，加深对知识的理解与运用。

本书既可作为本科及高职院校培养学生创新能力的教材，也可作为创业者的前期指导手册。

本书封面贴有清华大学出版社防伪标签，无标签者不得销售。
版权所有，侵权必究。举报：010-62782989，beiqinquan@tup.tsinghua.edu.cn。

图书在版编目(CIP)数据

创新思维与创业教育 / 单盈编著. -- 北京：清华大学出版社，2025.5.
(高等院校人文素质教育系列教材). -- ISBN 978-7-302-68913-3
Ⅰ.B804.4；F241.4
中国国家版本馆 CIP 数据核字第 202535UF69 号

责任编辑：孙晓红
装帧设计：杨玉兰
责任校对：李玉茹
责任印制：丛怀宇

出版发行：清华大学出版社
　　　　网　　址：https://www.tup.com.cn, https://www.wqxuetang.com
　　　　地　　址：北京清华大学学研大厦 A 座　　邮　编：100084
　　　　社 总 机：010-83470000　　　　　　　　邮　购：010-62786544
　　　　投稿与读者服务：010-62776969, c-service@tup.tsinghua.edu.cn
　　　　质量反馈：010-62772015, zhiliang@tup.tsinghua.edu.cn
　　　　课件下载：https://www.tup.com.cn, 010-62791865
印 装 者：三河市科茂嘉荣印务有限公司
经　　销：全国新华书店
开　　本：185mm×260mm　　印　张：12.75　　字　数：316 千字
版　　次：2025 年 5 月第 1 版　　　　　　　印　次：2025 年 5 月第 1 次印刷
定　　价：39.00 元

产品编号：093453-01

前　言

　　创新是国家发展必须面对的重大课题，创新意识、创新精神、创新能力直接关系着国家和民族的前途与命运。因此，现代教育的任务是为国家培养出一大批既有扎实的理论和技术知识，又具有创新性和创造性思维的各类优秀人才，以满足科学发展和社会进步对人才的要求。这就要求大学生在校学习期间，除了努力拓宽知识面，打好坚实的理论基础和技术基础外，还要具备足够的自信心和进取心，不断开拓创新。推动大学生创新，要充分发挥各级、各类高等院校的教育功能、社会实践的延伸功能、制度的保障功能和评价体系的促进功能。

　　创新驱动战略在我国日渐深入人心，积极开展大学生创新与创业教育，将大学生培养成国家创新驱动发展的生力军，是摆在高等教育面前的重要任务。要建设创新型国家，核心是增强自主创新能力。自主创新，方法必须先行。

　　本书共分为八章，各章内容简介如下。

　　第一章介绍创新的相关背景，包括创新的定义、创新的相关政策，以及创新的价值等。

　　第二章介绍创新的相关概念，包括发明与创新、创新思维、创新内容、创新学及创新教育、创新体系，以及创新能力等。

　　第三章介绍创新与创业，包括创造、创意与创新的内涵，创新及其相关概念之间的关系，创新精神与创业及其精神。

　　第四章介绍创业者与创业团队，包括创业者的定义与类型、创业者的素质和能力、创业动机、创业动机的驱动因素、创业团队的组建、创业团队冲突管理等。

　　第五章介绍创业机会与创业风险，包括创业机会的理论来源、创业机会概述、创业机会的识别、创业机会评价、创业项目选择、创业风险及防范等。

　　第六章介绍商业模式，包括商业模式概述、商业模式设计、评估市场、商业模式案例分析等。

　　第七章介绍创业资源，包括创业资源的种类及获取途径、创业融资、创业资源管理等。

　　第八章介绍创业计划，包括创业计划的作用和内容、创业计划书的基本结构与信息搜集、创业计划书撰写步骤等。

　　本书由南京审计大学公共管理学院单盈老师编著。由于作者水平有限，书中难免有疏漏之处，敬请广大同行和读者批评、指正。

编　者

目　　录

第一章　导论 1
 第一节　创新的定义 1
 第二节　我国创新政策的梳理 2
 第三节　要培养年轻人创新创业能力 4
 第四节　实现价值，开创事业 5
 思考与练习 8

第二章　创新 9
 第一节　发明与创新 9
  一、发现和发明 9
  二、创造与创新 10
 第二节　创新思维 11
  一、思维和创新思维的概念 11
  二、创新思维的特征 12
  三、创新思维的类型 13
  四、影响创新思维的因素 16
  五、创新思维的培养 18
  六、思维导图训练 22
 第三节　创新内容 25
  一、创新的特点 25
  二、创新的性质和过程 26
  三、创新的实施 26
 第四节　创新学及创新教育 26
  一、创新精神 27
  二、创新思维 27
  三、创新环境 27
  四、创新技法 27
  五、创新教育 27
 第五节　创新体系 28
  一、知识创新、技术创新与管理创新 28
  二、管理创新的内容 28
  三、创新文化与环境 29
  四、创新发展 29
 第六节　创新能力 30
  一、创新能力的概念 30
  二、创新能力的特点 31
  三、创新型人才 32
 思考与练习 34

第三章　创新与创业 35
 第一节　创造、创意与创新 35
  一、创造的意义与内涵 35
  二、创意的意义与内涵 36
  三、创新的意义与内涵 37
 第二节　创新及其相关概念之间的关系 39
  一、创新与创意的关系 39
  二、创新与创造的关系 40
  三、创新与创业的关系 40
 第三节　创新精神与创业及其精神 42
  一、创新精神 42
  二、创业的特点和类型 44
  三、创业的原则和过程 45
  四、创业精神 47
 思考与练习 50

第四章　创业者与创业团队 51
 第一节　创业者 51
  一、创业者的定义 51
  二、创业者的类型 51
 第二节　创业者的素质和能力 53
  一、创业者的素质 53
  二、创业者的能力 55
 第三节　创业动机 56
  一、创业动机的概念 56
  二、创业动机的分类 57
 第四节　创业动机的驱动因素 58
  一、社会诱因 58
  二、个体诱因 59

第五节 创业团队.. 61
　一、团队.. 61
　二、创业团队及其作用.. 63
　三、创业团队的特征.. 72
第六节 组建创业团队.. 73
　一、组建原则.. 73
　二、组建流程.. 74
　三、创业团队的招募.. 75
　四、团队成员的评估.. 76
第七节 创业团队冲突管理.. 77
　一、认知冲突.. 77
　二、情感冲突.. 77
　三、所有权分配冲突.. 77
第八节 创业团队的创新精神...................................... 78
思考与练习.. 80

第五章　创业机会与创业风险............................ 81

第一节 创业机会来源理论.. 81
　一、谢恩的机会来源理论...................................... 81
　二、德鲁克的机会来源理论.................................... 82
第二节 创业机会概述.. 84
　一、创业机会的定义.. 84
　二、创业机会的属性.. 84
　三、创业机会的来源.. 85
　四、创业机会的分类.. 86
第三节 创业机会的识别.. 87
　一、创意、创业机会及商业机会................................ 87
　二、影响创业机会识别的因素.................................. 88
　三、识别创业机会的一般过程.................................. 89
　四、创业机会的把握.. 91
　五、创业机会的识别方法...................................... 92
第四节 了解企业常见的法律形态.................................. 93
　一、企业法律形态的定义...................................... 93
　二、企业法律形态的分类及特点................................ 94
　三、企业法律形态的横向比较.................................. 95
第五节 创业环境及政策分析...................................... 97
　一、体制机制改革.. 97
　二、国家扶持政策.. 99
　三、优化创业服务... 100

第六节 创业机会评价... 101
　一、创业机会评价的特殊性................................... 101
　二、个人与创业机会的匹配................................... 102
　三、创业机会评价的策略..................................... 102
第七节 创业项目选择... 106
　一、创业项目选择的过程..................................... 106
　二、扩展创业机会... 108
　三、创业项目与个人匹配..................................... 110
第八节 创业风险及防范... 111
　一、创业风险的概念及特征................................... 111
　二、创业风险的主要来源..................................... 112
　三、创业风险的分类... 113
　四、创业风险的识别... 115
　五、创业风险的防范... 116
思考与练习... 120

第六章　商业模式...................................... 121

第一节 商业模式概述... 121
　一、商业模式的定义... 121
　二、商业模式的类型... 122
　三、商业模式的组成要素..................................... 125
第二节 商业模式设计... 126
　一、商业模式设计的原则..................................... 126
　二、商业模式设计的流程..................................... 127
　三、商业模式设计的方法..................................... 129
　四、商业模式设计逻辑思路................................... 130
第三节 评估市场... 131
　一、了解市场与顾客... 131
　二、了解竞争对手... 135
　三、制订营销计划... 141
第四节 商业模式案例分析....................................... 149
　一、沃尔玛商业模式... 149
　二、戴尔电脑商业模式....................................... 150
　三、星巴克商业模式... 152
　四、携程网的商业模式....................................... 153
　五、腾讯的商业模式... 156
思考与练习... 158

第七章 创业资源 159

第一节 创业资源概述 159
一、创业资源的种类 159
二、影响创业资源获取的因素 161
三、创业资源获取的途径 165

第二节 创业融资 166
一、创业融资分析 166
二、创业所需资金的测算 166
三、创业融资渠道 166
四、创业融资的选择原则 169

第三节 创业资源管理 170
一、不同类型资源的开发 170
二、创业资源开发的推进方法 176

思考与练习 182

第八章 创业计划 183

第一节 创业计划概述 183
一、创业计划的作用 183
二、创业计划书的内容 184

第二节 创业计划书的撰写 189
一、创业计划书的基本结构 189
二、创业计划的信息搜集 190

第三节 创业计划书撰写步骤 191
一、准备阶段 191
二、起草阶段 192
三、完善阶段 192
四、定稿阶段 192

思考与练习 194

参考文献 195

第一章 导　　论

面对知识经济的挑战，培养和提升人的创新能力是社会主义现代化建设事业的客观要求。因为创新能力的培养，其宗旨始终是为社会主义现代化建设事业服务的，是实施科教兴国战略方针的重要组成部分，所以创新思维与创业教育在我国现代化建设中具有重大作用。国家创新驱动战略为创新教育和创新思维提供了科学的理论载体。

第一节　创新的定义

在西方，英语中"innovation"(创新)这个词起源于拉丁语，它有三层含义：第一层含义是更新，就是对原有的东西进行替换；第二层含义是创造新的东西，就是创造出原来没有的东西；第三层含义是改变，就是对原有的东西进行发展和改造。在汉语中，"创新"一词也出现得很早，有"革弊创新""创新改旧"等含义。《现代汉语词典》中对"创新"的解释是：抛开旧的，创造新的；创造性；新意等。

美籍奥地利经济学家约瑟夫·熊彼特(Joseph Alois Schumpeter)较早地给创新以系统定义。1912年约瑟夫·熊彼特在其著作《经济发展理论》中提出创新理论。他指出，创新是指企业家对生产要素"进行新的组合"，从而获得超额利润的过程。这种新的组合包含了五种情况：一是引入一种新产品或提供一种新的产品质量；二是采用一种新方法；三是开辟一个新市场；四是获得一种原料或半成品的新的供给来源；五是实行一种新的企业组织形式。在约瑟夫·熊彼特创新概念的基础上，人们进一步提出技术创新、产品创新、过程创新、实践创新、理论创新、制度创新等一系列概念，并将微观领域的创新活动上升到国家宏观层面，提出国家创新体系等概念。

目前，学术界对"创新"尚未有统一定义，但是从一般意义上看，我们认为，创新是指打破已有的思维模式或常规的思路，利用有限的资源在特定的环境下改进或创造新的事物，探索新的方法和路径，并取得一定效果的行为和过程。具体来讲，可从以下几个方面进行理解。

(1) 创新是获取收益中的一个阶段。在这个阶段，需要突破常规，打破传统，产生新设想和新概念，并将其发展到实际应用的程度。

(2) 创新是创造和引进新事物的过程。在这个过程中，从发现潜在的需求开始，运用知识或相关信息进行创造，并经历事物的可行性检验，直至新事物广泛应用为止。

(3) 创新具有解决问题的作用。创新可以在解决经济问题、社会问题和技术问题等方面发挥重要作用，它是每个人都可以参与的事业。

(4) 创新以取得的成果和成效为评价尺度。任何创新活动的目的都是取得一定的成果并推广应用。根据成果和成效，创新可分为小级别创新、突破性创新和里程碑式创新。

第二节　我国创新政策的梳理

国务院于 2016 年 8 月 8 日印发《"十三五"国家科技创新规划》,描绘未来五年科技创新发展的蓝图,确立了"十三五"科技创新的总体目标:国家科技实力和创新能力大幅跃升。中国科学技术发展战略研究院在 2021 年浦江创新发展论坛上发布的《国家创新指数报告 2020》显示,我国国家创新指数排名世界第 14 位,迈进创新型国家行列;创新驱动发展成效显著,与 2015 年相比,科技进步贡献率从 55.3%提高到 60%。

2016 年 4 月和 9 月,国务院两次印发通知("国务院关于印发上海系统推进全面创新改革试验加快建设具有全球影响力科技创新中心方案的通知""国务院关于印发北京加强全国科技创新中心建设总体方案的通知"),设立上海、北京两个科技创新中心。上海将从研究探索鼓励创新创业的普惠税制、改革股权托管交易中心市场制度等 10 个改革主攻方向开展先行先试,同时,细化提出了 20 项具体改革试点举措;北京将根据京津冀协同发展的总体要求,以中关村国家自主创新示范区为主要载体,以构建科技创新为核心的全面创新体系为强大支撑,充分发挥中央在京单位的作用,充分激发人的创新动力,增强原始创新能力,推动科技和经济结合,构建区域协同创新共同体,加强科技创新与合作。

2019 年 12 月,国资委印发《百户科技型企业深化市场化改革提升自主创新能力专项行动方案》,在完善公司治理体制机制方面,提出了加快推动科技型企业董事会应建尽建、配齐配强;健全董事选聘、管理、考核、评价、退出等机制,提高董事会科学决策水平;全面落实科技型企业董事会依法行使重大决策、选人用人、薪酬分配等权利。在健全市场化选人用人机制方面,提出了科技型企业全面推行经理层成员任期制和契约化管理,加快建立职业经理人制度。在强化市场化激励约束机制方面,提出了科技型企业工资总额应实行单列管理,且不列入集团公司工资总额预算基数,不与集团公司经济效益指标挂钩;大力推行股权激励、分红激励、员工持股、超额利润分享、虚拟股权、骨干员工跟投等中长期激励方式。在激发科技创新动能方面,提出了充分发挥科技型企业在技术创新决策、研发投入和成果转化中的主体作用;构建一支结构合理、素质优良、创新能力强的科技人才队伍;支持和带动其他大中小型企业和各类主体实现融通创新等。

2020 年 8 月,国资委印发《关于加快推进国有企业数字化转型工作的通知》,国有企业要深化对数字化转型艰巨性、长期性和系统性的认识,强化数据驱动、集成创新、合作共赢等数字化转型理念,营造勇于创新、乐于实践、善于应用数字化转型相关成果的氛围。加强对标学习,着力夯实数字化转型基础。建设基础数字技术平台和系统化管理体系,构建数据治理体系,提升安全防护水平。准确把握方向,加快推进产品创新数字化、生产运营智能化、用户服务敏捷化和产业体系生态化。积极推进技术赋能,开展新型基础设施建设,加快关键核心技术攻关,全面推动数字产业化发展,打造制造类、能源类、建筑类、服务类企业数字化转型示范样板。在世界创新大会(WIC)(见图 1-1)上,中国展示了其独有的创新技术,赢得了世界各国的称赞。

2021 年 2 月,在国资委新闻发布会上,国资委宣布将科技创新作为"头号任务",把中央企业坚决打造成国家战略科技力量。在科技攻关方面,推动中央企业联合行业上下游、产学研的力量,组建创新联合体,争取解决一批"卡脖子"的关键核心技术。在科技人才培养方面，坚持特殊人才特殊激励，对重点科研团队一律实行工资总额单列，对科技人才实施股权和分红激励等中长期激励政策，赋予科研人员更多自主权，给予其更大的容错空间。在激励机制方面，国资委坚持能给尽给、应给尽给，对于科技创新取得重大成果的企业给予更高的加分奖励。同时还将更多国有资本经营预算用于支持关键核心技术攻关，积极推行科研项目"揭榜挂帅"、项目经费包干制等新型管理模式，营造良好的创新环境。

图1-1 世界创新大会

国务院多次提出，要鼓励科研人员产出更多成果，完善以知识价值为导向的分配政策，充分发挥收入分配政策的激励导向作用，充分调动广大科研人员的积极性、主动性和创造性，鼓励多出成果、快出成果、出好成果。对在研究开发和科技成果转化中作出主要贡献的人员，要从科技成果转化奖励总额中提取不低于50%的比例，对其给予奖励。同时，对担任领导职务的科技人员在科技成果转化中获得奖励应作出明确的规定，明确担任领导职务的科技人员获得科技成果转化收益的形式。

2021年4月，国家发改委、科技部印发《关于深入推进全面创新改革工作的通知》(以下简称《通知》)。《通知》指出全面创新改革的重点任务：①构建高效运行的科研体系。鼓励社会以捐赠和建立基金等方式多渠道投入基础研究，落实科研经费"放管服"改革，赋予科研机构更多的自主权，推动科研仪器设备向社会开放，建立支持新型研发机构发展的体制机制等。②打好关键核心技术攻坚战。改革重大科技项目立项和组织管理方式，实行关键核心技术"揭榜挂帅"和"赛马"等制度，推动技术总师负责制，组建创新联合体并组织重大创新任务，推动产业链上中下游、大中小型企业融通创新等。③促进技术要素市场体系建设。赋予科研人员职务科技成果所有权和长期使用权，制定科技成果转化尽职免责负面清单和容错机制，推进技术要素市场配置改革，建设专业化、市场化技术转移机构和技术经理人队伍，开展科技成果转化贷款风险补偿试点，探索低碳技术交易体系和规则建设，促进创新资源跨主体、跨区域合理有序流动机制等。④包容审慎监管新产业、新业态。探索建立数据资源产权、交易流通和安全保护等基础制度和标准规范，促进平台经济和共享经济健康发展，鼓励支持自主创新产品迭代应用，加强知识产权司法保护和行政执法，建立新技术、新产业、新业态、新模式统一的市场准入负面清单制度等。

2022年1月6日，全国科技工作会议在北京召开，这是向科技界发出的"立足当下、面向未来"动员令和冲锋号角。

党的十八大以来，在以习近平同志为核心的党中央领导下，我国科技事业实现历史性、整体性、格局性变化，科技实力迈上新的台阶，为实现科技自立、自强奠定了坚实基础。

在新冠疫情冲击下，百年变局加速演进，我国经济发展面临需求收缩、供给冲击、预期弱化三重压力，科技创新内外部环境发生了深刻变化。从国际格局看，围绕科技创新的国际战略博弈更加激烈，主要国家不断强化创新部署，立体纵深竞争态势正在形成，系统性、精确性围堵升级，迫切需要加快高水平科技自立自强。从科技发展态势看，"新冠"疫情影响新科技革命和产业变革的走向，数字化转型加速推进，人工智能、前沿生物技术等颠覆性创新不断涌现。从发展需求看，应对三重压力，推动高质量发展，构建新发展格局，对科技创新的多层次需求更加迫切，保持经济平稳运行等都需要科技提供有力支撑。

万水千山，道不远人。科技强国不会一蹴而就，高水平科技自立自强不会自动实现，各级科技管理部门要真抓实干，在关键点上发力，以极大的魄力和智慧，确保各个层面的科技政策执行不打折、不走样。广大科技界人士要以习近平新时代中国特色社会主义思想为指导，弘扬伟大建党精神，立足新发展阶段，贯彻新发展理念，构建新发展格局，推动高质量发展，以加快实现高水平科技自立自强为目标，攻坚克难、砥砺创新，贯彻党的二十大精神，以更加稳健踏实的步伐向科技强国迈进。

第三节　要培养年轻人创新创业能力

在这个时代，国家和民族的振兴乃至地区和企业的振兴，从根本上说都取决于个人的创新能力。创新思维是一门科学，这就需要我们对其进行积极和有益的探索，从中找出某些规律，并通过训练等方式提高创新能力。

第一，学科知识数量与创新成果的关系。日本学者通过调查，将科技人员的专业成果与其取得的专利数量进行对比，令人意想不到的是，只学一个专业知识的人，其创造能力是最低的，甚至还不如没学过任何专业知识的人。由此可见，就创新成果的数量而言，多学科的横向联系比单学科的纵向发展更容易获得成功。事实也是如此，现代科学技术的生长点常常出现在多学科的交叉区域，大量的课题需要用不同学科或领域的知识和方法才能解决。因此，知识是创新能力的基础，多领域的知识是创新的必要条件。

第二，人人都有创新的潜力，通过训练可以提高创新能力。世界各国的学者经过大量的科学研究后得出一致结论：创造力适用于每一个人，除了极少数天才外，不同的人在创造性思维能力上并没有太大差异。对每一个人来说，通过不同途径的训练，使自己具有创造力或获得创造力实际上是一种挑战。因此，不要把创新和想出解决问题的办法的能力仅仅同天才人物联系在一起，所有的人都具有创造和发明的能力，只不过是程度不同罢了。

作为新一代青年人，我们有必要奋勇向前，扛起创新大旗，走在时代的前列。就让我们从现在开始，督促自己每天进行一次创新尝试，全面提高创新能力。相信你一定会有越来越明显的改变，直到你感觉眼前有了许多他人看不到的问题，获得新的思路、新的方案以及机会。

第四节　实现价值，开创事业

创业是创业者对自己拥有的资源或通过努力对能够拥有的资源进行优化整合，从而创造出更大经济价值或社会价值的过程。在当今社会，大学生创业成为热点，大学生毕业之后的人生道路选择，更值得整个社会深思。

创业是一种需要创业者运营、组织各类资源，运用服务、技术进行思考、推理和判断的行为。创业是一个人发现了一个商机并用实际行动转化为具体的社会形态，获得利益，实现价值。

杰夫里·提蒙斯(Jeffry A. Timmons)在其所著的创业教育经典教科书《创业创造》(New Venture Creation)中给出的创业定义是：创业是一种思考、推理结合运气的行为方式，它受运气带来的机会驱动，需要在方法上全盘考虑并拥有和谐的领导能力。

作为一个商业领域，创业致力于理解创造新事物(新产品、新市场、新生产过程或原材料、组织现有技术的新方法)的机会，如何出现并被特定个体发现或创造，这些人如何运用各种方法去利用和开发它们，然后产生各种结果。

创业活动通常分为以下四个基本阶段。

第一阶段：生存阶段。该阶段以产品和技术占领市场，只要有想法(点子)懂得销售技术就可以。

第二阶段：公司化阶段。该阶段依靠规范管理来提升企业效益，这时需要创业者的思维从想法提升到思考的高度，而原先的懂得销售技术转变成一个个渠道的建设，公司的销售依靠渠道来完成，团队也初步形成。

第三阶段：集团化阶段。这时依靠的是硬实力(产业化的核心竞争力)，整个集团和子公司形成了系统平台，依靠的是一个个团队通过系统平台来完成管理(人治变成了制度治理)，销售变成了营销，区域性渠道转变成一个个地区性的网络，从而形成了系统。这时创业者的思维从平面转变到三维。创业者有了现金流系统(赚钱机器)，它是 24 小时为你工作的，这就是许多创业者梦想达到的理想状态。

第四阶段：集团总部阶段。这是创业者的最高境界，是一种无国界的经营，俗称跨国公司。集团总部的系统平台和各子集团的运营系统形成一种体系。集团总部依靠的是一种可跨越行业边界的核心竞争力(软实力)，子集团形成的是行业核心竞争力(硬实力)，在这种情况下，集团内的各行各业将获得比单兵作战更多的业绩和利益。这时创业者的思维已从三维转变到多维，这才是企业发展所追求和达到的最高境界。

【课后案例】

青年创客案例——创新的教育与教育的创新

"创客"近年来成了一个时髦的词。有别于传统意义的创业者，创客往往掌握着或有趣、或新奇、或先进的核心技术，同时以互联网为主要载体推广运营自己的创业项目。越来越多的年轻人想要在未来成为一名创客,但如何把脑海中的创意转化成产业,成了阻碍大多数人成为创客的主要问题。下面我们就一起走进一名创客的世界。

下面是一封 2015 年"五四"青年节从国务院寄出的回信(见图 1-2),信中李克强总理高度肯定了清华大学的创客团队在积极响应国家号召青年创业的大形势下,所起到的排头兵的作用。而给李克强总理写信的,正是故事的主角:青橙创客教育创始人——李寅。

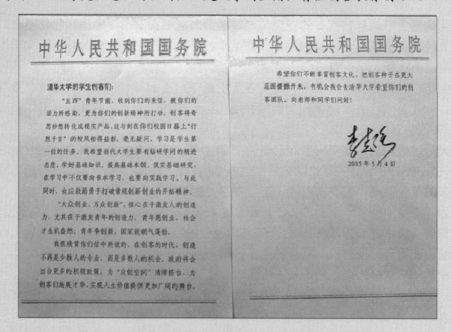

图 1-2　国务院总理李克强给予清华大学"创客"的一封信

2012 年,李寅进入清华大学美术学院攻读交叉学科的硕士,这是一个融合美术学院信息设计、计算机系和新闻传播学院三个方向的硕士项目学科。而在美术学院读硕士之前,李寅曾经在互联网行业工作 4 年,不仅在 2C 的用户体验方面积累了大量经验,还在团队领导方面有不少心得。才读研一,李寅就开始带着研二、研三的师兄、师姐一块儿做项目。跨学科的他希望能够更多地集成清华大学各院系的技术和创意,在清华大学创办了一个名为"设计力创新"的设计工作坊。在工作坊中,大家可以分享设计想法,组成团队共同完成项目。李寅说,这个工作坊"第一次将清华大学的同学从实验室中引出来在一起沟通"。后来,工作坊逐渐转变成了创客教育实验室,李寅担任清华大学创客教育实验室负责人。

研二的时候,李寅开始做一个跨学科的项目——做 PM2.5 空气质量检测器。通过设计工作坊,李寅结识了不少电子系的小伙伴,还促成了美院和电子系导师间的合作。当年这几乎是北京市第一个研究雾霾的团队,初衷是希望能够监测不同地区的空气污染情况,方便用户有更好的出行选择。该项目从学校拿到了 17 万元的启动资金,但是做完第一种产品以后,由于对产品发展方向的观点不同,清华美院团队逐渐退出。这个项目给了李寅大量的硬件实战经验,他发现智能硬件的生产需要软硬件工程师和供应链团队的配合,尤其是后来在深圳的学习调研,他发现想要从智能硬件切入创业,没有多年工业生产的摸爬滚打经验,恐怕难以创业成功。

然而李寅并没有就此熄灭他的造物欲望。他发现，实验室的同学们有很多有趣的项目，如智能花盆、智能自行车等，但它们往往随着同学的毕业而终止。

这让李寅产生了一个想法：这些硬件是否能够拆解成模块，让孩子们像玩玩具一样动手拼装？更进一步地，是否能让孩子们学会简单的电路控制和设计理念，从而自己实现智能硬件的功能？正是这个想法，诞生了现在的青橙创客教育。

人和人都是不一样的，每个人生来都有他特有的天赋。这个道理很多人都知道，但很多人忽略的是，天赋和大多数宝藏一样，是埋得很深的，它需要被挖掘、被鼓励、被催化，在合适的环境下，才会显现出来。这才有了真正有效的教育，以及它应该有的意义，即通过创客式的实践模式去教育或者去孕育。这也正是李寅和他的团队所试图做的，即通过设计思维的教学理念与智能硬件教具套装相结合，为青少年提供全面独特的"做中学"(learning by doing)培训课程。李寅希望通过这样的途径培养出来的未来小创客是一群有使命感、有能力、有知识、有活力，能够推动世界变革的英雄！这意味着父母和老师应该重视那些被传统价值体系忽略的闪光点，更要认可它们，鼓励它们。尤其是认可那些看似偏离了"好学生"道路，但确实是在用实际行动努力尝试着挖掘自己天赋的年轻人。认可、支持、催化每个学生找到自己与他人不同的天赋，而不是去阻碍这个过程，去将所有学生变成同一个"形状"。

李寅及其团队为此提出了一个英雄之旅的流程模型，研究探索如何通过英雄之旅模式来促进参与者角色的转变。通过创客实践的活动形式，开展校园创新活动来提升学生的创新性，同时他们也关注活动过程的设计能否达成目标，特别是学生在活动中能否实现个人的成长，团队中的社会化学习如何促进角色的成长以及知识的转变。

我们可以通过合理的过程设计和课程体系帮助学生从协作、灵感、构思、创新等方面都有所提升，但更重要的是，他们需要好老师来引导，帮助他们从参与者变成一个创新创业者。

当初学者明白自己需要的基础知识和技能，养成了协同的团队意识后，就逐渐从一个初学者变成了一名创客。而教育者只在某些关键节点上提供支持和引导，最终产生的结果往往是超出预期并且令人满意的。

在基于英雄之旅的目标下，李寅的实验室开展了创造力评估的研究课题，通过观察(observation)、记录(record)、测量(measure)、访谈(interview)来了解参与者的主观感受过程，跟踪记录参与者在工作坊中的行为表现。

在一次关于湿地保护的设计工作坊中，实验室按照流程采集了一个同学的数据。在授课、安装和水质监测阶段，工作人员分别从控制输出结果的能力、运用知识的能力、洞察能力、发散思维能力、决策能力、社交能力等方面进行了数据采集。该同学在知识授课和安装初期参与度都非常高。然而，在测试阶段和安装后期，其参与度略差，这是因为同组男生主动性较强，导致其只能一人在旁边观看，从而显得游离。我们希望通过这些数据分析，改进课程、教材和硬件套装的可用性。

基于心理学与生物反馈的研究，分析测量数据与参与者心理、行为表现之间的关系，定义评价标准的若干指标，如活跃度、参与度、专注度等，以及与其相应的生物信号特征构建评价模型，设计评价结果的展示，根据评价结果和参与者特征将其分类。

凭借着自己对创客与创客教育的理解，李寅所创办的创业企业受到越来越多的人关注，越来越多的学生试图从李寅提供的路径中，寻找到属于自己的创客模式。

(资料来源：青橙创客教育公众号)

思考与练习

1. 请结合课后案例谈谈创新创业教育的重要性。
2. 请用自己了解的事实谈一谈创新的意义。

第二章 创 新

创新是一个国家的灵魂与未来。那么,究竟什么是创新?我国未来需要什么样的创新型人才?创新型人才怎么培养与塑造?本章主要介绍创新的相关知识,从根源深处探析创新与创业教育之间的关系。

第一节 发明与创新

我国是一个文明古国,也是一个发明大国。在绵延数千年的中国历史长河中,我们的祖先创造了灿烂的科技文化,为推动人类的进步与发展作出了不可磨灭的贡献。活字印刷术(见图 2-1)、指南针、造纸术和火药这四大发明曾在世界文明史上写下光辉的篇章。富有创新精神的中华民族对人类的科技、经济发展起着巨大的推动作用。

图 2-1 活字印刷术示例

一、发现和发明

发现(discovery),也称为科学发现,是指对客观世界中前所未知的事物、现象及其规律的一种认识活动。发现的结果本身是客观存在的,是不以人的意志为转移的,无论人类是否对其有所认识,它都按照自身规律存在于客观世界中。对这种结果进行认识的活动过程就是发现。例如,物质的本质、现象、规律等,不管人类是否发现了它们,它们都是客观存在的。一旦被人类认识到了,就是发现。科学研究的目的就是发现这些客观存在的、还没有被人类认识到的规律。

发明(invention)是指具有创造性、新颖性、实用性和时间性的技术成果,通常指人类作出的前所未有的成果。这种成果包括有形的物品和无形的方法等,在被发明出来之前客观上是不存在的。通过技术研究而得到的前所未有的成果多属发明。发明最注重的是独创性和时间性(或称为首创性)。

简单地说，发现和发明的区别主要是：发现是认识世界，发明是"改造"世界。发现要回答"是什么""为什么""能不能"等问题，主要属于非物质形态财富；发明要回答"做什么""怎么做""做出来有什么用"等问题，是知识的物化，能够直接创造物质财富。

在我国，科学发现是不授予专利权的。对于那些具有新颖性、创造性和实用性的发明，发明人可以申请专利，并通过法律手段保护自己的合法权益。

二、创造与创新

1. 创造

"创造"一词是对创造活动的综合概括。在《现代汉语词典》中，"创造"被解释为："想出新方法、建立新理论、做出新的成绩或东西。"可以说，创造是人们应用已知信息，产生某种新颖而独特的、具有社会价值或个人价值的产品的过程，是"破旧立新"，打破世界上已有的，创立世界上尚未有的精神和物质的活动。作为创造的成果，这种产品可以是新概念、新设想、新理论，也可以指新技术、新工艺、新产品，其特征是新颖、独特，具有一定的社会价值或个人价值。

2. 创新

"创新"是从英文 innovate(动词)或 innovation(名词)翻译而来的。根据《韦氏词典》所下的定义，创新的含义为引进新概念、新东西和革新。创新是指人类创造前所未有的事物的一种活动。这里的"事物"所指范围很广泛，既包括自然科学，也包括社会科学，上至国家政权下至百姓生活，上至天文下至地理，无所不含。这里的"前所未有"却只有一种含义，那就是"首创"。任何创新都必须是一种首创活动。首创有狭义和广义之分。狭义的首创是指相对于其他人或全人类来说，是第一个。比如，爱因斯坦发现相对论，爱迪生发明电灯等。广义的首创是指虽然相对于其他人我们不是第一个，但相对于我们自己来说，是第一人，是首创。比如，学校搞了一场与往年不同的新年联欢会，推行了新的奖学金制度等。

现在的创新学习更提倡从广义的创新开始。比如，一个人对某一问题的解决是否具有创造性，不在于这一问题及其解决办法是否曾有别人提出过，而在于对他本人来说是不是新颖的、前所未有的。只要我们有新的想法或做法、新的观念或设计、新的方法或途径，就是创新。也就是说，如果我们不能做出首创的事情，可以把范围缩小，只要相对于你的宿舍、你的班级、你的学校、你的单位等，你做了别人没做的事，那就是创新。

3. 创造与创新概念的区别

从一般意义上讲，创造强调的是新颖性和独特性，创新强调的则是创造的某种具体实现。创造与创新在概念上的差别体现在以下几个方面。

(1) 创造更强调过程，创新更强调结果。例如，可以说"他创造了一种新方法，这种方法具有创新价值"。

(2) 在程度上，创造强调"首创""第一""破旧立新"，主要是指自身的新颖性，不一定有比较对象；创新是建立在已经创造出的既有概念、想法、做法等的基础之上，其着眼点在于"由旧到新"，强调与原有事物相比较。因此，在某种程度上可以将创新看作创造的目的和结果。例如，瓦特蒸汽机的出现是一种创造(见图 2-2)，而将它应用到其他工业领域，则是创新(见图 2-3)。

图 2-2　创造：瓦特蒸汽机　　　　　　图 2-3　创新：蒸汽机火车头

(3) 在思维过程上，创造应是独到的，其思维始终站在新异的尖端；创新则是在已经创造出的既有概念、想法和做法的基础上，将别人的原始想法组织起来，应用到自己的思维活动中去。

(4) 在范畴上，创造一般指的是知识、概念、理论、艺术等方面，创新一般指的是技术、方法、产品等方面。

(5) 在目的上，创造注重的是科学性和探索性，而创新更注重经济性和社会性。

人类发展及科学技术进步中的每一次重大跨越和重要发现都与思维创新、方法创新、工具创新密切相关。离开了"创新"，人类社会不可能向前迈进，科学技术也不可能有实质性的进步。可以说，"创新"已经成为现代社会发展与进步的基本动力。

第二节　创 新 思 维

人们天生倾向于排斥新鲜事物。在大脑中，负责记忆的海马体与两个名为"杏仁核"的神经元小球相连。如果出现熟悉的事物，海马体就会迅速地被激活；然而，面对新鲜事物，海马体则很难找到与之匹配的记忆，它就会把这种事物鉴定为不熟悉，然后向"杏仁核"发出信号，我们就会感到抵触。这是人们接受事物的生理学基础，也是人们的一种本能，我们称之为"盖茨尔斯—杰克逊效应"。

一、思维和创新思维的概念

1. 思维及其特征

思维是人脑对客观事物概括的、间接的反映过程。思维过程是我们认识活动的高级阶段,也是人们对客观事物的反映,来源于客观世界,反映出客观事物的一般性和规律性的联系。在日常生活中,我们时刻都离不开思维,用它学习知识、解决问题;辨别真伪、识别美丑;探索新知、创造未来。

思维具有以下三个特征。

1) 思维的概括性

思维的概括性是指在大量感性材料的基础上把一类事物共同的、本质的特征和规律抽取出来。其中,概括是人形成概念的前提,也是思维活动能够迅速迁移的基础。同时,概括会随着人们认知水平的提高而不断得以提高。事实上,随着人们对客观事物认知水平的提升,他们对事物的概括水平也会有所增强。

2) 思维的间接性

思维的间接性是指人们借助一定的媒介和知识经验对客观事物进行间接认识。例如,读万卷书,在阅读中即使你没有作者的经历也可以在头脑中进行加工,感受作者所表达的喜怒哀乐,正因为如此,思维的间接性能使人们超越感知提供的信息,认识那些没有直接作用于人感官的事物和属性。

3) 思维是对经验、信息的再加工

思维活动往往与场景密不可分,经常由一定的问题情境引起,大脑试图通过对已有的知识经验进行重建、改组和更新来解决当下情境所面临的问题。比如,"得到" App 每天听本书栏目,它试图通过互联网技术解决人们在当今社会阅读的问题,通过利用新技术对已有书籍进行再生产,给读者带来不一样的阅读体验。

2. 创新思维的概念

创新思维又称创造性思维,与其相对应的是常规思维。常规思维是指人们运用已获得的知识和经验,按已有的方案和程序直接解决问题。

许多心理学家认为,创新性思维是多种思维的综合表现形式。它既是发散性思维与聚合性思维的结合,又是直觉思维与分析思维的结合。广义的创新思维是指人们在提出问题和解决问题的过程中,一切对创新成果起作用的思维活动。狭义的创新思维是指人们在创新活动中直接形成创新成果的思维活动,常常是非逻辑思维的一种形式。

普遍认为,创新思维是不受传统经验束缚,能把过去的知识与经验部分抽取,重新组织已有的知识与经验,提出新颖的解决方案或程序并创造出新的思维成果的活动。

一个人如果具有创新思维,就能打破常规、突破传统,展现出丰富的想象力、敏锐的洞察力、预测能力和超强的感知力,从而使思维具有超前性和灵活性。对于人类而言,创新思维是可以通过学习和有意识的练习来改变与提高的。大学生接受外界事物与适应变化方面的能力要高于普通群体,完全可以通过坚持不懈的努力和有意识的练习来提升自己的创新思维能力。创新思维的本质在于将创新意识的感性愿望提升至理性思考的层面,并在此基础上进行探索,实现由感性认识到理性思考的质的飞跃。

二、创新思维的特征

1. 概括性

概括性是创新思维最显著的特征,是人们形成或掌握概念的前提,是一切科学研究的出发点。

2. 问题性

创新思维在概念的形成与问题的解决中产生。它通常由四部分构成：发现问题(提出问题)，明确问题，提出假设和检验假设。

3. 新颖性

创新思维不受传统习惯和先例的禁锢，超出常规。在学习过程中要对所学定义、定理、公式、法则、解题思路、解题方法、解题策略等提出自己的观点、想法，进行科学的怀疑、合情合理的"挑剔"。

4. 联想性

面临某一情境时，创新思维可立即向纵深方向发展；觉察某一现象后，思维立即设想它的反面。这实质上是一种由此及彼、由表及里、举一反三、融会贯通的思维的连贯性和发散性。

5. 灵活性

在学习过程中，创新思维突破"定向""系统""规范""模式"的束缚，不局限于老师所教的和常规模式，遇到具体问题应灵活多变、活学活用。

6. 综合性

创新思维调节局部和整体、直接和间接、简单和复杂的关系，在信息中进行概括、整理、组合和再加工，把抽象内容具体化、繁杂内容简单化，从中提炼出较系统的经验。

三、创新思维的类型

人类社会最大的特点就是能够不断创新。对于个人而言，创新思维是一种习惯，尤其是身处社会之中，即使只是作为一名普通工作者，也应具备改变旧的、固有的思维习惯，建立新的思维习惯的能力。

创新思维有很多种，以下是几种常见的思维类型。

1. 发散思维

发散思维又称求异思维、辐射思维、放射性思维或扩散思维，是指人们沿着不同的方向思考，重新组织当前的信息和记忆系统中存储的信息，产出大量的、独特的新思想，表现为思维视野广阔，呈现出多维发散状。这种思维的主要功能是求异。

发散思维被广泛用于科学研究、科技发明及企业的经营活动中。事实上，发散思维是创新思维的最主要特征，同时也是测定创造力的主要标志之一。发散思维是典型的、艺术化的思维，能促使人们提高对工作、生活和学习的兴趣。

发散思维具有流畅性、变通性、独特性、多感官性等特点。常见的发散思维的表现形式有平面思维、立体思维、逆向思维、横向思维、纵向思维和组合思维等。

1) 平面思维

平面由点、线、面三个要素组成。平面思维是指人的各种思维线条在平面上聚散交错,核心是联系和想象,是线性思维向着纵横两个方向扩张的结果。平面思维具有跳跃性和广阔性。

2) 立体思维

立体思维是指跳出点、线、面的限制,从空间网络、时间网络和事物联系的网络乃至占领整个立体思维空间思考问题。立体思维具有纵向垂直、横向水平、交叉重叠的组合优势,可扩大思维活动范围,拓展提高思维的各种可能性。

3) 逆向思维

逆向思维也叫求异思维、反向思维,它是对司空见惯的似乎已经成定论的事物或观点反过来思考的一种思维方式。其实对于某些特殊问题,从结论往回推,倒过来思考从求解回到已知条件,反而会更简单,更容易解决问题。运用逆向思维去思考和处理问题,实际上就是以"出奇"达到"制胜"。因此,逆向思维的结果常常会令人大吃一惊、别具一格。

逆向思维具有普遍性、批判性、新颖性等特点。常见的逆向思维的方法有怀疑法、对立互补法、悖论法、批判法和反事实法五种,具体如表2-1所示。

表2-1 常见逆向思维方法

序号	方法	具体解释
1	怀疑法	习惯性的事物不一定是对的,要勇于怀疑、善于怀疑,敢于打破常规思维,能够从反方向考虑问题
2	对立互补法	人们在处理问题时,既要看到事物之间的差异,也要了解事物之间的互补性
3	悖论法	对于某个概念、假说要积极主动地从正反两方面思考,从而找出存在的悖论
4	批判法	这是用于分辨和评判,剖析言论和行为,以发现客观事实的一种辩证方法,它基于比较、分类、分析综合、抽象和概括等思维技巧
5	反事实法	人类的思维活动并不总是指向正在发生或将要发生的事情,这是一种在心理上对事情进行否定的方法

4) 横向思维

横向思维是一种突破问题结构范围,从其他领域的事物、事实中得到启示而产生新设想的思维方式。它不一定是有序的,同时也难以预测。具备这种思维方式的人通常具有宽广的思维视野,且善于举一反三。横向思维是通过明显非传统的、不合逻辑的方式寻求解决问题的方法,主要作为对传统批判性和分析性思维方式的补充,具有激发新观念、完善构思、保持思维开放状态以及促进创新等作用。横向思维的特征是寻找更多答案、更多方案等,但欠缺一定的深度。

5) 纵向思维

纵向思维是指在一种结构范围内,按照有序的、可预测的、程式化的方向进行的思维形式。它是符合事物发展方向和人类认知习惯的思维方式。通常情况下,纵向思维方式遵循由低到高、由浅到深、由始到终等过程,是一种从不同层面切入,突破性的、递进性的、渐变性的联系过程。纵向思维是一种寻找事物发展规律变化的思维,它是对日常生活中事物的发展规律进行研究的常用方法。

纵向思维具有五个特点:①由轴线贯穿的思维进程;②清晰的等级、层次、阶级性;③良好的稳定性;④目标性、方向性明确;⑤强烈的风格化。

6) 组合思维

组合思维又称连接思维或合向思维,是指把多项貌似不相关的事物通过想象加以连接,从而使之变成不可分割的新整体的一种思考方式。组合思维具有创新性、广泛性、时代性和继承性等特点。

2. 集中思维

集中思维又称收敛思维、求同思维和聚合思维。集中思维是一种有方向、有范围、有条理的收敛性思维方式。这种思维方式与求异思维相互依存、相互补充,结合形成完整缜密的思维体系和程序。集中思维从多种不同角度、不同信息源中引出一个结论,有助于对思维对象的把握和思维层次的发掘。例如,教师根据各种教学参考资料归纳出一个正确的结论传授给学生。在进行这种集中性思维时,往往需要把已提供的各种信息进行重新组织,然后找出最好的解决方案。

集中思维与思维定式完全不同。思维定式会使传统性和习惯性思路变得僵化,陷入重复模拟、狭隘片面的惰性状态;集中思维则要求既求真、求变、求新,又不唯"异"独尊,把求异当成一种追求。在创新活动中,通过发散思维提出种种假设,然后使用集中思维挑出好的设想。发散思维体现了"由此及彼"和"由表及里"的思维过程,集中思维则体现了"去粗取精"和"去伪存真"的思维过程。

3. 联想思维

联想思维是指在人脑系统中,由于某种诱因导致不同表象之间发生联系的一种没有固定思维方向的自由思维活动。事实上,联想思维是以事物的普遍联系为基础的,主要的思维形式包括幻想、空想、玄想。其中,幻想尤其是科学幻想在人们的创新活动中起了重要作用。联想思维具有连续性、形象性和概括性的特征,其显著特征包括悖逆性、挑战性、批判性。联想思维可以使我们扩展思路、深化认识、把握规律。常见的联想思维类型包括相似联想、对比联想、接近联想和关系联想四种。

(1) 相似联想是指由一事物联想到另一个与它在性质上接近或类同、近似的事物。

(2) 对比联想是指由一个事物联想到与其具有相反特点或特征的另一事物。比如,黑夜和白昼,夏天的酷热与冬天的严寒。

(3) 接近联想是指由一事物联想到在时间或空间上相接近的另一事物。

(4) 关系联想是指由事物所具有的各种关系而形成的联想思维。

4. 综合思维

综合思维又称复合性思维,是把某一事物的某些要素分离出来,组建到另一事物或事物的某些要素上的创造性思维过程。综合思维中的分析是一种综合性的分析方法,它以综合作为认识过程的起点,并以综合作为认识过程的归宿,是"综合—综合分析—新的综合"的思维过程。这种由"综合而综合"的思维方式体现了对已有智慧、知识的融合和升华,而绝不是简单地相加或拼凑。

5. 逻辑思维

逻辑思维常称为抽象思维,是一种符合某种人为制定的思维规则和思维形式的思维方式。逻辑思维是确定的、前后一致的、有条理和根据的，不是自相矛盾的。逻辑思维一般会用到概念、判断、推理等思维形式，以及比较、分析、综合、抽象、概括等方法。逻辑思维具有规范、严密、确定进而可重复的特点。常见的思维类型有经验型和理论型两种，其中，经验型常局限于经验，思维水平较低；理论型以理论为依据，运用科学的概念、原理等进行判断推理，思维水平较高。

6. 灵感思维

灵感思维是指在事物的接触和思考中，因受到某种启发而产生的创新思维方式，是文学艺术和科学研究中经常使用的一种创新思维方式。灵感思维是一个过程，是灵感的产生过程，不是一种简单的逻辑或非逻辑思维的活动，而是逻辑思维与非逻辑思维相统一的理性思维过程。灵感思维具有转瞬即逝的偶发性、突发性和模糊性等特点，因此，需要抓住稍纵即逝的灵感思维，以促成新事物的应运而生或疑难问题的解决。常见的灵感思维有自发灵感、诱发灵感、触发灵感和迸发灵感四类。

四、影响创新思维的因素

创新活动的主体是人。在现实生活中，每个人都生活在集体中，与周围环境保持着密切联系。创新思维环境与一般环境不同，它包括所有影响个体进行创新思维和参与创新活动的外部条件，如家庭环境、学校环境、工作环境、社会生产力、政治环境和国际环境，这些因素都会影响创新思维。

某位心理学家曾言，只会使用锤子的人总是把一切问题都看成是钉子。思维定式是人类心理活动中的一种普遍现象，但它是创新思维的主要障碍。创新本身并不复杂，但是很多人还是很难有所创新。

从客观上看，影响创新思维的因素有惯性思维、线性思维、惰性思维、群体思维等。

1. 惯性思维

惯性思维又称思维定式，是由先前的活动而造成的一种对活动的特殊心理准备状态，或活动的倾向性。思维定式一般与个人的世界观形成有着内在的、必然的联系。由于思维定式具有社会性、阶段性及知识经验的局限性，在一定的历史时期能够指导个人的行为方式，然而，当时代需要变更创新、新旧交替时，又成为其发展的主要障碍。消极的思维定式是束缚创造性思维的枷锁。举个简单的例子，如果给你看两张照片，一张照片上的人英俊、文雅，另一张照片上的人丑陋、粗俗。然后对你说，这两个人中有一个是全国通缉的罪犯，那么你肯定认为第二个人是罪犯。从思维过程的大脑皮层活动情况看，思维定式的影响是一种习惯性的神经联系，即前次的思维活动对后次的思维活动有指引性影响。因此，当两次思维活动属于同类性质时，前次思维活动会对后次思维活动起正确的引导作用；当两次思维活动属于异类性质时，前次思维活动会对后次思维活动形成错误的引导作用。大量事例表明，思维定式确实对问题解决具有较大的负面影响。当一个问题的条件发生质变时，思维定式会使人们墨守成规，难以涌现出新思维，作出新决策，从而造成知识和经验的负迁移。

【拓展阅读2-1】

美国心理学家迈克曾经做过这样一个试验：他从天花板上悬下两根绳子，两根绳子之间的距离超过人的两臂长，如果你用一只手抓住一根绳子，那么另一只手无论如何也抓不到另外一根。在这种情况下，他要求一个人把两根绳子系在一起。不过他在离绳子不远的地方放了一个滑轮，意思是想给系绳的人以帮助。然而，尽管系绳的人早就看到了这个滑轮，却没有想到它的用处，没有想到滑轮会与系绳活动有关，结果没有完成任务。其实，这个问题很简单，如果系绳的人将滑轮系到一根绳子的末端，用力使有滑轮的绳子荡起来，然后抓住另一根绳子的末端，待滑轮荡到他面前时抓住它，就能把两根绳子系到一起，问题就解决了。

（资料来源：123心理研究社公众号）

2. 线性思维

线性思维，即线性思维方式，是指将认识停留在对事物表面特征的认识，而不是深入到本质层面的认识，并以此作为认识出发点的思维方式。它是一种直线型的、单一维度的、缺乏变化的思维方式。在传统的写作和阅读中，线性思维受稿纸和书本空间的影响，必须遵循时空和逻辑顺序进行。

线性思维方式有以下两个基本特点。

(1) 需要把多元问题变为一元问题。事物之间的复杂联系往往是多元的，线性思维模式要求把其中一个问题突出，把其余问题撇开不予处理。

(2) 用一维直线思维来处理一元问题，使之成为具有非此即彼的答案。例如，在漆黑的夜晚，一辆老爷车抛锚，车主初步判断油烧光了，便下车检查油箱。没有手电筒他就顺手掏出打火机照亮，结果"轰"的一声巨响。事后，他躺在病床上想："当时只想借打火机的光，看看油箱里还有多少油，不承想打火机的火苗会引爆油箱。"这是典型的由线性思维惹的祸。

线性思维是高等生物认知事物的基础之石，也是负重之石。从单纯地用黑和白看待世界，到加入灰色改良，依然没有摆脱线性思维的束缚。要摆脱线性思维的束缚，是一道难题，也是一种智慧。颠覆一种习惯，需要的是勇气和毅力，甚至需要涅槃精神。

3. 惰性思维

惰性思维是指人类思维深处存在的一种保守的力量，总是习惯用老眼光来看新问题，用曾经被反复证明有效的旧概念去解释不断变化的世界的新现象。惰性思维普遍存在于我们的现实生活中。比如，当碰到某件事的时候，人们会想当然地以为它就应该是某个样子，或者是就应该朝着某个方向发展，还总会以此为借口，却怠于进一步思考。

我们不能指望一个思维的懒惰者会有什么大的创新。任何一个创新都是由很多问题构成，并且是一个不断发现问题与解决问题的过程。惰性思维可分为两种，一种是缺少积极主动的思维意识，另一种是缺少积极主动的思维心态。无论是提出一个好的创意，还是发现问题，都需要有创新的意识和积极主动的心态。一个思维懒惰者，可以被动应付解决问题，却不可能主动地去发现一些新问题，最多只能麻木地做事，像工业机器人一样，只懂得按照某个指令做事，因而他不能成功。事实上，思维、思想的惰性要远比肉体上的懒惰更可怕。肉体的懒惰者充其量就是个懒人，而思想、思维的懒惰者却会成为一个不折不扣的庸人、废人。生活中，人总是长年累月地按照一种既定的生活模式运行，从未尝试走过别的路，容易出现消极厌世。因此，不转换思路生活也会变得索然无味，换个位置、换个角度、换个思路也许会出现新的天地。事实上，在当今社会，人们更应该克服惰性思维，积极应对社会的巨大变化。

爱迪生发明灯泡的过程中，经过了几千次的反复试验仍然保持着积极乐观的心态，这恰恰证明了他是一个有着积极思维心态的人。因此，他可以不断地找到新问题，思考新理论，寻求新的解决方案，并用理论去指导实践，一次次验证试验方案，最终获得了成功。

4. 群体思维

群体思维是指高凝聚力的群体认为他们的决策过程没有错误，为了维持群体表面上的一致性，所有成员都必须坚定不移地支持该群体的决定，与此不一致的信息则被忽视。

群体思维是群体决策研究中一个非常普遍的概念。当人们寻求一致性的需要超过了合理评价备选方案、个人观点时，容易产生群体思维。事实上，群体思维是对群体有害的一种"疾病"，它会严重损害群体利益。

群体思维通常是组织内部那些拥有权威、自信、喜欢发表意见的主要成员的想法，但其实大多数人并不赞成这一提议。这种情形下作出的群体决策往往不合理，容易失败。当一个组织过分注重整体性，而不能以批评的态度来评价其决策及假设时，群体思维就会产生。预防或减少群体思维的一个有效方法是在群体决策时指定一位成员专门质疑其他人的论点，对其他人的主张提出挑战，并提供具有建设性的批评意见。这种方法保证了群体决策时决策的参加人员能保持理性、全面、客观和清晰的思路。

五、创新思维的培养

1. 逆向思维训练

逆向思维也叫反向思维、反转思维，是指从事物的反面去思考问题的思维方法，其特点是改变惯常思维方式，从相反的方面来认识事物、思考问题。这种思维突破了人们考虑问题的思维方式，往往能够获得惯性思维所不能取得的成效。这种方法常常使问题获得创造性的解决。创新，有时候不是突如其来的天才想法，而是正确思维方法的必然结果。常用的逆向思维训练方法如下。

(1) 结构逆向。比如，手机都是正向显示的。如果把画面反转过来呢？这样你把手机放在汽车仪表盘上，导航软件的画面反射到前挡风玻璃上，就成了正面，那样你就不必低头看手机了。

(2) 功能逆向。比如，保温瓶的功能是保热，"逆向思维"思考后——它是不是可以用来保冷呢？于是就发明了冰桶。使用空调的目的是制冷，能不能同时制热呢？于是，空调的制热功能现在也被人们开发了出来。

(3) 状态逆向。比如，人走楼梯，是人动楼梯不动；如果把这个状态反转，人不动，楼梯动，于是就有了自动扶梯。

(4) 原理逆向。电动吹风机的工作原理是用电促使空气的流动，方向是吹向物体；逆向利用这个原理,空气还是流动的,但是方向相反,于是电动吸尘器诞生。

(5) 序位逆向。序位逆向,就是顺序和位置逆向。比如在动物园,是把动物关在笼子里,人走动观看。如果把这个状态反过来呢?把人关在笼子里,动物满地走,于是就有了开车游览的野生动物园。

(6) 方法逆向。古代《司马光砸缸》的故事也说明了逆向思维的作用。通常从大水缸里取物、救人,要么从缸口打捞,要么将水缸放倒,但这两种方法都要保证不损坏水缸。当时司马光年纪尚小,不可能采取以上两种办法,便急中生智,运用逆向思维砸缸救出小伙伴。青岛啤酒在进入美国市场时主要做了两件事,一是出资请美国广告商通过报纸、电视、电台等新闻媒体进行广告宣传,二是让美国大饭店接受这种啤酒,以扩大影响力。第二件事做起来并不容易,美国大饭店不会轻易进购这种啤酒。啤酒推销商明白这一点后,便没有采取登门推销的方式,而是采取相反的做法,变卖为买。他们出资在纽约多家大饭店举办宴会,宴请社会名流。每到大饭店,便指名要青岛啤酒,如果没有,就以缺少这种酒宴会不够档次为由取消宴会。这样,青岛啤酒不仅受到纽约许多大饭店的重视,登上了高档宴席的餐桌,而且逐渐在美国啤酒市场站稳脚跟。以买促卖的做法无疑是逆向思维的创新成果。

2. 批判性思维训练

大学本科教育最重要的目的,就是培养学生的批判性思维能力。批判性思维能够带来工作和生活中的创新,有助于发现问题、构想解决方案、全面思考、改变和调整做事的思路与方法。批判性思维更能培养人们的创造力,促进人类社会进步。

1) 常见的批判性思维训练方法

常见的批判性思维训练方法大致包括以下四种。

(1) 发现和质疑基础假设是批判性思维的基础所在。

(2) 检查事实的准确性和逻辑一致性。

(3) 关注特殊背景和具体情况。

(4) 寻找其他可能性。

2) 批判性思维的应用方法

批判性思维指的是"熟练和公正地评价证据的质量,检测错误、虚假、篡改、伪装和偏见的能力",它能帮人们尽可能地获得最准确的认知,接近真相。

批判性思维的应用方法很多,以忒修斯之船为例,要理解论证所涉及的论题、关键概念、立场和观点;以美诺悖论为例,要定义论证中的关键词,澄清主要论题的精确含义;以斯多亚派推理为例,要评估前提和理由的真实性或可接受性;以苏格拉底劝男人结婚为例,要评价推理关系,审视它们的相关性和有效性;以粒子玩笑为例,要挖掘隐含假设,挖掘和拷问论证中隐含的前提、假设、含义和后果;以帕斯卡打赌为例,要反驳无效的论证及其谬误,追寻真理,建构替代论证,得出一个更全面和更合适的结论。

某电视台采访一个小孩子:"如果飞机要坠毁了,只有一个降落伞,你怎么办?"小孩子说:"我背着降落伞跳下去。"所有观众哄堂大笑,大家都认为那个孩子是个童言无忌的怕死鬼。小孩子在大家的笑声中急得哭了出来,他说:"我是去找人来救大家。"因此,我们的想法一定是对的吗?真的没有其他可能性了吗?有哪些?可能性有多大?

【拓展阅读2-2】

忒修斯之船

据记载，忒修斯是传说中的雅典国王。在成为国王之前，他驾船率人前往克里特岛，用利剑杀死了怪物米诺陶，解救了作为贡品的一批童男童女。后来，人们为了纪念英雄忒修斯一直维修那艘船。时光流逝，那艘船逐渐破旧，人们逐渐更换了船上的甲板，以致最后更换了它的每一个构件。更换了全部构件的忒修斯之船还是原来那艘船吗？

批判性思维解析如下。

首先，忒修斯之船的悖谬之处。

① 如果一艘船仅有很少的构件被更换了，那艘船仍然是原来那艘船。

② 如果一艘船的全部构件都被更换了，那艘船不再是原来那艘船。

根据①，如果我们每一次只更换那艘船的一个构件，那艘船仍然是原来那艘船，直到最后一次更换时仍然如此。

根据②，到最后一次更换时，该艘船的所有构件都被换掉了，那艘船不再是原来那艘船。

也就是说，出现了一个矛盾：被更换了全部构件的那艘船既是原来那艘船，又不是原来那艘船。这个命题在质疑和挑战什么？它挑战的是个体的同一性，特别是个体跨时间和跨空间的同一性。我们每一个人都在成长，那我是谁？什么东西构成我之为我、你之为你？什么东西构成我的同一性？标准是什么？

德国17世纪哲学家、社会学家、逻辑学家莱布尼兹回答了这个问题。关于同一性，他提出了两个原则，具体如下。

① 同一不可分辨原则。如果X和Y是同一个个体，那么X具有什么性质，Y就具有什么性质。

② 不可分辨者的同一。如果X和Y具有完全一样的性质，没有任何性质能够把它们区别开来，那么X和Y实际上是同一个个体。

解析：忒修斯之船在逐渐更换的过程当中，就涉及这两个原则。如果一次只换一个构件，我们认为它还是那艘船，因为差别不大。延伸思考，当事物没有感知到差别的时候，是否就真的没有差别呢？

结论：我们要理解，一个例证、一个论证、一段话语，究竟在说什么。它背后的声音是什么？要深入地思考，有的时候不是那么容易。别人发现真理后，我把这些真理学会，然后去应用，这就是最典型的非批判性思维。但我要告诉大家，世界上没有那么多真理。

(资料来源：搜狐网)

3. 正向思维训练

正向思维是一种从因到果，能从已知预测未知的思维方式。踢一脚足球，我预测它会飞起来；按下开关，我预测房间里的灯会关掉。擅长正向思维的人，都是"因果逻辑收集者"，平常在大脑中收集、整理、存放了大量的因果逻辑，以备随时调用。

破案看上去像是逆向思维，是由果到因的过程，但其实在侦探脑海中，正快速进行着成千上万个由因到果的正向思维。这些因果逻辑的数量和质量直接决定着侦探的破案能力。

正向思维训练的常见方法有以下两种。

(1) 做一个"因果逻辑收集者"。看到有人愿意买 1 000 万元的车，却不愿买 50 元的矿泉水，就收集一个叫"心理账户"的因果逻辑，放在人性区；看到太多管理错位的问题，就收集一个叫"责权利心法"的因果逻辑，放在管理区。

(2) 多读侦探、科幻类小说。收集了大量"因果逻辑"后，调用这些因果逻辑依靠归因和预测两种方法。正向思维回溯过去就是归因；正向思维期待未来就是预测。要训练归因和预测的能力，可以多读侦探、科幻类小说。

侦探小说可以训练你的归因能力。福尔摩斯第一次见到华生时说："你从阿富汗来？"华生大吃一惊："你怎么知道？"福尔摩斯是这么回答的："由于长久以来的习惯，一系列的思索飞也似的掠过我的脑际，因此在我得出结论时，竟未觉察得出结论所经的步骤。但是，这中间是有着一定的步骤的。"福尔摩斯说的这个"步骤"就是"归因"。阅读科幻小说，可以训练你的预测能力。

4. 全局之眼的思维训练

世界上的所有东西都是以一种叫作"系统"的方式存在着。要素是系统中看得见的东西；关系是系统中看不见的、要素之间相互作用的规律。能够看到要素，还要看到要素之间的关系，更要看到这些关系背后的规律，就叫作"全局之眼"。

企业家都知道旺铺的重要性。可是，旺铺为什么重要？因为更好的地段带来了更多的人流，所以人流其实才是"旺"和"铺"这两个要素之间的关系，是这关系背后的规律。把这个规律推演到整个系统中，哪里人流多，哪里生意就会兴旺。于是，早期的 PC 电商，后来的移动电商/微商，再后来的社群经济，现在的网红，未来的移动直播、虚拟现实(VR)，就都可以理解。理解了关系和关系背后的规律，不但能在复杂的系统中理解现在，还可以在一定程度上预测未来。所有有效的战略，都是站在对未来趋势准确判断的角度来看待当下的情况。

总而言之，全局之眼思维训练方法是一种从"系统论"角度出发，学习用关联的、整体的、动态的方法，提升全局性看问题的能力。

5. 分析列举式思维训练

1) 系统设问法

如果提问中带有"假如""如果""是否"等促使想象的词汇，那么系统设问法就是根据这样的提问思路而进行分析的方法。系统设问法针对事物的某方面问题，系统地列举出问题，然后逐一研究讨论，多方面进行扩展，促使人们萌生多种新的设想。

2) 形态分析法

形态分析法是一种系统搜索和程序化求解的创新技法。因素和形态是形态分析中的两个基本概念。

因素是指构成某种事物的特性因子。例如，工业产品可以用产品的特定用途或功能作为基本因素。对应地，其实现各种功能的技术手段则称为形态。例如，将"控制时间"作为某产品的一个基本因素，手动控制、机械定时器控制和计算机控制等技术手段则为基本因素的表现形态。在形态分析中，分析是对创造对象进行因素分解和形态综合的过程。在这一过程中，发散思维和收敛思维起着重要作用。因素分析就是要确定研究对象的基本构成因素。

分析时,要使各因素满足三个要求,分别是在逻辑上是彼此独立的,在本质上是重要的,在数量上是全面的。

3) 列举法

常见的列举法有属性列举法、缺点列举法和希望点列举法。

(1) 属性列举法也称为特征列举法,它是由美国的克劳福德提出的。概括地说,属性列举法是一种通过列举、分析特征,应用类比、移植、替代、抽象的方法变换特征获得发明目标的方法。属性列举法的操作程序如下:确定对象—列出特征—分析特征—提出设想(见图 2-4)。列出特征是应用分析、分解及分类的方法,将研究对象的特征逐项列出。分析特征是从需要出发,对列出的特征进行分析、抽象并与其他物品进行对比,寻求功能与特征的替代,用替代的方法对原特征进行改造,在分析时尤其应抓住动词性特征。提出设想是应用综合原理将原特征与新特征进行综合,提出新设想。在使用属性列举法时所确定的研究对象应十分具体,若研究的是产品,应是具体的某一型号的产品;若研究的是问题,应是具体的某个问题。若是进行抽象的研究,则无法取得应有的效果。研究的题目宜小不宜大,对于较为庞大、复杂的物体,应先将它拆分为若干小部分,分别应用属性列举法进行研究,然后综合考虑,列举属性时越细越好。

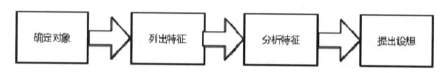

图 2-4　属性列举法操作程序

(2) 缺点列举法。该方法是通过列举缺点来揭示问题,进行创新的方法。缺点列举法是直接从人们的实际需要出发,聚焦现存问题,通过凸显问题,从而激励人们去革新和创造。

(3) 希望点列举法。该方法是通过列举研究对象所希望的特征而进行创新的方法。列举的希望点应与人们的需求或对美好生活的向往有关,并且符合市场的需求。

六、思维导图训练

思维导图又称脑图、心智地图、脑力激荡图、灵感触发图、概念地图、树状图、树枝图或思维地图,是表达发射性思维的有效图形思维工具,也是一种利用图像进行思考的辅助工具(见图 2-5 和图 2-6)。

思维导图是使用一个中央关键词或想法以辐射线形式连接所有的代表字词、想法、任务或其他关联项目。它虽简单,却极其有效,是一种革命性的思维工具。思维导图运用图文并重的手法,把各级主题的关系用相互隶属与相关的层级图表现出来,为主题关键词与图像、颜色等建立记忆链接。

思维导图充分运用左右脑的机能,利用记忆、阅读、思维的规律,协助人们在科学与艺术、逻辑与想象之间平衡发展,从而开启人类大脑的无限潜能。因此,思维导图具有训练人类思维的强大功能。

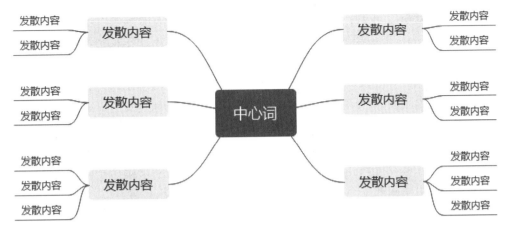

图 2-5　常见思维导图样式

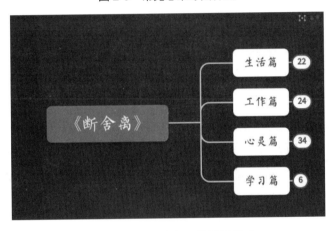

图 2-6　《断舍离》思维导图样式

思维导图是一种将放射性思考具体化的方法。我们知道，放射性思考是人类大脑的自然思考方式，每一种进入大脑的资料，不论是感觉、记忆还是想法，包括文字、数字、符号、香气、食物、线条、颜色、意象、节奏、音符等，都可以成为一个思考中心，并由此中心向外发散出成千上万个分支。每一个分支代表与中心主题的一个连接，而每一个连接又可以成为另一个中心主题，再向外发散出成千上万个分支，呈现出放射性立体结构，而这些分支的连接可以视为记忆，也就是个人数据库。

【拓展阅读 2-3】

20 世纪 80 年代，思维导图传入国内，最初是用来帮助学生克服学习障碍的。后来，它主要被工商界(特别是企业培训领域)用来提升个人及组织的学习效能及创新思维能力。在国外学科教学方面，虽然历经 52 年的发展，但思维导图也没在学校广泛应用。传到中国后，经过华东师范大学刘灌源带领的思维可视化研究团队 15 年的研究及实践，该团队得出结论："思维导图"并不适合直接应用于学科教学，因为"思维导图"过于强调"图像记忆"和"自由发散联想"，而非"理解性记忆"和"结构化思考"。对于抽象思维能力较差的学生来说，"图像记忆"的确可以帮助他们提高"记住知识"的效率，却无法加深学生对知识的理解，属于一种浅层的学习。另外，"自由发散联想"具有天马行空、不受思维控制的特点，更适合用于"头脑风暴"式的创意活动，而不适合用于学科知识教学，因为任何学科知识都有其内在逻辑及固定结构，不允许胡思乱想。基于学科知识的特性，学科教学必须强调"理解性记忆"和"结构化思考"。随着年级的升高，知识越来越抽象和复杂，就需要更加强调"理解的深度"，而非"记忆的速度"。也正是基于这些原因，思维可视化研究团队借鉴了概念图(由美国康奈尔大学的诺瓦克博士提出)、知识树、问题树等图示方法的特性，同时将结构化思考、逻辑思考、辩证思考、追问意识等思维方式融合进来，把"思维导图"转化为"学科思维导图"。"学科思维导图"作为一种"基于系统思考的知识建构策略"已被全国 500 多所实验学校引入应用。

(资料来源：豆丁网)

常见的思维导图软件有以下几种。

1. MindMaster 思维导图软件

MindMaster 是一款国产跨平台思维导图软件，可同时在 Windows、Mac 和 Linux 系统上使用。软件提供了智能布局、多样性的幻灯片展示模式、精美的设计元素、预置的主题样式、手绘效果思维导图、甘特图视图等功能。

2. MindManager 思维导图软件

MindManager 是一款用于创造、管理和交流思想的软件，其可视化的绘图软件有着直观、友好的用户界面和丰富的功能，这将帮助我们有序地组织思维、资源和项目进程。

MindManager 也是一款易于使用的项目管理软件，能很好地提高项目组的工作效率和小组成员之间的协作性。它作为一种组织资源和管理项目的方法，可从脑图的核心分支派生出各种关联的想法和信息。

与同类思维导图软件相比，MindManager 最大的优势是能够同 Microsoft 软件无缝集成，快速将数据导入或导出到 Microsoft Word、PowerPoint、Excel、Outlook、Project 和 Visio 中。这使得它在职场中拥有极高的使用率。MindManager 现在已经成为很多思维导图培训机构的首选软件。

3. XMind 思维导图软件

XMind 是一款易用性很强的软件，通过 XMind 可以随时开展头脑风暴，帮助人们快速厘清思路。XMind 绘制的思维导图、鱼骨图、二维图、树形图、逻辑图、组织结构图等以结构化的方式来展示具体的内容。人们在用 XMind 绘制图形的时候，可以时刻保持头脑清晰，随时把握计划或任务的全局，从而提高学习和工作效率。

4. IMind Map 思维导图软件

IMind Map 是一个让用户集思广益、无限发挥的工作区，使用场景包括出席课程或会议时做笔录、计划任务、规划活动、创建及呈现演示等。IMind Map 包含了各种直观、省时的功能，以协助用户减轻繁忙的日程压力，同时也将为用户所做的一切添加一分创意。

5. FreeMind 思维导图软件

FreeMind 是一款跨平台的、基于 GPL 协议的自由软件，用 Java 语言编写，是一款用来绘制思维导图的软件。其产生的文件格式后缀为".mm"，可用来做笔记，进行脑图记录、脑力激荡等。

FreeMind 具有许多让人激动的特性，其中包括扩展性、快捷的一键展开和关闭节点、快速记录思维、多功能的定义格式和快捷键。不过 FreeMind 无法同时进行多个思维中心点展开(亦有人认为这样是优点，可以让人们专心于眼前的事)，且部分中文输入法无法在 FreeMind 中输入，启动及运行速度较慢。

6. MindMapper 思维导图软件

MindMapper 是一款专业的用于实现可视化概念图、管理和处理工作流程的智能工具软件。MindMapper 提供多种方式来把你大脑里面混乱的、琐碎的想法贯穿起来，帮助你整理思路，最终形成条理清晰、逻辑性强的成熟思维模式。

7. NovaMind 思维导图软件

NovaMind 是一款非常优秀的思维导图软件，它将思维导图和 PPT 融合在一起，支持思维导图放映演示。在国内 Windows 系统的环境里，NovaMind 为人所知甚少，但在苹果(Mac)系统中却大名鼎鼎。其基于 NET Framework 4 开发，安装方法简单，运行流畅，支持直接导出思维导图为 PDF、PNG、Word、PowerPoint、纯文本、OM 或者 MS Project 文件。

8. 百度脑图

百度脑图是一款在线思维导图编辑器，可以使用现代浏览器打开。除基本功能外，它支持 XMind、FreeMind 文件的导入和导出，也能导出 PNG、SVG 图像文件。百度脑图还具备分享功能，编辑后可在线分享给其他人浏览。

第三节 创新内容

创新包括的内容多种多样，下面主要从创新的特点、创新的性质和过程、创新的实施等方面进行详细介绍。

一、创新的特点

创新一般有以下四个特点。

1. 普遍性

普遍性是指创新存在于一切领域。

2. 持续性

持续性是指创新永远不会终止。

3. 超前性

超前性是指创新是首创行为，因而总是超前的。因为超前，可能得不到他人的支持和理解，会给创新者造成很大的压力。另外，实现创新的过程和方法都需要探索，因此带有不确定性和技术上的难度。

4. 社会性

完成一个创新，不但要想，还要做，要实施。而实施过程中就要与社会发生联系，产生社会性。现代社会随着社会分工的细化，单打独斗的时代已经一去不复返了。创新无止境、无边界、无权威、无框框。规律表明，那些真正的创新大师往往知识渊博，在多个领域都有建树，只是在某个领域更为突出。

二、创新的性质和过程

1. 创新的性质

创新的性质有两个：无中生有和有中生无。无中生有是指科学发现和技术发明，有中生无则是指对现有事物的改进。

2. 创新的过程

创新的过程分为"想"和"做"两步。然而现实中，有很多人连想都不敢想，更别说去做了。要知道，成功者大多是思维活跃、善于思考的人。随着知识经济的到来，思想、创意、新的知识点的价值越来越大。一个好的创意可能拯救一个企业，开拓出一片新的天地。

当然，仅仅有好的想法是远远不够的，还要敢于去实施。事实上，并不是每一个创意都能转换成很好的结果，但是不去试验，就不会知道新想法到底怎么样。害怕失败的人永远也无法成为卓越的创新者。因此，一定要敢于去尝试。

三、创新的实施

概括来讲，创新的实施大致可分为以下几个步骤(见图 2-7)。

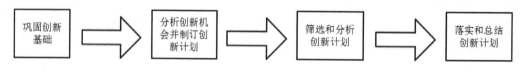

图 2-7 创新的实施步骤

第四节　创新学及创新教育

创新学是一门边缘性、综合性和应用性的学科，它是研究人类的创新能力、创新过程及其发展规律的科学。

创新学建立在哲学、美学、心理学、人才学、教育学、逻辑学、管理学、体育学等多门学科研究的基础之上,揭示人类创新的规律,研究创新能力的培养方法,探索创新方法,研究创新活动的组织和创新环境的形成等。其中心任务,是开发人类的创新能力。

创新学研究的内容主要有以下几个方面。

一、创新精神

创新精神是人类意识或创造欲望的体现。创新学研究者认为,创新者应具备以下五种精神特质。

(1) 致力于造福人类的精神。
(2) 敢想、敢干、敢于实践的精神。
(3) 不达目的誓不罢休、坚忍不拔的精神。
(4) 擅长发现问题并勇于创新的精神。
(5) 坚持不懈、谦逊好学的精神。

二、创新思维

思,就是想;维,就是序。思维就是有次序地想一想、思索一下、思考一番,总之,思维是指对事物进行分析、综合、判断、推理等认识活动的全过程。创新思维不是一般的思考,它是人类思维的高级形式。创新思维是一种具有独特见解的思考,具有空前的想象目标,其结果是新颖的、有使用价值的、先进的事物或产品。

三、创新环境

创新环境的好坏,对创新者来说是起促进和制约作用的。任何个人与团体,虽然都蕴藏着巨大的创造力,但由于受不同环境的影响,可能或促进或阻碍创造力的发展。充分认识阻碍创造力发展的环境,创造一个有利于创新的环境,日益受到人们的重视。要开拓有利于创新的环境,领导必须重视创新,积极培养群众的创新精神,具有良好的民主作风,认真分析群众意见,站在开发群众创造力的高度,尊重群众提出的创新设想,保护创新权益,在群众中营造人人动脑筋搞革新的竞赛氛围。

四、创新技法

创新技法是从创新活动、过程、成果中总结出来的带有普遍规律的方法。到目前为止,创新技法已经超过300种。

五、创新教育

创新教育采纳创新学研究者提出的理论与方法,将其融入教育实践,旨在提高人们的综合素质。创新教育就是通过培养创新思维和应用创新技巧来开发人们的想象力、创造力和解决问题的能力，使人们的思维活动能够超出现有的知识范围，展现出独创性。

第五节　创　新　体　系

创新理论和实践都证明，创新是人人都具有的一种潜在的能力，这种能力可以通过一定的学习和训练得到激发和提升。同时，创新是有规律可循的。人类在解决工程技术问题时采用的方法都是有规律的，并且这些规律可以通过总结和学习加以掌握和应用。

科技创新是原创性科学研究和技术创新的总称，是指创造和应用新知识、新技术、新工艺，采用新的生产方式和经营管理模式，开发新产品，提高产品质量，提供新服务的过程。科技创新分为三种类型：知识创新、技术创新和现代科技引领的管理创新。

一、知识创新、技术创新与管理创新

原创性的科学研究或知识创新是提出新观点(包括新概念、新思想、新理论、新方法、新发现和新假设)的科学研究活动，并涵盖开辟新的研究领域、以新的视角来重新认识已知事物等。原创性的知识创新与技术创新结合在一起，使人类知识系统不断地得到丰富和完善，认识能力不断提高，产品不断更新。信息通信技术发展引领的管理创新作为信息时代和知识社会科技创新的主题，也是当今科技创新的重要组成部分。

科技创新体系由以科学研究为先导的知识创新、以标准化为轴心的技术创新和以信息化为载体的现代科技引领的管理创新三大体系构成，在知识社会新环境下三个体系相互渗透，互为支撑，互为动力，推动着科学研究、技术研发、管理与制度创新新发展。

科技创新涉及政府、企业、科研机构、高等院校、国际组织、中介服务机构、社会公众等多个主体，包括人才、资金、科技基础、知识产权、制度建设、创新氛围等多个要素，是在各创新主体、创新要素交互作用下，科学研究、技术进步与应用创新这个三螺旋结构协同演进下的一种复杂表现。技术创新的力量来自科学研究与知识创新，来自专家和人民群众的广泛参与。

信息技术引领的现代科技的发展以及经济全球化的进程，进一步推动了管理创新。现代科技引领的管理创新无疑是我们所在的这个时代创新的主旋律，也是科技创新体系的重要组成部分。

二、管理创新的内容

管理创新(management innovation)是指组织形成一种创造性思想，并将其转化为有用的产品、服务或作业方法的过程。换言之，富有创造力的组织能够不断地将创造性思想转变为某种有用的成果。当管理者说要将组织变得更富有创造性时，通常指的就是要激发创新。

就企业职能部门的管理而言，企业管理创新包括研发管理创新、生产管理创新、市场营销与销售管理创新、采购和供应链管理创新、人力资源管理创新、财务管理创新以及信

息管理创新等多种类型。

管理创新的内容也可分为三个方面，三者从低到高，相互联系、相互作用。

(1) 管理思想理论创新。

(2) 管理制度创新。

(3) 管理具体技术方法创新。

以下三个因素将有利于组织的管理创新。

(1) 从组织的结构因素看，有机式结构对创新有积极作用，拥有富足的资源能为创新提供重要保障，单位间密切的沟通有利于克服创新过程中的潜在障碍。

(2) 从文化因素看，充满创新精神的组织文化通常有以下特征：接受模棱两可的情况，容忍不切实际的想法，外部控制少，敢于冒险，容忍冲突，注重结果甚于手段，强调开放系统。

(3) 在人力资源实践这个因素中，有创造力的组织会积极地对其员工开展培训，关注他们的发展，从而使其保持知识的更新。同时，它们还给员工提供工作保障，以减少员工因担心犯错而遭解雇的顾虑。组织也鼓励员工成为革新能手，一旦产生新思想，革新能手就会主动而热情地将思想予以深化，提供支持并克服阻力。

三、创新文化与环境

由于科学和技术是关于人认知和改造自然的知识，技术还包含着技艺，而且人的参与程度越高，科学和技术知识的含量、密度和水平就越高，这些特点决定了科学和技术的人文价值和科学价值，因此，我们说科学和技术及它们的创新也是创新文化的重要组成部分。

根据是否具有实体和刚性(可理解为非人文的和人文的)，可将环境分为硬环境(由物质环境、刚性的管理体制及人员组成)和软环境(由人文环境、弹性的研究方向和评价体系组成)两大类。其中，物质环境的要素包括校园房舍、仪器设备、经费薪金等，人文环境主要由科学和人文精神、国家政策制度、学术传统、学风和治学氛围等组成。影响科技创新的因素很多，而且由于时间、地点和具体情况的差异，哪种环境和何种要素对于各个科技人员、科研机构或组织的创新过程产生主要影响，往往是不同的。

四、创新发展

当今世界，科技创新能力成为国家实力最关键的体现。在经济全球化时代，一个国家具有较强的科技创新能力，就能在世界产业分工链条中处于高端位置，就能创造激活国家经济的新产业，就能拥有重要的自主知识产权而引领社会的发展。总之，科技创新能力是当今社会活力的标志，是国家发展的关键节点。

科技创新能力的形成是一个过程，需要一定的环境。如果人们自觉而明智地去塑造有利于科技创新的环境，就能激发科技创新的社会潜能，缩减从科技创新到产业运用的时间。学习各国在科技创新上的经验，无疑是提高上述自觉性的很好方式。

从各国的经验来看，科技创新能力的形成有赖于以下因素。

(1) 良好的文化环境。例如，有一种尊重劳动、尊重知识、尊重人才、尊重创造的社会氛围，有热爱科学的社会风气，有百花齐放、百家争鸣、追求真理、实事求是的学术教养和规范，等等。没有一个良好的软环境，就很难形成科技创新能力生长的土壤。

(2) 较强的基础条件。在科技创新的基础条件中，最重要的是教育体系。

(3) 有效的制度支持。国家对科技自主创新的制度支持应是全面而有效的。例如，有效的项目评估和资金支持体系，有利于自主创新的政府采购制度，有明智的产业政策，有合理的知识产权制度，有利于科技创业的社会融资系统，等等。

在人类社会中，完成一项任务的基本条件无非人力、财力、物力。在这三个条件中，一方面，人力是主体，是最活跃的因素。在科技创新领域，人的因素第一，人才的重要性体现得更突出。当然，人的因素并不仅仅指个人的才智，也包括社会组织水平。另一方面，有人力而无财力、物力，便是英雄无用武之地，也是做不成事的。因此，科技创新环境的构建，就是让人力、财力、物力能自然而有效地结合。

科技自主创新能力主要是指科技创新支撑经济社会科学发展的能力。近现代世界历史表明，科技创新是现代化的发动机，是一个国家进步和发展最重要的因素之一。重大原始性科技创新及其引发的技术革命和进步成为产业革命的源头，科技创新能力强的国家在世界经济的发展中发挥着主导作用。自然，一项新技术从诞生、历经发展和应用，最后转化为生产力的过程，离不开观念的引导、支持和制度的保障。可以说，观念创新是建设创新型国家的基础，而制度创新是建设创新型国家的保障。但发明一项新技术并将其转化为生产力，创造出新产品，占领市场取得经济效益，也只有科技创新才能实现。

第六节 创新能力

创新是人人都有的能力，最重要的是如何培养，如何去运用创新能力，培养创新型人才。本节主要介绍创新能力的概念、特点及创新型人才。

一、创新能力的概念

创新已经成为当今世界发展的最大动力，但参与创新的主体同时也承受着巨大的压力。在现代社会，国际竞争的关键是科学技术的竞争，更是人的素质、智能水平和创新能力的竞争。

只有不断创新，我们的社会才能更好地发展，我们的事业才有可能取得更大的成功。而要想有效地创新，就必须具有创新能力。

创新能力简称创造力，特指创造者进行创新活动的能力，也就是产生新的想法和新的事物或新理论的能力。它是人们在创新活动的过程中所表现出来的一种能力。

创造者可以是个人，也可以是群体或国家，本书所讲的是个人创造力，或者说是个人的创新能力。

此外，创新能力是一种综合能力，它包含创新思维能力、创新技能、人的智力与非智力因素。创新思维能力是创新能力的核心。

下面重点谈谈与人的创新能力密切相关的智力因素。

智力是人的能力的一种表现，它是一种建立在一定知识、经验基础上的认知能力，也就是人们认识世界的能力，而创造力是一种改造世界的能力。要想改造世界，首先要认识这个世界，因此创造力包括智力，智力是创造力的必要条件。现代观点认为，智力是一种认识方面的综合心理特征，包括观察力、想象力、注意力、记忆力、思维力五个基本因素（见图 2-8），这五个因素不是简单地机械相加，而是组成有机的统一体，是以思维力为核心的完整的、独特的心理结构。

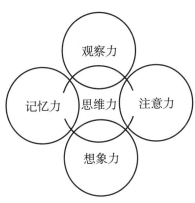

图 2-8　智力的五个基本因素

智力是一种中间能力，创造力则是人的最终能力。人的创造力除了与个人的智力因素有一定关系外，还与创新者个人的非智力因素有关。这里所说的非智力因素又被许多人称为"情商"。

正因为如此，创造力是人类最主要、最宝贵的能力。一般来说，优秀的人、成功的人都是创造力出众的人。换句话说，我们不仅要知道世界是什么，它是怎么来的，还要知道怎样改造世界。学生在学校学习的过程中，不仅要通过知识学习等方式去认识社会、努力适应社会环境，更要积极汲取相关理念与技能，掌握如何运用所学知识对社会进行合理改造的本领。

二、创新能力的特点

1. 创新能力人人都有

决定创造力的是人的大脑，只要脑细胞发育正常，每个人都有创造力。有的人智力很高，书读了很多，知识很丰富，学历也很高，但就是缺乏创造性，因此一生中没有多少真正的创造性成果；而有些人学历虽然不高，在开始进行创新的时候也没有积累大量的知识，但他们的创造性很好，尤其是创新精神和创新思维方面超常，最终他们取得了令人羡慕的成绩，也为人类的发展作出了巨大贡献。大家熟悉的爱迪生，一生中有 2 000 多项发明、1 000 多项专利，平均每 15 天就有一项发明。他的许多发明甚至彻底地改变了这个世界，改变了人类的生活。

2. 创新能力是潜力

创新能力必须经过开发才能表现出来，如果不开发，永远是潜力，一直到老。每个人先天所具备的创造力大致是相同的，即便有区别，也未达到数量级的差异程度。之所以在后天表现得差别极大，是因为创造力开发的程度不同，只要我们去开发，创造力就会释放，不断开发，就会不断释放，我们的创造力水平也就会不断提高。因此，人人都可以成为创造的强者。

3. 创新能力无穷无尽

研究表明，普通人一生中只用了全部脑细胞的 3%～5%，其余 95%～97%都未被开发利用，所谓的人才也只用了 10%，爱因斯坦也只用了 30%！因此，我们可以得出结论，相对于有限的生命来说，我们有无限的脑资源，潜藏着无限创造力。

4. 创新动机对于创新至关重要

人的创新活动不一定只由一种动机来推动，而往往是几种动机的综合作用。另外，对于不同难度的课题，动机强度不同，产生的创新效果也不一样。

三、创新型人才

1. 创新型人才培养的意义

1) 迎接知识经济的迫切需要

21 世纪，人类社会已经进入了知识经济的时代。知识经济是创新经济。知识经济时代的基本特征就是知识不断创新，高新技术不断产业化。在知识经济时代，科技进步日新月异，国际竞争日趋激烈，而国与国之间的竞争，归根结底是人才的竞争，是民族创新能力的竞争，人才的创新能力比以往任何时代都更重要。可以说，谁拥有了人才，谁能够走在科技创新的前沿，谁就能得到强大的发展力量。

在发达国家，科技进步和知识创新对经济增长的贡献率已经超过了其他生产要素贡献率的总和。真正的生产资料已不再是传统的以资金、设备和原材料为主，而是取之不尽，用之不竭，可以再生产的智力资源，即知识。

创新型人才是知识创新的载体，要依靠学校培养，关键是对创造力的培养。创造力的发展水平直接制约着知识经济的发展状况，因此，学校必须担当此重任，重视培养学生的创新能力，以适应知识经济时代的需要。

2) 建设创新型国家的必然要求

创新型国家是指那些将科技创新作为基本战略，大幅度提高科技创新能力，形成具有日益强大竞争优势的国家。

创新型国家的特征主要体现在四个方面：研发和投入占国内生产总值的2%以上；科技进步贡献率达 70%以上；对外技术依存度在 30%以下；创新产出高，发明专利多。

目前，世界公认的创新型国家约有 20 个，包括美国、日本、芬兰、韩国等。这些国家的共同特征是创新综合指数明显高于其他国家，此外，这些国家所获得的三方专利(美国、欧洲和日本授权的专利)数量占全世界专利总量的绝大多数。

我国作为致力于建设创新型国家的主体，亟须无数优秀创新型人才脱颖而出，来承担原始创新、集成创新，以及消化、引进、吸收再创新的重任。因此，我们必须加快创新型人才的培养步伐。

3) 深化教育改革的重要任务

建设创新型国家，科技是关键，人才是核心，教育是基础。当前，我国把科教兴国和创新型人才培养作为 21 世纪人才工程，提出了教育创新的发展战略。作为教育基地的学校，要通过体系、机制、制度的完善和人才培养理念创造必要的创新环境，更要通过教学方法的变革提高学生的创新能力。

4) 促进人才全面发展的有效途径

培养创新型人才必然而且必须是在促进受教育者全面发展的基础上，鼓励他们的个性发展。创新能力是人才全面发展的集中表现，是在全面发展基础上的个性发展的结晶。

学校在培养创新型人才时，为促进创新型人才的成长和个性发展，一方面，需要在思想品德方面加以激励、在创新思维层成加以引导；另一方面，更关键的是要鼓励和注重学生在"智"以及在艺术、体育运动技能等方面的多样性和独特性，进而为促进人的全面发展创造条件。

2. 创新型人才培养的基本原则

(1) 普遍性原则。每个人都应具有创新潜能，创新潜能并不是少数人或者少数尖子学生才具有的。创新精神和实践能力的培养必须面向全体学生。

(2) 基础性原则。一个人的成长是一个循序渐进的过程，由成人到成才是一个质的飞跃，要实现这个飞跃不能揠苗助长、急于求成，需要打好坚实的基础。

(3) 层次性原则。创新意识、思维、能力的培养并不是一蹴而就的，必须分层次地确定不同的创新教育目标，设置不同的创新教育内容和途径：既要面向全体学生，又要注重个体差异、因材施教；既要发展学生个性，又要使学生能够全面发展。

【课后案例】

战鹰"心脏"手术师——大国工匠孙红梅的创新故事

孙红梅，中共党员，中国人民解放军第五七一三工厂高级工程师，中国空军航空修理系统焊接专业首席专家，华中科技大学材料科学与工程学院 2014 级硕士生。

1999 年，孙红梅毕业于西安理工大学焊接专业。怀着保家卫国的理想，她义无反顾地进入了位于鄂西北大山深处的中国人民解放军第五七一三工厂。2002 年，襄樊航空发动机修理公司成立，孙红梅被抽调至该公司，并与两名同事一起承担了全部的焊接维修工作。她利用一切可以利用的时间不停地试焊，不断查阅资料，最终成功完成了某型发动机涡轮叶片叶冠上出现的大量磨损故障维修工作。

2013 年，一批某型军用飞机发动机机匣损坏，国内尚无成功修复的先例。孙红梅首次打开机匣进行检查，发现其内部构造就像俄罗斯套娃一样，一层又一层。当时采用的焊接方法还是比较传统的电焊，部分辅助使用埋弧焊，使用这种方式焊接的结构存在许多缺陷，容易产生裂纹、砂眼、漏气等问题。为了解决这个难题，孙红梅几夜未眠，埋头反复研究发动机机匣。一天清晨，孙红梅像往常一样简单梳洗后，突然在看着面前的镜子时灵光一闪，设计出一个巧妙的方案：先在机匣外壳上切割出一个小"窗口"，利用镜面反射来查找故障点，使用自制的焊接定位夹具进行定位，再采用仰焊技术修复漏气部位，最后将"窗口"补片焊牢。通过镜子反射寻找死角焊点，实现了精准的仰焊。

孙红梅拿起焊枪立即实施她的设想，最终的操作窗口只有 180 cm²，相当于半个手掌大小。在整个过程中，她严格控制参数，最终使得修复后的变形量仅有 0.003 mm——相当于一根头发丝直径的 1/25。孙红梅成功解决了这款机匣死角故障的修复难题，这一道工序后来被命名为"镜面反光仰焊法"。

2023 年 3 月 3 日，材料学院师生代表前往襄阳市中国人民解放军第五七一三工厂开展材料强国社会实践活动，材料加工研究生第十一党支部有幸对杰出校友孙红梅进行了专访。

(资料来源：华中科技大学材料科学与工程学院公众号)

思考与练习

1. 创新思维包括批判性吗？如果包括，那么如何运用批判性思维实现创新？请结合课后案例回答。
2. 结合自身特点，谈谈如何才能实现创新。
3. 根据创新的含义，你是否可以自己举几个创新的例子？
4. 创新除了可以说成"做别人不做的事"外，还能换成什么说法？
5. 请在 2 分钟内数一数图 2-9 中各有多少个三角形。

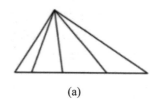
(a)

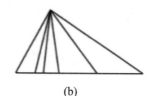
(b)

图 2-9　题 5 图

6. 中国著名教育家陶行知先生在他的《创造宣言》中说："处处是创造之地，天天是创造之时，人人是创造之人……"你对此论述如何理解？
7. 你对失败是怎样理解的？反思自己是否能够正确对待一次次的失败。

第三章　创新与创业

　　创新和创业密不可分，人们的创业活动离不开创新，创新是社会进步的灵魂；创业是创新的表现形式和载体，是推动经济社会发展、改善民生的重要途径。创新与创业教育是当今高等教育现代化的发展方向，借助这一教育形式，不仅能够推动教育领域的革新，还能明确大学生创业意向，助力专业知识转化成创业成果，进而促进大学生的全面发展和社会的整体进步。

第一节　创造、创意与创新

　　在当今生活中，"创造""创意""创新"三个词语频繁地进入人们的视野，无论是创造、创意还是创新，都有一个"创"字，如何理解"创"的含义，需要我们深入思考。

一、创造的意义与内涵

　　创造本身有很多解释，从不同的角度理解也不尽相同。从社会学的角度来解释，创造就是把以前没有的事物创立或者创造出来，这是一种典型的人类自主和能动行为。创造的最大特点是有意识地对世界进行探索性劳动。因此，想出新方法、建立新理论、做出新产品都可以理解为创造的结果。

　　关于创造的过程，创造学的研究者对其有多种描述，分别是三阶段说、四阶段说和七阶段说。目前，学术界比较流行的是美国创造学家沃勒斯的四阶段说，无论是科学创造还是艺术创造，一般都要经历这四个阶段。

　　第一阶段(准备期)：主要是发现问题，搜集相关资料，参考别人或者前人的知识、经验，并从中得到一定的启发。

　　第二阶段(酝酿期)：这一阶段主要是冥思苦想，对问题作出各种试探性的解释。

　　第三阶段(明朗期)：是指在上一阶段酝酿成熟的基础上豁然开朗，产生灵感和顿悟。

　　第四阶段(验证期)：对由灵感或者顿悟得到的新想法进行检验和证明。

　　创造过程就是创造性解决问题的过程，从发现问题到得出答案，是一个渐变阶段，中间过程可能产生中断。渐变阶段就是运用熟悉的知识和经验去解决问题的阶段。如果是一般的问题，渐变阶段可直接解决。如果问题具有挑战性，渐变阶段就会中断，这时候需要用新的思路和观念来连接中断的过程，而新观念或新思路一般不会自然发生，要酝酿、积累和等待，等待突变阶段的发生，直到最后得到验证性的正确答案。通常认为，突变阶段的出现是创造过程的显著特征。

　　美国创造心理研究者泰勒根据创造成果的新颖程度、复杂性、新产品的性质及对社会的作用，将创造分为五个层次。

1. 表露式的创造

表露式的创造是一种即兴而发且具有某种创意的行为表现。这种创造老少皆宜，参与者率性而为，不计产品的作用与效果，是一种自得其乐的创造活动。例如，即兴表演、诗人有感而发、儿童涂鸦等。

2. 技术性的创造

技术性的创造是指运用一定的科技原理和思维技巧，为解决某种实际问题而进行的创造。例如，提高工艺或者生产效益的创造等。

3. 发明式的创造

发明式的创造是在已有事物的基础上，产生与以往曾有过的事物全然不同的新事物的创造。例如，电灯、电话等的发明。

4. 革新式的创造

革新式的创造是在旧事物的基础上产生新事物，否定旧事物、旧观念，并提出新观念的创造。例如，新工具的创造代替旧工具。

5. 突现式的创造

突现式的创造是指与原有事物无直接联系，从无到有地突然产生出新观念、新事物的创造。例如，重大科学发现。

二、创意的意义与内涵

创意是创造意识或创新意识的简称。它是指对现实存在事物的理解以及认知，由此衍生出的一种新的抽象思维和行为潜能。创意是一种通过创新思维意识挖掘和激活资源组合方式进而提升资源价值的活动。

创，即创新、创作、创造……从而促进社会经济发展；意，即意识、观念、智慧、思维……是人类最大的财富。大脑是打开意识的"金钥匙"，创意起源于人类的创造力、技能和才华，创意来源于社会又指导着社会发展。人类是创意、创新的产物，类人猿首先想到了制造石器，然后才动手把石器制造出来，而石器一旦制造出来，类人猿就进化成了人类。人类是在创意、创新中诞生的，也要在创意、创新中发展。

头脑风暴法(brainstorming technique)是最为人所熟悉的创意思维策略，该方法由美国学者奥斯本(Osborn)于 1937 年所提出，强调集体思考，注重相互激发思考，鼓励参加者于指定时间内构想出大量的意念，并从中引发新颖的构思。本书的后面章节会讲到头脑风暴法的相关知识，在此就不进行过多的介绍。

创意可以应用在社会和生活的各个方面，包括文化的创意、产业的创意、生活的创意、经济的创意等。创意的特点就是新奇、惊人、震撼，具有实效。创意绝不能重复，创意无处不在，只有好的创意才可以进行创新和创造，甚至是创业。

创意得益于灵感，它是在灵感诱发下形成的观念形态的想法和意念，整体上比灵感更加完整。因此，创意具有以下几个特征。

(1) 突发性。创意源于一闪而现的灵感,是一种突变式的思维飞跃,能使灵感材料或启示迅速升华为理性认识的想法、意念。

(2) 形象性。创意思维的一个特征就是形象性,创意思维在某种程度上属于形象思维。形象思维的一个特征是用直观形象和表象来解决问题。例如,爱因斯坦曾说:"在我的思维机制中,书面文字和口头语言似乎不起任何作用,作为思维元素的心理的东西是一些符号和一定明晰度的意象,它们可以由我'随意地'再生组合,这种组合活动似乎是创造性思维的主要形式。"也就是说,爱因斯坦在产生创意时,他主要的思维活动是形象思维。有了创意以后,才可以用概念来审查、推论,运用逻辑思维来证明或否定创意。

(3) 自由性。创意思维的目标是确定的,但从思维的方向来说,则是多向的、散漫的、全方位的、灵活的,具有充分的自由性。在创意的选择方面,具有自由开放的特性,可以由着自己的性子去思考自己最愿意做的事,甚至可以是隔行的"业余爱好者"突然产生的想法。思维开阔、不受拘束,有时也能获得十分宝贵的创意。

(4) 不成熟性。创意具有不成熟性。创意不是创新思维的最终产物,它是介于灵感、经验与创新设计方案之间具有媒介性质的思维存在。因此,创意诞生后,还必须有一个证明或证伪的过程,以及一个去粗取精、去伪存真、由表及里的再思维过程。

三、创新的意义与内涵

创新的基本定义:指以现有的思维模式提出有别于常规或常人思路的见解,利用现有的知识和物质,在特定的环境中,本着理想化需要或为满足社会需求而改进或创造新的事物、方法、元素、路径、环境,并能获得一定有益效果的行为。

创新的哲学内涵是指一种人的创造性实践行为,这种实践为的是增加利益总量,需要对事物和发现进行利用和再创造,特别是对物质世界的利用和再创造。人类通过对物质世界的利用和再创造,制造新的矛盾关系,形成新的物质形态。创意是创新的特定思维形态,意识的新发展体现着人对于自我的创新。发现与创新共同构成了人类相对于物质世界的解放,是人类自我创造及发展的核心矛盾关系所在,代表着两个不同的创造性行为。对发现进行否定性再创造往往是人类创新发展的基点之一。实践是创新的根本所在。创新的无限性在于物质世界的无限性。

创新的社会学解释:指人们为了发展需要,运用已知的信息和条件,突破常规,发现或产生某种新颖的、独特的、有价值的新事物、新思想。创新的本质是突破,即突破旧的思维定式,突破旧的常规戒律。创新活动的核心是"新",它或者是产品的结构、性能和外部特征的变革,或者是造型设计、内容的表现形式和手段的创造,或者是内容的丰富和完善。

在我国研究和实践领域,凡是突破传统、具有开拓性的思想、行为、成果等都称为创新,即广义的创新。在我国,这也是比较倡导的一个概念。

1. 创新的特征

创新体现在社会和生活的各个方面,创新是人们能动性的首创活动,是一种新价值的实现或者是新思想、新概念在实际生活中的运用,也可以是形成新思想、新观念和新理论的过程,是一种精神境界。创新具有以下几个特征。

1) 首创性

首创性即"第一次"，是历史上从未有过的，是"无中生有"或者是"有中生新"。新的变动、新的组合、新的改进等，都是创新。创新可以是完全新的，也可以是部分新的，只要是对旧事物的突破，有所超越、有所改进、与别人的有所不同，就是创新。

2) 时效性

创新作为一种活动，在思想、理论、技术形成或产品投放市场后，经过一段时间又会被更新的东西替代，这种替代使得创新具有时效性。正因为创新具有时效性，所以我们在开展探索性教学或者进行科学研究时，就必须探索其所处的阶段，并对发展前景进行预测。

3) 成果性

成果性是指创新必须以新的成果体现，无论是物质成果(如实物等)还是精神成果(如制度等)，都需要相应载体来展现其创新性。

4) 价值性

价值性体现在创新成果产生的社会效益和经济效益上，其价值标准是社会性的，以不损害社会利益为前提。与之相反，那些损害社会利益的活动，即使是首创，也绝不是创新。

5) 综合性

从创新活动的过程看，创新是许多人共同努力的结果，即由多人投入的产出活动，它既需要技术人员的理论知识和技术，又需要生产者和管理者的共同联合、协作，才能达到预期的目标。因此，创新活动是一项综合性的活动。

2. 创新的分类

创新活动形式多样，人们不会永远墨守成规，在不同范畴、不同领域会开展各类创新，由此便形成了不同的类型。为了全面掌握各种创新的性质、特征以及它们之间的区别与联系，就必须对创新进行分类。

根据不同的标准，可从以下几个方面对创新进行划分。

1) 根据创新成果的首创性划分

这是最常见的划分创新的方法，这种方法将创新划分为原始创新、集成创新与消化吸收再创新三大类型。原始创新属于重大技术领域从无到有的开拓，其本质属性是原创性和第一性。集成创新是指创新过程中应用到的所有单项技术都不是原创的，其创新之处在于对这些已经存在的单项技术按照自己的需要进行系统集成，并创造出全新的产品或工艺。消化吸收再创新是最常见、最基本的创新形式，是产品价值链中某个或者某些重要环节的重大创新。

2) 根据创新成果在世界范围内的影响划分

根据创新成果在世界范围内的影响，可将创新划分为绝对创新与相对创新。绝对创新是在全世界范围内实现首创的创新；相对创新是未在全世界范围内实现首创的创新。绝对创新与相对创新都有一个范围的约束条件。

3) 根据创新成果的自主知识产权划分

根据创新成果的自主知识产权，可将创新划分为自主创新与模仿创新。自主创新是自己创造出来的有自主知识产权的创新。模仿创新是指通过模仿早前创新者的创新构想、创新行为和创新成果而进行的创新。

4) 根据创新活动的领域划分

人们根据创新活动的领域，可将创新划分为科技创新、理论创新、实践创新、制度创新、文化创新、教育创新、营销创新和商业模式创新等。

第二节 创新及其相关概念之间的关系

一、创新与创意的关系

1. 创新与创意的联系

(1) 一切创新都始于创意，创意是一种思维活动，它是创新的开始，创新始于创意。工具创新、机器创新、作品创新、体制创新、机制创新、模式创新等，一切创新都始于创意。有了创意后付诸行动，行动成功了，创意才能成为创新的组成部分。创意是一种思维，创新是思维和行动的总和，好的创意加上具体的行动才能产生创新。

(2) 创意属于创新的一部分。从广义的创新概念可以看出，具有开拓性的思维、行为、成果等都可称为创新。确切地说，理论创新、观念创新、科技创新、文化创新、体制和制度创新等，都离不开创意的萌芽。创意的成型与进一步验证，是投入实践获得成功的关键，因此，创意是创新必不可少的一部分，没有创意的创新是不完整的。

(3) 创新是创意的理想结果。创意是大脑的创新性思维活动，具有一定的艺术色彩，开始时我们无从得知创意最终能否成为一个产品，但是，每一个创意的诞生都渴望着能够落地成型，通过"创意—策划—执行—反馈—再创意—再策划—再执行……"的循环往复的过程，把创意思维变成创新成果，实现创意的终极目的。因此，可以说创新是创意的理想结果。

2. 创新与创意的区别

(1) 从二者的概念区分。创意是一种创新的思维活动，可以是逻辑思维、形象思维、逆向思维、发散思维、系统思维、模糊思维、直觉和灵感等多种认知方式或者它们综合运用的结果。而创新是指突破传统，具有开拓性思维、行为、成果等。可见，创意只是大脑领域发生的活动，而创新包括了思想、行为和结果。也就是说，创新必须包含创意，但创意不等同于创新。

(2) 从二者的特点区分。创意具有突发性、不成熟性，是人类大脑的突发奇想，是尚未开始投入实践的灵感和想象。而创新具有成果性、价值性，是已经行动并取得成果的一系列活动的总和。创意是创新的开始，成败未知；创新是"创意+行动"的结果，创意只有在行动中成功了，这一系列活动及成果才叫创新。

(3) 从二者的结果区分。创新活动有可能失败，失败的创新尝试虽未能达成最终的创新成果，但可视为创新过程中的一个阶段、一个环节。而创意要打破常规，有着明显的自由性和不成熟性，所以创意往往是虚构的，更多的是一种艺术形式或者产品的最早期构思，而并非一种真实的产品。即使是对产品的构思、主意或者所谓的点子，绝大多数也并不能最终实现，也正因为如此，创意诞生之后，还必须对其进行验证。

二、创新与创造的关系

创新与创造在遇到问题以及解决问题的思维方法上是相通的。创新与创造的能力源于天赋，也得益于后天的教育培养，以及各种形式的启发和引导，包括从创新与发明创造的思维方法、认知障碍及其克服方法，到创新的非认知调控和创造性人格特征分析等方面。总之，创新教育所希望达到的目标就是用一种新的方式，比较高效地培养创新型与发明创造型人才。

创新与创造虽有一定的联系，但是也存在一定的区别。

第一，创新是一个经济学范畴的概念，必须有收益。若依据新思想生产出了新颖的产品，然而该产品无法应用，没有产生收益，那么这可以说是发明创造，却不能说是严格意义上的创新。

第二，创造是一个绝对的概念，创新则是相对的概念。例如，发明创造申请专利时，先要考虑自己是不是第一个做的，若别人已经做过，就不能再申请专利。它在"首创"或"第一"问题上是绝对的。创新是一个相对概念，它不必查清楚是不是"首创"或"第一"。创新有个相对的范围，不必考虑在部门、系统内过去有没有人做过，只需了解做的程度如何，现在做得有哪些进步，能否有收益。

第三，创造既有促进社会发展的积极发明创造，也有阻碍社会发展的消极发明创造。创新必须是促进社会发展的积极发明创造，如计算机是积极发明创造，计算机病毒则是消极发明创造；核科学和技术的发展是积极发明创造，核武器的发展则是消极发明创造；生物和化学科学的发展是积极发明创造，生化武器的制造则是消极发明创造。没有人会将假冒伪劣称为创新。

第四，创造强调第一次，即"首创"，可以是全盘否定的全新创造；创新则更强调无止境的更新，它一般并不是对原有事物的全盘否定，通常是在辩证的否定中螺旋上升。

三、创新与创业的关系

创业在本质上是人们的一种创新性实践活动。无论是何种性质、类型的创业活动，它们都有一个共同的特征，即创业是主体的一种能动性的、开创性的实践活动，是一个从无到有的实践过程。尽管有人认为，创新具有特定的经济内涵，但通过理论或实践创新得出的成果和产品本身也是创新的体现，它们不一定都具备经济内涵。从这个意义来说，创业从根本上体现着创新的特质。创业活动与一般成熟企业的管理活动之间最大的区别在于，创业是一个空白基础上的起步，它的任务是要创办、建立起一个新的企业；而成熟企业的管理则在于要把已经建立起来的企业做大做强。前者是从无到有，后者是从小到大、从弱到强。创业正是具有创新特质的实践活动。

创新是创业的手段，创业者只有通过创新，才能使所创的企业生存、发展并保持持久的生命力。创新是创业的基础，创业是创新的载体。仅具备创业精神远远不够，它只是为创业成功提供可能性和必要准备，如果脱离创业实践，缺乏创业能力，创新精神便成了无源之水，无本之木。创新精神所具有的意义只有作用于创业实践活动才能有所体现，才有可能最终获得创业的成功。因此，创新和创业要有机融合、相辅相成。

创业离不开创新，二者共同立足于"创"这一前提。创新体现为所涉事业、产品、观念、机制等能弃旧扬新、标新立异，没有创新，创业就无从谈起，创新和创业是密不可分的实践活动。

创业过程中有关新产品的开发、新材料的采用、新市场的开拓、新管理模式的推行等，都必须将广泛的创新思维作为先导，最后创业才能成功。没有创新思维和创新决策，就无法开创新的事业；没有创业实践，创新意识就无法转化为新的产品，创新就失去了意义。创新不是蛮干，而是巧干；不是凭空想象，而是源于对知识的掌握，对现实的了解，对事物客观规律的准确把握。

创新是创业的源泉，是创业的本质。创新的价值体现于在创业过程中把潜在的知识、技术和市场机会转化为现实生产力。在创业过程中需要持续旺盛地创新。有创新意识才有可能产生富有创意的想法或方案，才可能使新发明、新产品或新服务不断涌现，寻求新的模式、新的出路。创业可以创造出新的市场需求，推动并深化创新，提高企业或整个国家的创新能力，从而推动经济增长。

1. 创新与创业的区别

1) 内涵不同

从定义上看，创业是创造新的商业活动，而创新是一种新的发明；创业可能涉及创新，或者不涉及，创新可能涉及创业，或者不涉及。创新通常指创新成果商业化的价值实现过程，可以在已有的企业组织框架内实现，不一定涉及企业组织制度的建设；而创业特指创建企业的过程，必然要涉及企业组织制度的建设。从内涵上讲，创新主要是从经济与技术相结合的角度探讨技术创新在经济发展过程中的作用；创业是一个新市场参与者的创造过程(新商业的诞生)。

创业重点关注的是"企业从何而来""人们为什么创建新的商业""商业是如何被创造的"等问题；而创新侧重于对生产函数相关要素，诸如生产力、科学技术、生产资料、生产工具及劳动力和生产关系等进行变革与建立。

2) 研究的侧重点不同

创新作为创业的手段，具有独特性，其本质是思想的表达以及实践的过程，就是为社会增添新元素，偏重理论分析。创业偏重实践过程，即个体建立一份自己的事业，追求自己想要的成功。

2. 创新与创业的联系

1) 主体的一致性

首先，实施主体是一致的。创业者在进行创业时，重要的创业资本是核心技术、创业知识、运作资金、创业团队、创新能力等，其中创新能力是最重要的。创业者在创业过程中需要具备创新意识和创新精神，需要独特和新颖的创新思维，产生出富有创意的独特想法，寻求解决问题的新思路和新方法，不断克服企业发展中的瓶颈和难题，最终才能够取得创业的成功。

其次，价值主体是一致的。创新的价值体现于创业，其能够将潜在的知识、技术和商机转化为产品与服务，进而创造财富，实现企业再创业，通过将创新成果进行商品化和产业化，实现社会财富的增值。每一个能够取得成功的创业，必然存在着内在的价值创新。创业是一种能够自我发展达到不断创新的过程，创新其实就是我们常说的"企业家精神"的本质。

2）时序的一致性

从创新的时效性看，企业创新特别是在科技成果推向市场的过程中一般总是从产品创新、技术创新开始的。因为一种新的市场需求总是表现为产品需求，所以在创新初期，企业的创新活动主要是产品创新。一旦产品被市场接受，随之而来的，企业便将注意力集中在过程创新上，其目的就是降低生产成本，改进生产工艺，提高生产率。当产品创新和过程创新进行到一定程度时，企业的创新注意力会逐渐转移到市场营销创新上，目的是提高产品的市场占有率。在这些创新的不同时序上，还会伴随着必要的管理创新和组织创新。可见，利用科技成果进行创业在时序上是一个连续的过程。

总之，创新和创业是相互联系、不可分割的。只有坚持创新，才能与时俱进；只有坚持创业，才能改变面貌、壮大经济。只讲创业不讲创新，可能行事鲁莽草率，如同盲人瞎马般乱闯，违背科学发展观；若只是好高骛远，不脚踏实地艰苦创业、付诸实践，最终只能坐而论道，失去根基。因此，为使所创企业能长期发展，就必须以创新为基础，没有创新的企业只会是昙花一现、好景不长。大学生创业，更需要有创新意识、思维、技能和品质，如果没有创新，整个创业链条就会断裂。创新是创业者实现创业的核心，创业者要通过创新实现创业，而且要通过创新体现创业精神，而创业精神既是创业者必须具备的内在品质，又是创新的一种具体表现。

第三节　创新精神与创业及其精神

先有锲而不舍的创新精神，才会有勇往直前的创业能力。本节将介绍创新与创业相关内容，为培养大学生创新与创业能力提供参考依据。

一、创新精神

精神是指人的意识、思维活动和自觉的心理状态，包括情绪、意志、性格等。创新精神特指人的创新意识和创新人格。

1. 创新意识

创新意识中最重要的是创新的意愿，其次是要有正确的创新动机。一个人创新意愿的形成离不开外部环境的作用。例如，小孩子从小就受到家长的鼓励和引导，高校学生受到教师授课的影响，从而热爱创新等。创新意识即指那种不愿意遵循常规、喜欢标新立异、勇于挑战、不断追求新的解决办法的意识。

在创造力的概念中，有一点很重要，那就是创造力具有方向性。换句话说，创造力是一种矢量。这就意味着在一个群体里，很可能出现如下情况：每一个个体的创造力都很高,但由于方向混乱,最终表现出来的群体创造力可能为零。造成这一现象的原因在于环境,一个人的创造力能否源源不断地释放出来,与环境有很大关系。环境是否鼓励创新,有没有相应的激励制度等,都影响创造力的发挥——通过影响创新精神、创新动机等,从而影响创造力,这就是很多企业通过制定优良的创新激励制度来持久地激励员工创新行为的原因。

2. 创新人格

创新人格最重要的几个特征:一是自信,二是不怕失败,三是不盲目从众,四是不迷信权威。

心理学家经调查研究发现:世界上95%的人缺乏自信,具有自卑感,而这种自信缺失在孩童时期便形成。由于个人自卑感造成的人才埋没数量远高于社会环境造成的自卑情况。这种自我否定,极大地遏制了人们创造才能的发挥。

有创造力的人大多数是有主见的人,而主见来自自己的独立思考。自信是创新的第一步。有了自信,才会敢想敢做,而不是畏首畏尾。自信不是刚愎自用,真正自信的人思想开放,乐意接受他人意见,但是最后的判断一定由自己作出,而不是依赖别人,自信的人不轻易被别人左右。自信才是创新的开始,缺少自信,就无从创新。

害怕失败的人,其行动必然谨小慎微。瞻前顾后,不敢独辟蹊径,极大地阻碍了创造力的发展。许多人一生难有成就,主要原因就是每当他想去做某些事情的时候,总是想着可能会失败,并且不愿意承担失败的后果,从而裹足不前。通常害怕失败的人主要表现为过于担心别人的看法,对自己要求过高,历经一次或多次失败后便不再努力。那么我们应该怎样应对失败呢?

就像萧伯纳说的:"我年轻时注意到,我每十件事有九件不成功,于是我就十倍地努力干下去。"

人们在思考过程中极易产生一种心理倾向,即盲目从众,这同样会影响我们的创新思维。一味地顺从别人、随大流,在群体压力下放弃自己的想法和意见,采取和大多数人一致的想法,这样就扼杀了创新思维。遇到事情不再独立思考,而是盲目跟从别人的想法,自己思想就被束缚和禁锢了,创新思维就不能很好地展现出来。所以,不要盲目从众,要有自己的主见。

我们在学习过程中总是认为书本上的知识、老师传授的知识都是正确的,这就是盲目相信权威的表现。从小到大的传统教育,使许多人形成了这种偏见。培养创新能力就要勇于挑战权威,敢于怀疑,善于质疑。事实上,权威只不过是某一个方面或者某一个点上的权威,或者是某个时期、某个阶段的权威,不存在全面的权威和永远的权威。因此对待权威要尊重,而不是盲目相信。

创新,就要有追求新奇的强烈意识、对未知事物的敏锐感知和好奇心、对新事物价值的精准认识、对新知识执着的探索兴趣、追求新发现和新发明的热忱以及百折不挠的毅力和意志,还要有脚踏实地的严谨学风。

由此可见,在接受传统教育的同时,发展创新能力要考虑以下三个重要因素。

(1) 掌握专业知识与技能。任何创新都离不开专业知识与技能,人具有不同领域的知识与技能,由此可形成不同领域的创新能力。有关领域的知识与技能,可以看作解决某个特定问题或从事某项特定工作的途径,很显然,途径越多,产生新东西和形成新观念的办法就越多。有关领域的知识与技能主要包括:熟悉该领域的实际知识;掌握这一特定领域所需要的专业技能,如实验技术、写作技巧、作曲能力等;具有有关领域的特殊天赋等。

(2) 提升创新思维能力。创新思维能力是创新能力的核心,既包括使思想具有流畅性、变通性、独特性以产生新认识的能力,也包括运用创新方法提出新措施的能力。此外,创新思维能力还包括敏锐且独特的洞察力、高度集中的注意力、高效持久的记忆力和灵活自如的操作能力。

(3) 健全创造人格。在心理学中,人格也称个性,是指比较稳定的个性倾向性和个性心理特征的总和,它体现着一个人独特的心理面貌。个性倾向性包括人的需要、动机、兴趣和信仰,决定着人对现实的态度、倾向和选择;个性心理特征包括人的气质和性格等,决定着人的行为方式等个人特征。创造人格是能够在后天学习活动中逐渐养成,以及在创新活动中表现和发展起来的,对促进人的成才和创造成果的产生具有导向和决定性作用。

创新,就是在和别人观察同样事物的时候,却能发现不同之处。简单地说,创新就是比别人做得更好。培养创新意识、创新思维、创新精神和创新能力,以及塑造创新人格都需要先对创新有清楚的认识,要先唤醒自身的创新思维、创新精神和创新能力。很多人都说自己没有创新思维,认为创新离自己很远;也有人认为自己已经错过了创新的年龄,现在去创新很难进行。这些都是人们的错误认知,认为创新是由时间、地点、人物和年龄等外在因素决定的,其实不然,创新思维和创新精神是每个人随时随地都可以拥有的,处处是创新之地,天天是创新之时,人人是创新之人。每个人的大脑中都隐藏着创新潜能,只是有的人潜能从未被开发出来,一直隐藏着。因此,激发创新思维、创新精神和创新能力,重新审视创新、培养创新是人们适应社会发展和奠定大学生创业基础的先决条件。

二、创业的特点和类型

本小节主要介绍创业的特点和创业的类型。

1. 创业的特点

(1) 创业是主动进行的创造活动。知识经济的不断发展,对人们的素质提出新要求。在此背景下,人们会主动树立一种新的生存理念,开拓一种新的生存模式,来改变人们原有的生活方式,提高人们的生存能力。

(2) 创业是创造价值的过程。创业是对社会资源的重新组合、配置和利用,创造更多价值和新事物的过程。

(3) 创业带有一定的风险。创业环境的不确定性,创业机会与创业企业的复杂性,创业者、创业团队与创业投资者的能力与实力的有限性,都会给创业带来一定的风险,甚至导致创业的失败。

2. 大学生创业的特点

(1) 大学生创业具有激情性。刚进入社会的大学生年轻有活力,勇于拼搏,无太重负担,具有较强的社会适应能力;自信心较强,对自己认准的事物会有激情去体验。

(2) 大学生创业具有知识性。大学生通过在学校的专业学习,掌握了一定的专业技能及专业知识,为创业奠定了基础。

(3) 大学生创业具有创新性。大学生思维活跃,接受新事物较快,创意新、点子多。

(4) 大学生创业缺乏经验。大学生意气风发,对创业满怀希望,但难免经验不足,缺乏对市场的了解,对风险和困难的抵抗力较弱。

3. 创业的类型

创业类型的划分有许多方式,比较常见的是按照创业动机、创业起点、创业项目类型、创业方向或风险,以及创新内容进行划分。

1) 按创业动机划分

按创业动机,创业可分为机会型创业与就业型创业。机会型创业是指创业的出发点并非谋生,而是为了抓住及利用市场机遇。就业型创业是指创业者为了谋生而自觉或被迫地走上创业之路。

2) 按创业起点划分

按创业起点,创业可以分为创建新企业和企业内创业。创建新企业是指创业者个人或团队从无到有地创建出全新的企业组织。这个创业过程充满挑战和刺激,个人的想象力、创造力可以得到最大限度的发挥,但风险和难度也很大,创业者往往缺乏足够的资源、经验和支持。企业内创业是指在现有企业内的有目的的创新过程。

3) 按创业项目类型划分

按创业项目类型,创业可分为传统技能型创业、高新技术型创业和知识服务型创业。传统技能型创业是指使用传统技术、工艺的创业项目;高新技术型创业是指知识密集度高,带有前沿性、研究开发性质的新技术、新产品项目;知识服务型创业是指为人们提供知识、信息的项目。

4) 按创业方向或风险划分

按创业方向或风险,创业可分为依附型创业、尾随型创业、独创型创业和对抗型创业。依附型创业是指依附于大企业或产业链而生存,为大企业提供配套服务,或者使用特许经营权;尾随型创业是指模仿他人创业,"学着别人做";独创型创业是指提供的产品或服务能够填补市场空白;对抗型创业是指进入其他企业已形成垄断地位的某个市场,与之对抗较量。

5) 按创新内容划分

按创新内容,创业可分为基于产品创新的创业、基于营销模式创新的创业和基于组织管理体系创新的创业。基于产品创新的创业是指利用技术创新或工艺创新等产生了新的消费群体,从而导致创业行为的发生;基于营销模式创新的创业是指采取有别于其他厂商的市场营销模式,因而有可能给消费者带来更高的满足度;基于组织管理体系创新的创业是指采取有别于其他厂商的企业组织管理体系,因而能够更高效地实现产品的商业化和产业化。

三、创业的原则和过程

本小节主要介绍创业的原则和创业的过程。

1. 创业的原则

创业的原则主要有以下五个。

1) 适应性原则

创业初期,不适宜选择不切合实际的大型项目,而要选择感兴趣、熟悉的项目来开展创业活动,至少在做之前已经跟别人学习过,或者做过长时间的调研分析,对项目有一个清晰的认知,尤其是对风险的认知。

2) 市场性原则

对于初创者来说,创意很重要。但是,产品的市场和销售往往比创意更重要。有很多创业者认为自己发现了一种新的商业模式,但在实际操作中发现行不通。没有销售渠道,再好的创意也没法变现。因此,在创业的初始阶段,相对于好的创意,怎样把你的产品或服务卖出去更重要。

3) 资金可控性原则

现金流是一个创业项目的血液,它关乎企业的生存与发展。无论现金流是来自真实的收入还是投资,都要尽早实现现金流入,避免现金流中断而导致亏损。同时,要有止损底线,要敢于下决心停止项目。

4) 实践性原则

创业者一定要对自己的事业有掌控力,但凡能作出一番成绩的创业者,初期一定是凡事都亲力亲为的舵手,不仅把握方向,还要渗透到项目细节、客户维系和具体运营之中。马化腾、乔布斯等在创业初期,也都是各自企业的产品经理和业务经理,只是到后来,才慢慢地去主抓大方向和制定战略。

5) 目标性原则

创业初期,目标一定要简单清晰,同时要了解目标聚集战略,将资源、资金和人力、精力集中于某一项主业上,避免"系统化整合"等多元化的发展战略和目标。

2. 创业的过程

创业的过程包括从产生创业想法到创建新企业并获取回报的整个过程,如图3-1所示。

1) 产生创业动机

创业动机是创业的原动力,它推动创业者去发现和识别市场机会。创业活动的主体是创业者,创业活动首先取决于个人是否希望成为创业者。创业动机不仅是打算创业的一时冲动,更是对创业目标与预期收益的深思熟虑。

2) 识别创业机会

识别创业机会是对可能成为创业机会的事件进行分析和对创业预期结果的预判。创业机会一般分为两种,一种是意外发现的,另一种是经过深思熟虑才发现的。国家产业政策的调整、新技术的出现、人口和家庭结构的变化、人们的物质和精神需求的变化、流行时尚等都可能形成创业机会。创业者应该具有敏锐的嗅觉,能够及时、准确地识别创业机会,将知识、经验、技能和其他市场所需的资源进行整合。

3) 整合有效资源

资源是创业的基础条件,整合资源是创业者开发机会的重要手段。强调整合资源,是因为创业者可以直接控制的可用资源往往很少,许多成功的创业者都有白手起家的经历。

创业者需要整合的资源包括基本信息(有关市场、环境和法律问题)、人力资源(合作者、最初的雇员)、财务资源等。

4) 创建新企业

创建新企业需要进行大量的准备工作，其中创业计划、创业融资和注册登记尤为关键。创意能否变成行动，关键看其能否形成一个周密的创业计划。资金往往是创业企业的"瓶颈"，创业融资在企业的创建过程中至关重要。当创业者完成创业计划并获得融资之后，就可以按照法定程序进行注册登记，包括确定企业的组织形式、设计企业名称、向工商行政管理机关提出企业登记注册申请、领取营业执照等。

5) 实现价值，获得创业回报

创业者整合资源、创建新企业的目的是实现价值，并通过实现价值来实现创业目标。获得创业回报是创业活动的目的，有助于强化创业者对事业的执着。

图 3-1　创业的过程

四、创业精神

1. 创业精神的内涵

哈佛大学商学院对创业精神的定义是："创业精神就是突破现有资源限制而追求商机的精神。"从这个角度来讲，创业精神是一种为创造某种新价值，敢于突破资源限制，捕捉和利用机会，承受必需的风险，努力发挥创造力、实现创新的一种心理过程。

1) 创业精神的灵魂是创新

创业精神蕴含着创新，在这个创新过程中，新产品或服务被确认、被创造，最后将开发出来的产品投入市场，并且创造新的财富。缺乏创新，就不会有新企业的诞生和小企业的成长壮大。

2) 创业精神的天性是冒险

没有敢于冒风险和勇担风险的勇气，就不能成为创业者。中外无数创业者虽然成长环境、成长背景和创业机缘各不相同，但无一例外都是在条件极不成熟和外部环境极不明晰的情况下，敢为人先，勇做"第一个吃螃蟹的人"。

3) 创业精神的精髓是合作

当今社会，行业分工越来越细，没有谁能一个人完成创业的所有过程。真正的创业者都是善于合作的，而且还能将这种合作精神扩展到企业的每个员工。面临困境时，团队成员能团结一心，"心往一处想，劲往一处使"。

4) 创业精神的本质是执着

创业的道路是坎坷的，选择了创业就是选择了面对更多困难、迎接更多挑战，而创业精神就体现在战胜困难与挑战的过程中。因此，创业者必须坚持不懈，只有知难而进，在战胜困难中学会成长，才能抓住真正的成功机会。

2. 大学生创业精神的培养

1) 树立"广谱式"创业精神培育观

2018年9月，《国务院关于推动创新创业高质量发展打造"双创"升级版的意见》(国发〔2018〕32号)指出，近年来，大众创业、万众创新持续向更大范围、更高层次和更深程度推进，创新创业与经济社会发展深度融合，对推动新旧动能转换和经济结构升级、扩大就业和改善民生、实现机会公平和社会纵向流动发挥了重要作用。

2) 培养大学生全面发展的能力

(1) 大学生要培养自己的创新思维能力，应在已有经验的基础上，积极去发现新事物、创造新办法，从而解决新问题。

(2) 大学生要勇敢地面对挫折，具有坚定的创业意志品质。

(3) 大学生要培养吃苦耐劳的精神。吃苦耐劳的精神是指一个人在面对困难并克服困难的过程中，磨炼出的一种比较坚定、持续的意志品质，体现出的一种顽强精神。大学生在平时生活中，必须抵制奢侈浪费、见利忘义、拜金主义、过度追求物质享受等不良社会思潮的渗透与蔓延，消除其带来的不利影响。

(4) 大学生要培养危机意识。当今市场竞争越来越激烈，如果缺乏危机意识，距离成功也就越来越远。大学生可以通过创业竞赛、创业实践来培养自己的危机意识。

(5) 大学生要不断充实创业知识。创业精神为创业提供精神上的、思想上的支持，而创业知识则是创业的能力、素质基础，因此大学生要认真学习创业知识，比如金融知识、法律知识、管理学知识，努力做好创业准备，以便在实践中能从容应对挑战。

3) 在课外活动中培育创业精神

课外活动又被称为"第二课堂"，是大学生创业精神培育的重要载体。课外活动中的专业社团活动、挑战赛活动、创新创业工作坊活动等，均对大学生创业精神的培育起着润物细无声的作用。对于大学生来说，一方面，要积极参加社会实践活动，主要包括到企业实习和利用寒暑假、周末做兼职等形式的活动。通过以上创业实践，丰富自己的社会阅历，以便于发现商机。另一方面，积极参加学校组织的各项第二课堂活动。积极利用大学生创业园等学校提供的创业实践平台，通过创业亲身实践，体会创业的艰辛，以此来提高大学生的抗压能力，磨炼他们的意志品质。

【课后案例】

地摊经济引爆城市新活力

人大代表杨宝玲建议：进一步加强规范城市管理的同时，因地制宜，释放"地摊经济"的最大活力。

居住在成都的"90后"美女傅傅，白天在一家服装公司工作，而晚上下了班之后就出门摆地摊赚钱。

傅傅说自从成都解除了对临时占道摆地摊的禁令之后，自己的收入明显增加了，于是为了奖励自己在"5·20"这天的摆地摊努力，她特地买了一辆二手奥迪车作为礼物。互联网时代，傅傅还时常在网上直播"云摆摊"，吸引了一大批粉丝，甚至还有一个来自江西的小伙子特地跑到成都跟傅傅学习摆地摊的经验。

过去这些年，城市里许多小商贩一直心惊胆战地摆地摊挣着微薄的辛苦钱，商贩和城管之间的矛盾也时有发生，似乎大家都有不得已的苦衷。

如今，摆地摊终于迎来一些好消息。在 2019 年的"两会"上，除了提到农民社保、公积金等大家关心的话题外，地摊经济也被重点关注了。

一、地摊经济一直都存在

作为一名在城镇长大的"80 后"，地摊经济是最贴近我们生活的经济模式。小时候我的记忆中，家门口就有地摊，地摊上的东西往往物美价廉，是我们生活中离不开的必需品。比如，街边的小吃、锅碗瓢盆等日用品，都可以在地摊上买到，由于省去了仓储、房租等成本，这些物品比我们在超市里买到的更实惠一些。只不过随着城市的发展，道路交通资源紧张，市容市貌有了更新的要求，许多过去可以摆地摊的区域不被允许摆地摊了。于是地摊的数量开始减少，或者位置有了转移，但直到今天，在城市郊区或步行街等地，依然存在地摊经济。

二、地摊经济蕴含着大量商机

从经济的角度看，我认为摆地摊其实蕴含着不少商机，允许城市里摆地摊是可以对城市经济产生贡献的。第一，对个体生意人来说，通过摆地摊能够实现销售的收入，解决就业困难的问题。这个渠道，可以解决他们的收入来源问题，这也算是脱贫的一个手段。第二，对于企业来说，摆地摊的生意人需要进货，企业就可以形成一条地摊所需商品的产业链条。比如，浙江义乌有不少小微企业是负责给人提供商品货源的，拿到商品的人可以去夜市摆摊销售。第三，对于政府来说，地摊经济的存在，可以为更多人带来就业岗位，同时拉动产业链条，促进城市的 GDP 增长。只要管理得当，地摊经济并不会过分干扰城市的环境和交通问题。从上述三个维度来看，地摊经济的商业机会还是比较明显的。

三、摆地摊可以靠流量致富

曾经在网络上有这样一个新闻：有一对河南的夫妻，摆了几年地摊后，在郑州买了两套 120 m² 的房子给两个儿子。可见摆地摊真的可以让一个家庭致富，即使郑州的房价不算很贵，两套 120 m² 的房子也是很多普通人无法企及的。那么为什么摆地摊可以致富呢？主要的因素就是流量效应。流量这东西真的非常"可怕"，就好像互联网时代的电商一样，互联网的本质是免费的，可流量起来以后，企业就可以找到许多种变现的方式，阿里巴巴的经营思维就是如此。摆地摊也是类似，只要位置选得好，人流量大，每件商品赚得不多也没关系，跑量也能赚大钱。我曾经问过我老家附近一个摆地摊卖炊饼的大妈，她告诉我一天最高卖出炊饼的纪录是 1 000 个以上。简单估算下，若一个炊饼卖 5 元，卖出 1 000 多个炊饼，当天的营收可以超过 5 000 元(暂不计算成本)。可见，摆地摊并不是大家所想的那么低端，有了流量就有了赚钱的机会。

(资料来源：网易新闻网)

思考与练习

仔细研读相关资料，并通过课后案例思考以下问题。

1. 地摊经济创业成功的关键因素有哪些？
2. 地摊经济的创新性体现在哪些方面？
3. 通过地摊经济的成功经验，分析当代大学生如何从实践中培养创新思维和增强创业实践能力。

第四章　创业者与创业团队

创业者和创业团队是创业的主体和实现者，是创业的基础和核心要素。本章主要介绍创业者应该具备的素质和能力，以及创业动机，创业团队的作用、组建及管理等内容。

第一节　创　业　者

本节主要介绍创业者的定义和类型。

一、创业者的定义

1755年出版的《商业性质概论》中，法国经济学家理查德·坎蒂隆首次将"创业者"的描述引入经济学领域。1800年，法国经济学家让·巴蒂斯特·萨伊首次给出了创业者的定义，他将创业者描述为将经济资源从生产率较低区域转移到生产率较高区域的人，并认为创业者是经济活动过程中的代理人。美籍奥地利经济学家约瑟夫·熊彼特则认为创业者应为创新者，具有发现和发明更好的、能赚钱的产品、服务和过程的能力。"现代管理学之父"——创业教育创始人之一的彼得·德鲁克认为，创业者就是赋予资源产生财富的能力的人，他还指出："创业不是魔法，也不神秘。它与基因没有任何关系。创业是一种训练，人们可以通过学习掌握它。"创业教育专家布罗克豪斯指出："称一个人为创业者，就如同教一个人成为艺术家一样。我们不能使他成为另一个凡·高，但是我们可以教给他色彩、构图等成为艺术家必备的技能。"可见，一个人通过适当的学习和实践经验的积累，在具备了一些独特的创业技能和素质后完全有可能成功创业。

香港创业学院院长张世平对创业者的定义：是主导劳动方式的领导人，是引发创业现象的主体，是具有使命感、荣誉感、责任心的人，是组织和运用服务、技术、器物作业的人，是具有思考、推理、判断能力的人，是能使人追随并在追随过程中获得利益的人，是具有完全权利能力和行为能力的人。中国学者林强、姜彦福、张健等将创业者的定义分为狭义和广义两种。狭义的创业者是指参与创业活动的核心人员，广义的创业者是指参与创业活动的全部人员。

综上所述，创业者是指开拓性地将商业机会转变为经济实体，并在经济实体中承担组织、管理、控制、协调等关键职责的个人。

二、创业者的类型

创业是复杂的社会活动和职业行为，可从不同的角度划分为不同的类型，最常见的是按照创业目标的不同，将创业者分为以下三类。

1. 谋生型

谋生型创业者，大多是为了改善自己的生存条件而被迫选择创业的。他们属于被动创业者，创业的动机只是为了谋生，以获得必要的生活来源。甚至部分创业者并没有创业的概念，只是在谋生的过程中出于对生存的渴望与责任，通过勤俭节约，积累知识、人脉、财富，进而走向创业。我国大部分创业者都属于谋生型创业者，如个体户。谋生型创业者大多是在现有市场中捕捉机会，创业范围多局限于商业贸易领域，他们绝大部分起步资金较少，难以做大做强。当然，在历史发展过程中，也有部分谋生型企业成功突破困境，走向了持久的创业之路，实现了企业的发展壮大。

谋生型企业在创业初期不需要太多的管理，很多事情都是创业者亲力亲为。但企业发展到了一定规模后，就要注重不断完善企业的管理体系和制度建设，切不可因循守旧、故步自封。

2. 投资型

投资型创业者是在已经有了一定的经济和实力的基础上进行的创业。投资型创业者依靠自身拥有的雄厚资金或资源实力，凭借自己独到的洞察力判断投资项目，目的是获取更大的经济回报。

3. 事业型

事业型创业者把实现自己的人生理想作为创业目标，把创业作为毕生的事业。此类创业者对追求机遇和进行创新冒险有主观偏好，他们不甘于平稳与安逸，希望通过创业来实现自我价值并得到社会认可。事业型创业者往往有了一定的经济基础，经历了市场和社会的磨炼，更加明确自己的人生追求，善于分析和发现新的市场机会，从而开拓事业。

谋生型创业者、投资型创业者和事业型创业者的划分并非泾渭分明。谋生型创业者在取得早期的成功后，也可转向投资型创业或事业型创业以寻求更大的发展。

【拓展阅读 4-1】

美国心理学家约翰·迈纳(John B. Miner)对 100 位事业有成的创业者进行长达 7 年的跟踪调研，发现这些创业者存在共同的人格特质。约翰·迈纳根据特质的不同，将创业者分为四种类型：成就上瘾型、推销高手型、超级主管型和创意无限型。

(1) 成就上瘾型创业者。这类创业者的人格特质主要表现为：必须拥有成就；渴望回馈；喜欢拟订计划和设计目标；具有强烈的进取心；对组织忠诚；相信以一己之力可以改变生活；相信工作上应该由自己制定目标，不能受制于他人；对认定的事业表现出执着而不放弃的决心，坚持到底，不达目的不死心，是目标非常确定的创业者。

(2) 推销高手型创业者。这类创业者的人格特质主要表现为：善于观察和体恤他人的感受；喜欢帮助他人；相信社会互动很重要；需要与他人发展良好的关系；有良好的交际能力；有强烈的合作意识，相信销售对执行公司经营战略十分重要。

(3) 超级主管型创业者。这类创业者的人格特质主要表现为：很讲信用、很负责任，他们的能力、力量来自贯彻目标的决心；期望成为企业中的领导人物；具有决断力；对集体持肯定态度；喜欢与他人竞争；期望享有权力；渴望能够出人头地。

(4) 创意无限型创业者。这类创业者的人格特质主要表现为：热爱创新，富有创意；相信新产品的研发对企业经营战略的执行十分重要；聪明过人；希望避免风险；有创意、有主张，绝对与众不同；有着强烈的冒险性及好奇心。

(资料来源：学习啦网)

第二节　创业者的素质和能力

创业是一项具有实践性、专业性的复杂活动，它对创业者的素质和能力有极高的要求。我们必须承认的事实是：并非所有人都适合创业。资料显示，我国民营企业的平均寿命不超过 3 年，能够存活 10 年以上的企业只占 1%；即使在号称创业天堂的美国硅谷，创业成功率也不超过 10%。经验表明，创业成功的概率大小与创业者的综合素养成正比，创业者的素养往往决定着创业的方向、路径、过程、效率与结果。

一、创业者的素质

创业者的素质，是指其本身所具有的特质，是人与生俱来的或通过后天的培养、塑造、锻炼而获得的身体上和人格上的特点。人的素质是以人的先天禀赋为基础，在后天环境和教育影响下形成并发展起来的，是一种内在的、相对稳定的身心组织结构及其质量水平。创业者的素质主要包括身体素质、心理素质和文化素质。

1. 身体素质

创业是一项繁重而复杂的工作，创业者对健康风险要有充分的准备。健康的身体是革命的本钱，选择创业就选择了艰辛之路，一般创业者都要经受超过常人的工作负荷和心理负担，经营企业如履薄冰，身体素质的好坏决定了企业能够走多远。我们经常听到一些企业家年龄不大就突然去世，也经常听到一些高科技行业的精英英年早逝，这都是社会的损失。一个健康的身体是应对创业过程中繁忙工作的基础。面对长时间的高压力工作，如果创业者的身体不健康，必然导致力不从心，难以承担创业的重任。因此，创业者应以乐观的心态保持身体的健康，加强锻炼，力争做到身体健康、体力充沛、精力旺盛、思路敏捷，为创业打下坚实的基础。

国内不少知名的企业家重视体育锻炼。例如，柳传志坚持长跑；几经商海沉浮的史玉柱在浙江大学读书时就经常围绕西湖跑步，大学里锻炼出来的良好的身体素质和心理素质支撑了他人生的起伏；中国台湾地区的"经营之神"王永庆也非常热衷于跑步，甚至 80 多岁高龄还坚持跑步锻炼；地产商王石爱好攀登，曾经登上过珠穆朗玛峰。作为有梦想的当代创业者，也要重视身体素质的培养，使自己有充沛的精力和健康的体魄。

2. 心理素质

心理素质，是指创业者的心理条件，包括自我意识、性格、气质、情感等心理构成要素。作为创业者，自我意识特征应为自信和自主；性格应刚强、坚持、果断和开朗；情感应更富有理性色彩。成功的创业者大多不以物喜，不以己悲，面对成功和胜利不沾沾自喜、得意忘形；碰到困难和失败时不灰心丧气、消极悲观。稳定、良好的心态，是个人平时修炼的结果，也是创业者必备的素养。

1) 野心

心有多大舞台就有多大，"野心"是创业的内驱力。创业者的野心往往超越现实，往往超越他们现有的立足点，但只有具备敢为人先的胆略才能实现既定的目标。因此，创业者的野心往往伴随着强大的行为动力和冒险精神。

有野心的创业者是不满足于现状的。研究发现，成功创业者的野心往往源自现实生活的刺激，这些刺激是在外力的作用下产生的，而且往往不是正面的鼓励。刺激的发出者经常让承受者感到屈辱、痛苦。这种刺激经常在被刺激者心中激起强烈的愤懑、愤恨甚至反抗精神，从而使他们做出一些"超常规"的行为，释放出超常规的能力，进而取得创业的巨大成功。因为有野心，所以不甘心，选择创业并采取行动，最终取得成功，这是大多数白手起家的创业者共同走过的道路。

2) 自信

自信是指不断地超越自己，产生一种来源于内心深处的强大力量的过程。成就事业就要有自信，有了自信才能产生勇气和毅力，困难才有可能被战胜，目标才有可能达到。但是自信绝非自负，更非痴心妄想，自信唯有建立在诚实和自强不息的基础上才有意义。创业者需要建立对自己的信心和对创业成功的信心，这两种信心需要在不断完成任务的过程中得以强化。心理学上有很多方法和技巧可以让人更加自信，但归根结底自信源自实力，而不是简单的成功学激励，只有自己的知识和能力达到了一定水平，才是真实的自信，因此需要在不断取得进步的过程中一点一点地构建自信。

3) 执着

正如比尔·盖茨(Bill Gates)所说，巨大的成功靠的不是力量，而是韧性。社会的竞争常常是持久力的竞争，创业的成功是大浪淘沙的结果，"胜者为王"，唯有有恒心和毅力的成功者才会笑到最后。创业的过程漫长而艰苦，充满了风险和各种各样的陷阱，所以你要蹚过去，靠的不是对财富的渴望，而是对自己心中梦想的执着。有志于创业的大学生要有意识地培养自己执着的品质，可以从小事做起，坚持做较长一段时间。例如，坚持每天写一篇日记，每天读 50 页书，每天锻炼 30 分钟等，既达成了计划的目标，又培养了执着精神。

4) 情商

创业者要学会处理好人际关系。只有通过别人、团队的共同努力，才能够实现创业目标。而情商(EQ)正是管理自己的情绪和处理人际关系的能力，是一个人对环境和个人情绪的掌控和对团队关系的运作能力。哈佛大学心理学家丹尼尔·戈尔曼(Daniel Goleman)研究发现：预测一个人的未来成就，智商(IQ)最多只能解释其成功因素的 20%，其余的 80%则归因于其他因素。其中，关键因素是"情商"，真正决定一个人是否成功的关键是情商而不是智商，高情商是领导人成功的先决条件。如果说智商决定着创业者是否会"做事"，那么，情商则决定创业者是否会"做人"。

5) 德商

德商(MQ)是指一个人的道德水平或道德品质修养程度，是一个人获得良好声望和社会认同的综合能力，其核心是拥有利他的意愿、抱负和能力。德商能够帮助人们确定行为和目标的方向，使人们在茫茫商海可以更好地驾驭自己的资源、情商、智商和技术去获取成功。"水能载舟，亦能覆舟"，虽说企业经营取得利润实属天经地义，但只有经得起道德检验的利润，才能真正赢得人们对企业的敬重。反之，如果企业及其领导人对德商视而不见、漠不关心，将会使企业形象受损，顾客也会渐行渐远。在创业者群体当中，很多人的失败不是能力的失败，而是做人的失败、道德的失败；许多企业的破产不是技术和工艺的破产，而是诚信的缺失和品牌的失信。德商低下的人注定无法实现事业的永续经营，无法承载事业的长久成功。

3. 文化素质

文化素质主要指创业者的知识储备。创业者的知识结构对创业起着举足轻重的作用。单凭一腔热情、个人经验、勇气和单一的专业知识想要创业成功是很困难的。创业者所需要的广博的知识主要包括深厚的专业知识、企业经营管理知识、政策与法律知识，以及其他综合知识。

专业知识主要指创业行业与产品的专门知识，如行业的发展阶段和趋势、组织结构与竞争态势、市场容量和可持续发展潜力、产品的核心价值与形式、产品的设计与生产、产品的价格与销售等。企业经营管理知识主要涉及企业创办程序、管理制度、项目选择、成本控制、市场调查、品牌建设、文化建设、人力资源、市场营销、风险控制等。政策与法律知识可保证创业活动顺利进行，依法创业，在法律与政策允许的范围内合法经营，并用法律知识保护自己的利益，同时充分利用政策性资源和发展机遇。广博的其他综合知识有利于创业者开阔视野、拓展人脉。

二、创业者的能力

能力是完成一项目标或者任务所体现出来的综合素质，它总是与实践相联系。离开了具体实践，人的能力既不能表现，也不能发展。商场如战场，面对风云变幻的创业环境，创业者至少需要具备以下几方面能力。

1. 战略管理能力

战略管理能力是依据企业的长期目标、行动计划和资源配置优先原则设定企业目标的能力。因为战略是企业为获取可持续竞争优势，而对外部环境的机遇和威胁及内部的优势和劣势作出的反应，所以战略就是企业的生命线，也是企业腾飞的起跳板。一个及时、果敢、英明的战略决策是让企业化茧成蝶、由小变大、由平凡到伟大的推动力，而错误的战略会葬送一个企业。战略管理能力包括战略思维、战略规划和设计。战略管理能力是一个创业者的核心领导力。

2. 正确决策能力

正确决策是保证创业活动顺利进行的前提。无论是对商机的迅速捕捉，还是创业过程中应对各种竞争与挑战，都需要创业者有正确的决策能力。要作出正确决策就需要创业者做到以下几方面：一是具有较强的信息获取和处理能力，能敏锐地洞察来自竞争对手、政策环境、人力资源、资金周转等各方面的各种商机与风险，面对复杂环境在没有充足时间分析的情况下迅速作出反应，形成有价值的应对策略并付诸行动；二是集思广益，不断反思并学习，通过不断的创新实践，总结经验，吸取教训，及时修正偏差和错误，提高决策能力，保证企业的健康成长。

3. 经营管理能力

经营管理能力是指对人员、资金以及企业内部运营的管理。经营管理能力是一种较高层次的综合能力，是运筹性能力，它包括市场开拓能力、生产组织能力、团队组建管理能力、企业文化建设能力、综合应变能力等。

4. 资源整合能力

资源整合能力是指通过组织和协调，把企业内部彼此相关但分散的职能部门，以及企业外部既参与共同活动又拥有独立经济利益的合作伙伴整合成一个为客户服务的系统的能力。创业者要妥善处理与外界的关系，尤其是要争取相关政府部门的支持。同时，创业者还要处理好各种人际关系，不断拓展人脉和社交圈，通过社交网络获取更多信息，聚集更多资源。良好的人际关系和正确的处事技巧，将有助于个人在事业上的成功。卡耐基在《成功之路》中提出个人成功公式：个人成功=15%的专业技能+85%的人际关系和处世技巧。这一观点在吉米·道南和约翰·麦克斯合著的《成功的策略》中也得到了体现。

5. 创新能力

创新能力是企业持续发展的动力。面对日益复杂的竞争与合作关系、日新月异的科学技术手段、风云变幻的市场环境，没有一种创业模式可以让我们一劳永逸。创业本质上是一项创新活动，要求创业者在技术、管理和营销等方面不断探索和创新。一个新的管理理念或产品往往会给创业者带来显著的回报。

6. 学习能力

众所周知，创业者的专业技术能力关系到企业的核心竞争力，而学习能力关系到创业者能否适应专业知识的快速更新、科学技术的迅猛发展。因此，良好的学习能力是创业者必备的能力，创业者的学习能力关系到企业的成长速度。

当然，这并不是要求创业者必须完全具备以上这些素质和能力才能去创业，但创业者要有不断提升自身素质的自觉性和实际行动。要想成为成功的创业者，就要成为终身学习者和自我革新者。

第三节 创业动机

创业动机是创业活动的重要前提，本节主要介绍创业动机的概念和分类。

一、创业动机的概念

创业动机是指创业者由于个体内在或者外在的需要，而在创业时表现出来的目标和愿景。创业动机常常决定着创业者的行业选择、目标定位等具体决策。它源于个体的心智与教育成长环境，是个体在综合考虑自我、环境、价值、目标、期望等诸多因素之后所形成的内在的、个人的初始动力，是创业最基本的驱动力。

二、创业动机的分类

创业的动机大体上可以归为以下四类：对成就的需求、对独立性的偏好、控制的欲望、改善家庭和个人的经济状况。大学生创业是适宜的创业环境与准备好创业相结合的产物。但为什么会有大学生在本应该认真学习的时候走上了创业的道路？他们的创业动机有一定的特殊性，归纳起来主要有以下四种类型。

1. 生存需求型

一方面，经济压力导致许多家庭越来越难以负担昂贵的学费，国家有助学贷款、奖学金制度，但也不能完全解决问题。在沉重的经济压力下，为了顺利完成学业，部分学生只好利用课余时间打工，以维持正常的学习和生活。在打工过程中，部分具有创业素质的人会发现商机并加以把握，从而走上了创业的道路。

另一方面，当前我国高校学生中，城镇生源地的学生95%是独生子女，培养他们的独立性已经成为当务之急。目前，已经有一部分学生开始独立承担自己的学习和生活费用，其中也有一定数量的学生成为创业的先行者。

2. 积累需求型

按照奥尔德弗(Alderfer)的 ERG 理论，人的需求分为生存需求、相互关系需求和成长需求。这三种需求并不一定严格按照由低到高的顺序发展，可以越级发展。当代大学生随着年龄的增长，对于相互关系和成长的需要会逐渐强烈。一部分大学生为了增加自己的实践经验、丰富自己的社会阅历，或者为了自己以后的发展或实现自己的某个目标做好经济上的准备，在条件成熟的情况下也会利用课余时间走上创业的道路。这个类型的创业者往往以锻炼为目的，承受失败的能力较强，但由于压力较小，失败和半途而废的比例也比较高。

3. 自我实现型

心理学研究表明，25～29 岁是创造力最活跃的时期，这个年龄段的青年正处于创造能力觉醒时期，对创新充满了渴望和憧憬。他们思维活跃、创新意识强烈，同时所受的约束和束缚较少，按照 ERG 理论，他们对成长的需要也更强烈。另外，由于大学生所处的环境，他们往往更容易接触一些新的发明和学术上的新成果，或者他们中的一部分人本身拥有具有自主知识产权的科研成果。为了早日实现自己的目标，他们中的一部分人调整了对成功的看法，并开始了自己的创业生涯。

4. 就业需求型

当前，我国大学生就业形势相当严峻，一方面表现为需求不足，另一方面表现为大学毕业生的工资待遇降低。在这种情况之下，为了找到一份自己满意的工作，有一部分大学生也开始了创业。

第四节　创业动机的驱动因素

创业动机是个体创业行为的驱动力，是一种非常复杂的心理现象，创业动机的产生受个体内外多种因素的影响，而且个体创业的动因或驱动力往往不是单一的，是多种动因共同促进的。创业动机的驱动因素可分为两大类：社会诱因和个体诱因。

一、社会诱因

每一个创业者都有其特殊的背景和经历。社会学研究试图对创业者所处的社会环境以及影响创业者决策的社会因素进行解释。研究发现，驱动创业者作出创业决定的诱因主要有以下四种。

1. 不利境况触发创业活动

不利境况指的是个人或者个人组成的群体处在社会的边缘。这些个人或者群体可能被视为"不适合"主流社会的生活，他们对自我实现的渴望非常强烈，由于没有人可以依靠，他们干脆就不依靠任何人。最明显的例子是，移居到一个新的环境，因语言障碍或者种族偏见找不到合适工作的移民，常常把目光投向创业。当然，在一个经济权利比政治权利更容易实现的社会环境里，创业活动也显得较为活跃。例如，改革开放之初的创业者，大多是难以找到工作的回乡知识青年、城市失业青年、升迁无望的公务员等。这些处于社会边缘的人，在现实中未能占据"有利地形"。由于面临各种不利境况，他们的创业成本较低，对利益的需求不大，顾虑也少。通过创业，他们不仅可以获得较多收益，还能获得新的发展机会，并且能够感受到掌控自己命运、实现自我价值的成就感。因此，他们毅然决然地选择了创业之路。

2. 创业的拉动效应

积极正面的激励可以促成某些人的创业行为，这种效应通常被称为"创业的拉动效应"。有些积极正面的激励可能来自潜在的合作伙伴、创业导师、父母等。潜在的合作伙伴通过共享经验、提供工作上的帮助或者分担风险等方式，使个人受到鼓舞而欣然创业。创业导师可以给创业者介绍社会关系和经济关系网络中对创业有益的社会资本和资源。父母的职业背景与子女的创业方向之间也存在一定的相关性。

据调查，25%~34%的创业者的父母(特别是父亲)本身就是成功的企业家，拥有家族企业。父母的言传身教对创业者有着深远的影响。另外，那些为创业者提供初始资金的投资者不仅加强了创业者对"高投资回报"的信心，而且对创业活动的实施起到了关键的推动作用。当然，促进创业的因素，还包括潜在客户和其他相关人士的鼓励，他们的激励也有可能点燃创业者的"创业火焰"。

3. 创业的推动效应

为创业者提供动力的另一种动力源泉就是"创业的推动效应"。积极的推动因素包括职业阅历或者教育背景等因素。职业阅历可以提供创业机遇，教育背景可以给予个人相应的知识和技能。

一般而言，创业者会经由两种路径走向创业之路。

(1) 行业路径，即某个人在某一特定的行业里学到了该行业内所有可以学到的东西，从而为创业奠定了坚实的基础。某些创业者在自己先前工作的行业内，拥有得天独厚的资源优势，容易捕捉到行业变化发展的趋势，通过开创新事业，以填补行业变化发展中的市场缝隙。这正是人们选择自己所熟悉的领域进行创业的原因。比如，在技术领域工作的人所开发的新产品、新工艺一旦不被企业接纳，就会离开原来企业去组建新的企业。同样，从事销售工作的人常常因为熟悉市场和顾客未满足的愿望和需要，也有可能离开原来的企业去开创一个新企业来满足市场需求。采用行业路径的创业者通常依靠其专业化的知识来创建新企业。这些专业化的知识可以是一门技术、一种工艺流程、一种新的商业盈利模式，或者是被之前同类型的企业忽视，而被创业者发现的利基市场。这些创业者以行业路径知识为基础，开展创业活动，只要突破了创业的资金瓶颈和资源制约，创业梦想就可以实现。

(2) 岗位路径，即某个在关键岗位上工作过的人，如律师、会计师、管理咨询师、银行家或者商业经纪人，凭借自身的融资优势和交易技巧，很容易捕捉到他人没有看到的商业机会。当商机之窗打开时，他们不愁创业资金和业务技能，只需组建一个高效的创业管理团队，就能成功实现创业。

总体而言，独特的职业阅历可能导致对特定创业路径的依赖，这种依赖将激发创业者满怀信心地去创建属于自己的新企业。从这个角度来讲，大学生采取"先就业，后创业"的策略，可以提高创业的成功率。

4. 创业环境和创业政策激励创业

创业环境的影响因素分为金融支持、政府政策、政府项目支持、教育和培训、研究开发转移效率、商业环境和专业基础设施、国内市场开放程度、实体基础设施的可得性、文化和社会规范九大方面。一个国家或地区的文化环境影响当地人的创业意识和动机，积极的创业文化能更有效地激发创业动机，从而使有创业动机的个体有意识地搜寻因为环境的变动而带来的商业机会。

创业政策的目的就是为企业家从事创新与创业活动降低创业壁垒，营造良好的环境和氛围，促进创业活动，从而达到推动经济增长的目的。国家经济政策影响着创业活动，进而影响着经济的增长。当国家的经济自由程度增加时，个体更愿意自己创业。

二、个体诱因

1. 个体差异

以往的研究发现，个体自身的性别差异、经济条件、受教育程度，父母的价值观念、文化程度、职业种类等都会影响创业道路的选择。男性比女性更倾向选择自主创业，家庭经济条件较差者受物质方面的驱动而选择创业，而家庭经济条件较好者更多会受精神层面的驱动选择创业。父母创业，则孩子更倾向于创业。

2. 心理诱因

每一个创业者都有其特殊的需求、追求和愿望。心理学家试图通过研究对创业者的创业动机及影响创业行为决策的心理因素进行解释。

根据马斯洛的需求层次理论，我们可以得出这样的论述：当金钱需要基本得到满足时，获得额外金钱的重要性与其他因素相比就会下降。很显然，那些认为金钱是创业唯一动力的观点是片面的。一项对英国 800 家盈利的小型企业的调查显示：98%的人把"个人成就感"列为第一重要的推动力，其中 70%的人认为这是非常重要的因素；88%的人把"按照自己的方式做事"视为重要或非常重要的因素；87%的人将"做长远规划的自由"列为重要或非常重要的因素；仅有 15%的人认为"给子女留下产业"是非常重要的。

驱动创业的激励因素多种多样，创业的主要动机也因人而异，从创业者心理层面来看，创业动机主要基于以下目的。

1) 改变家庭和个人的经济状况

一个有理想、有抱负的人，以自己的知识、技能开创新事业，促使社会的进步和发展，换来的不仅仅是金钱，更是人生的充实、内心的满足，以及受到肯定后涌现的荣誉感。但是我们也不能否认经济因素在激发创业者的创业冲动中所起到的作用。由于原先在企业所获得的薪水难以维持家庭生活开支，为了改变自己现有的经济状况和家人的生活水平，创业者经过再三权衡之后认为：要改变命运，改变现状，让自己的知识、技能得以尽情发挥，并获得最大的经济回报。大多数出身贫寒、收入微薄的创业者，其最初的创业动机就是要改变自己的生活境地，改善经济状况。

2) 对成就的需要

成就的需要是对人们期望做得更好和渴望更卓越的驱动。每个人都渴望成功，但并不是每个人都能走向成功，对成功的需求和渴望的不同导致人们创业结果的不同。同样，对于成就没有强烈企图心的人，是很难成功的。一个社会如果普遍拥有高水平的成就需要，那么这个社会将会涌现出更多有活力的创业者，这些创业者将促进社会经济的发展。麦克莱兰(Mcclelland)通过试验得出结论：成就需要得分较高的创业者，在解决问题、确立目标和实现这些目标时，敢于承担责任，有冒险倾向，喜欢存在中等风险的决策，对决策结果感兴趣。

3) 对独立性的偏好

独立性强的人都具有成功的潜质，如果不能独立，是很难成就自己的一番事业的。过分依赖他人的创业者往往缺乏主见，缺少创业最需要的进取和创新精神。创业者一般都有追求独立的愿望，如果没有这种愿望，就不可能独自去承受创业中的各种挫折和艰辛。正如美国企业研究专家伯奈尔(Burnell)所言："创业者的内心深处都有一种非常强烈的需要，即做自己想做的事，愿意为自己的错误买单，但他们喜欢用自己的眼光去看待事物，渴望彻底掌握自己的命运。"大多数创业者在创业之前，常常觉得原先从事的工作难以施展自己的才华，或者并不是自己内心深处所喜爱的。在这种情况下，他们不甘于为别人打工，强烈的独立意识驱使他们创建自己喜爱的事业，按照自己喜欢的方式做自己喜欢的事情，实现人生的理想和抱负。例如，不惑之年的柳传志在"憋得不行"的驱使下，毅然走向创业之路，虽说历尽艰辛，但今天的联想公司的业绩和规模足以使他感到欣慰。这些向往自由和成功、渴望振奋和激励的创业者在很大程度上推动了社会的进步和发展。

第五节 创业团队

创业团队和一般团队具有本质区别,创业团队中的每个人都有其独立作用,同时也能互相协作,成为一个整体。本节将详细介绍创业团队与一般团队的区别、创业团队的作用和创业团队的特征。

一、团队

1. 团队中的九种角色

在一个团队中,成员往往具有不同的优势,在团队中发挥的作用也不尽相同。一般而言,成员在团队中扮演九种角色,具体如下。

(1) 培养者角色。

描述:解决难题,富有创造力和想象力,不墨守成规。

可允许的缺点:过度专注思想而忽略现实。

不可允许的缺点:当与别人合作会有更佳结果时,却不愿与他人交流思想。

(2) 资源探索者角色。

描述:外向、热情、健谈、发掘机会、增进联系。

可允许的缺点:热情很快冷却。

不可允许的缺点:不遵循安排,令顾客失望。

(3) 协调者角色。

描述:成熟、自信,阐明目标,促进解决方案的制定,分工合理,能够胜任领导职责。

可允许的缺点:发现其他人可完成工作时,就不愿意亲力亲为。

不可允许的缺点:完全依赖团队的努力。

(4) 塑型者角色。

描述:善于激发人,充满活力,能够在压力下成长,有克服困难的动力和勇气。

可允许的缺点:易沮丧与动怒。

不可允许的缺点:无法以幽默或礼貌的方式平息局面。

(5) 监控者角色。

描述:冷静,有战略眼光与识别力,能够对不同选项进行比较分析,并作出正确决策。

可允许的缺点:理性地怀疑。

不可允许的缺点:失去理性,讽刺一切。

(6) 团队工作者角色。

描述:具有协作精神,性情温和,具备敏锐的感知能力和建设性的态度,善于倾听,能够预防和减少团队内的摩擦,有效平息争端。

可允许的缺点:面对重大事项优柔寡断。

不可允许的缺点:逃避责任。

(7) 贯彻者角色。

描述：纪律性强，值得信赖，注重传统方法，办事高效利索，把想法变为实际行动。

可允许的缺点：坚持教条，相信经验。

不可允许的缺点：阻止变化。

(8) 完成者角色。

描述：勤勤恳恳，尽职尽责，积极投入，找出差错与遗漏，准时完成任务。

可允许的缺点：完美主义。

不可允许的缺点：过于执着。

(9) 专家角色。

描述：目标专一，自我鞭策，甘于奉献，提供专门的知识与经验。

可允许的缺点：过于专注学术研究。

不可允许的缺点：忽略本领域以外的技能。

2. 团队和群体的区别

美国管理学家斯蒂芬·P.罗宾斯认为，团队就是由两个或者两个以上互相作用、互相依赖的个体，为了特定目标而按照一定规则结合在一起的组织。团队是群体的一种形态，但是不等同于群体，二者的根本区别在于：团队中成员的作用是互补的，而群体中成员的作用在很大程度上是可以互换的；团队离开任何人都不能很好地运转，而在群体中离开谁都可以运转。其具体表现在：团队的成员对是否完成团队目标一起承担成败责任，并同时承担个人责任，而群体的成员只承担个人成败责任；团队的绩效评估是以团队整体表现为依据，而群体的绩效评估则以个人表现为依据；团队目标的实现需要成员间彼此协调且互相依存，而群体目标的实现不需要成员间的互相依存。此外，团队较之于群体在信息共享、角色定位、参与决策等方面也更进一步。

团队是群体的特殊形态，是一种由为了实现某一目标而互相协调依赖并共同承担责任的个体所组成的正式群体。团队是由两个或两个以上拥有不同技能、知识和经验的人组成的，具有特定的工作目标，成员之间可以互相愉快地工作在一起，互相依赖、技能互补、成果共享、责任共担，通过成员的协作、支援和努力共同完成目标。真正的团队不是一群人聚在一起，其工作能力总能超过同样的一组以非团队形式工作的个体集合。

3. 创业团队和一般团队的区别

初创期的团队组建的目的是成功地创办新企业。创业团队是个什么样的团队？它与一般团队有什么不同？

(1) 团队组建的目的不同。一般团队组建的目的是解决某类或者某个具体问题；而创业团队组建的目的是开创企业或者拓展新事业。

(2) 职位层级不同。一般情况下，创业团队的成员处在高层管理者的位置上，他们会对企业重大问题的决策产生影响，甚至会影响到企业的存亡；而一般团队的成员并不都处于组织的高层位置，其决策影响力是有限的。

(3) 团队的组建依据不同。一般团队主要是基于解决特定问题而临时组建的，创业团队则是基于长期共同工作的目标而组建的。

(4) 团队的影响范围不同。一般团队只影响局部性的、任务性的问题；而创业团队主要影响组织决策的各个层面，涉及范围较宽。

(5) 权益分享不同。创业团队的成员一般在企业中拥有股份，以使团队成员具有更强烈的责任感来关注企业成长并积极参与决策；而一般团队的成员不一定拥有股份，团队整体相应的责任感和使命感不强烈。

(6) 关注视角不同。创业团队关注的大多是关乎企业发展的全局性、战略性的决策问题，是比较宏观的、具有战略发展意义的问题；而一般团队关注的多是一些比较微观的、具体的战术性和执行性的问题。

(7) 领导方式不同。一般团队受公司高层的直接领导和指挥，而创业团队以高管层的自主管理为主。

(8) 依赖程度不同。创业团队成员对企业有一种深厚的情感，其连续性承诺(指成员因对组织的投入而产生的一种机会成本，促使其倾向于留在组织内)、情感性承诺(即成员对组织的认同感)和规范性承诺(指成员因受社会规范影响而选择留在组织内)水平都比较高；一般团队中，成员对组织的连续性承诺、情感性承诺和规范性承诺水平则较低。

二、创业团队及其作用

1. 创业团队的内涵

创业团队是由两个或两个以上具有一定利益关系、共同承担创建新企业责任的个体组成的工作团队，是创业者在创业过程中组建的，以实现创业目标、满足共同价值追求为共同目的，甘愿共同承担创业风险和共享未来收益并紧密结合的工作团队。

创业团队的内涵主要包括以下几个方面。

(1) 创业团队是一种特殊群体，是由两个以上具有互补技能、积极努力、相互信任、自觉合作的人组成的凝聚力很强的社会群体。普通群体与创业团队存在显著差异，具体如表4-1所示。

表4-1 普通群体和创业团队的区别

指 标	普通群体	创业团队
目标	必须与组织目标保持一致	组织目标和个人目标并存
领导	有明确的领导人	不一定有明确的领导人
协作	中等程度	高度协作
成员贡献	在很大程度上可交换	贡献互补
责任	成员只承担个人成败责任	对是否完成团队目标共同负责
绩效评估	以个人表现为依据	以整体表现为依据

(2) 创业团队组建的目的是实现共同的创业目标和价值追求。目标以企业的愿景、战略的形式体现，为团队指明方向。团队成员为共同的目标和价值观而共同协作，形成强大的凝聚力，继而形成一种精神。

(3) 创业团队共享收益，共担风险。共同的利益和风险，不仅可以使创业团队成员之间互补并提高创业者对企业的驾驭能力，而且有利于形成强大的资源整合能力并获得多个融资渠道，降低新企业的失败风险，同时增强了企业抵御风险的能力。

(4) 创业团队的绩效大于所有成员独立工作的绩效之和。团队成员在知识、技能、经验、人脉等方面形成互补，通过协作发挥出"1+1>2"的协同效应。

(5) 创业团队是高层管理团队的基础和最初的组织形式。创业团队在企业成长的初期和早期起着非常重要的作用，而高层管理团队则是创业团队组合形式的继续。

2. 创业团队的作用

创业团队具有多方面的优势，对创业成功起着举足轻重的作用，这主要表现在以下几个方面。

1) 知彼知己，利于合作

一支优秀的创业团队的所有成员都应该相互非常熟悉，知根知底。一般来说，一个团队里的成员都是志趣相投的人，他们彼此信任、相互认可，团队成员之间有理念上的一致性。创业团队中的带头人作为核心人物，是团队成员在合作共事的过程中发自内心认可的，具有远见、威望、魄力和决断力的人。这样在团队管理上就会自发地形成凝聚力，使团队的合作更加高效愉悦。

2) 取长补短，各显神通

优秀的创业团队应该是成员各有所长、相互补充、相得益彰。创业团队成员的互补不仅体现在知识、技能、性格、经验等方面，还体现在资源、人脉、信息等方面。正如新东方集团创始人俞敏洪所说："一个人可以走得很快，但是一群人才能走得更远！"创业团队可以使企业获得更多的资金、技术、经验、信息，创业资源会更加丰富，团队成员之间的互补可使企业更具创新力和竞争力，团队的作用将在很大程度上决定创业绩效。

3) 群体决策，避免冲动

群体决策比个人决策信息更丰富、维度更广阔、质量更高。另外，团队成员都参与并且意见被尊重，对决策的认可度比较高，也避免了个人冲动，降低了决策风险。

3. 创业团队的组建

1) 创业团队的组建原则

(1) 目标一致原则。一致的目标能够为团队成员指引方向和提供动力，使团队成员紧密地团结在一起，形成合力努力奋斗。

(2) 精简高效原则。为了减少创业期的运营成本，最大限度地分享成果，创业团队构成应在保证企业能高效运作的前提下尽量精简，一般创业团队在3～5人较为适宜。

(3) 人员互补原则。这一原则是组建创业团队时最重要的一个原则。建立优势互补的创业团队是保持团队稳定的关键。在创建团队时不仅要考虑成员之间的人际关系，更重要的是要考虑成员在能力和技术上的互补性。

(4) 分工明确原则。分工明确的最佳状态是所有工作都责任到人且不交叉重复，每个成员的权责都应公开透明，这样有利于降低交易成本、提高组织效率。应特别注意，在一个团队中，不能出现两个核心成员的优势和职位重复的现象，这必然会引发各种矛盾，最终可能导致整个团队的解散。

(5) 动态开放原则。稳定的团队构成有利于企业的运营，但没有一个企业的团队在创建之后是一成不变的。创业过程的不确定性、团队观念、成员能力等方面的因素可能会导致团队内部结构的调整，也可能会出现成员退出或者加入。因此，在创建团队时，要注意保持团队的动态性和开放性。

2) 创业团队的人员选择

"人心齐，泰山移"，团队的力量越来越被创业者所看好。然而，怎样才能选择合适的人才呢？什么样的人才才能组成一个优秀的团队呢？主要从以下几个方面进行选择。

(1) 加入目的。李嘉诚曾经说过："创业合作必须有三大前提，一是双方必须有可以合作的利益；二是双方必须有可以合作的意愿；三是双方必须有共享共荣的打算。"创业团队要想共享共荣，就不能以发财为最终目标，一定要有某种程度的理想主义情怀，如将产品做到极致的追求、改变世界的追求等。对于一个创业团队来讲，如果每个成员仅把自己做的事情作为一种养家糊口、解决财务问题的工具，那么团队可能在稍有困难时就会分崩离析。有金钱之外的追求，并不是说不考虑财务利益，在这样一个物欲纵横的社会里，谁都不能免俗。就算是一个理想主义者，也总是要养家糊口，要体面地、有尊严地生活。况且，创业本身就是一件艰辛付出、极其耗费精力的事情，理应对大家有所回报。总之，团队成员要有除了金钱之外共同的价值追求，要有一荣共荣、一损俱损的决心，要对工作长期保持满腔热情。

(2) 彼此了解。《孙子兵法》有云："知彼知己，百战不殆。"创业团队所有成员应尽量互相熟悉，知根知底。对于大部分创业团队而言，团队成员往往由熟人组成，例如Google、Facebook 的创始人是同学关系，比尔·盖茨和童年玩伴保罗·艾伦共同创建微软公司等。来自同学、朋友、亲戚、同事等熟人圈内的创业团队成员，他们能清醒认识到自身的优劣势，同时对其他成员的长处和短处也一清二楚，这样能避免团队成员之间因不熟悉而造成的各种矛盾、纠纷，从而强化团队的向心力和凝聚力。当然，在熟人圈里无法找到合适的合作伙伴时，也可以通过媒体广告、亲友介绍、招商洽谈、互联网等多种形式寻找最合适的人选，这个过程中彼此的了解也必不可少。无论是熟悉的人选，还是新发掘的成员，在创业之初，就要把团队成员最基本的责任、权利说透彻，尤其是股权和利益分配，包括增资、扩股、融资、撤资、人事安排及解散等。这样在企业发展壮大后，才不会出现因利益、股权等分配产生分歧，甚至导致创业团体的解体。

(3) 角色安排。英国剑桥大学贝尔宾博士提出的贝尔宾角色模型认为，一个结构合理的团队应该由创新者、实干者、凝聚者、协调者、信息者、推进者、监督者、完美者、技术专家九个角色组成(见表 4-2)。在寻找合作伙伴之前，首先需要制定好合作目的与目标，然后根据目标规划好合作伙伴的职责，有目的地去寻找团队成员，让团队成员承担不同的角色。团队成员的构成要遵循人员互补原则和分工明确原则进行合理配置，团队成员之间互相弥补不足、权责分明，才能提高生产力、鼓舞士气、激励创新。

表 4-2　九种团队角色描述

角 色	作 用	特 征
创新者	团队的智囊	观念新潮，思路开阔，想象力丰富；不拘小节，特立独行；易冲动，甚至不切实际
实干者	将思想和语言转化为行动，将美好的愿景化作事实	计划性、纪律性强，有自控力，相信天道酬勤，坚持不懈，责任心强
凝聚者	意志坚定的领袖，协调各种关系	温文尔雅，善解人意，总是能够关心、理解、同情和支持别人；处事灵活，能将自己同化到群体中去，信守和为贵

续表

角色	作用	特征
协调者	关心团队和成员需要，协调各方利益关系	很有个人魅力，成熟、自信、有信赖感；办事冷静，善于发现每个人的优势并在实现目标过程中妥善运用
信息者	提供决策支持信息和资源	对外界敏感好奇，他们是天生的交流家，性格外向，待人热情，喜欢交友
推进者	促进决策实施，确保团队赶上工作进度	目的性强，办事效率高，有高度的工作热情和成就感，喜欢挑战别人，更喜欢争辩，往往以自我为中心，缺乏互相理解
监督者	监督决策实施过程	判断力强，冷静、聪明、言行谨慎，公平客观，不易冲动
完美者	迅速发现问题并解决问题	注重细节，力求完美，追求卓越；主动完成工作，且对工作和下属要求高
技术专家	为团队提供技术支撑	某个领域的权威，热爱自己的职业并为自己的特长而自豪；他们的工作就是要维护一种标准，而不能降低这个标准

(4) 人生价值观念。价值观念和道德观念等个人综合素质也是团队选择成员的重要标准。美国作家亨利·詹姆斯(Henry James)曾经说过："改变一个人的人生观，往往像改变一个人的鼻子那么困难——它们都处在核心地位，即一个处在脸的中央，一个处在性格的中央。"凡是在性格、习惯、为人处世、个人能力上有欠缺的人都需要慎重选择，有不良嗜好的人要坚决排除，个人道德素质较低的人也不能合作。

3) 创业团队的组建形式

目前，国内外学者一般认为常见的创业团队主要有星状创业团队、网状创业团队、虚拟星状创业团队三种组建形式。

(1) 星状创业团队。星状创业团队也叫领袖型创业团队，团队中有一个核心人物充当主导角色，其他团队成员更多时候是支持者角色。往往是核心人物有了创业的想法，并且具备较为成熟的技术或创意，甚至在已经拥有了资金的情况下，根据自己对企业的规划和需要寻找专业的人员参与。这些加入团队的成员可能是核心人物以前熟悉的，也有可能是不熟悉的。组建这种创业团队的优劣势在于：①组织结构紧密，向心力强，主导人物在组织中对其他个体影响较大；②决策程序简单、效率高；③容易出现权力过分集中，决策风险加大；④因为核心人物的特殊权威，团队成员的流失风险较大。

(2) 网状创业团队。网状创业团队也叫伙伴型创业团队，由志趣相投的伙伴组成，有相同的创业想法，共同创业，没有明确的核心人物，大家根据各自的特点自发定位，各成员基本上扮演协作者或者伙伴角色。此类创业团队成员一般在创业之前关系密切，比如同学、同事、亲友等。组建这种创业团队的优劣势在于：①成员地位平等，利于沟通交流；②成员关系密切，利于达成共识；③一般情况下成员稳定性较好，不轻易离开，但冲突升级后成员会撤出团队，容易导致整个团队解散；④集体决策，决策效率低；⑤成员地位相似，容易形成多头领导的局面。

(3) 虚拟星状创业团队。虚拟星状创业团队也叫核心型创业团队，这种创业团队由网状创业团队演化而来，基本上是前两种创业团队的中间态。在团队中有一个核心人物，但是该核心人物地位的确定是团队成员协商的结果，该核心人物从某种意义上说是整个团队的代言人，而不是主导人物，其在团队中的行为必须充分考虑到其他团队成员的意见，不如星状创业团队中的核心人物那样有权威。组建这种创业团队的优劣势在于：①核心成员的存在使管理不再疲软无力，团队也不易解散；②核心成员的行为必须充分考虑团队其他成员的意见，使团队不像星状创业团队那样过于集权。

4. 创业团队的管理

随着创业者个体的成长、创业项目的推进，创业团队也逐步成长完善。创业团队的生命周期一般分为成立期、动荡期、稳定期、高效期、转变期五个阶段，各阶段的管理技巧和策略如下。

(1) 成立期管理。该阶段的显著标志是团队刚组建，成员士气高昂，对未来有高回报的憧憬，团队成员热情、亲切，彼此彬彬有礼，但是团队成员缺乏一起创业的经验，在工作中表现出对管理者的依赖。此时，团队最主要的任务是减少不确定性，在团队内部互相考验和评价，培养在一起工作的经验，同时发展能够帮助其创业活动的外部社会网络。

(2) 动荡期管理。这个阶段，团队成员感受到了理想与现实的差距，对现实产生不满，创业的热情遭遇打击，士气低落；团队成员彼此熟悉，由于利益冲突，团队成员开始争夺职位和权力，团队中出现"小团体"，领导者的威信开始下降，新员工对领导的依赖逐渐减弱。此时，团队成员有人选择离开，有人选择继续战斗。

团队管理者需要把控全局，确立与维护规则，鼓励团队成员对有争议的问题发表看法。对积极的现象及时给予认可和表扬，对消极的、不利的现象及时给予纠正，注重建立起良好的团队文化氛围。引导成员正确认识彼此之间的性格差异，并允许这种差异在团队中存在。利用这种差异有意识地培养团队中的各种角色，尽快提高团队成员的工作能力。

(3) 稳定期管理。这是团队发展的第三个阶段，经历了前两个阶段的磨合，团队成员基本稳定，成员的工作能力也有所提高，并开始为企业创造价值。而这个时期团队成员间的冲突和派系开始出现，团队领导对派系表现出倾向性。团队成员的工作能力开始显现，团队领导把主要精力从关注团队成员转移到督促成员创造工作业绩上。此阶段的管理者要树立良好的个人形象，在团队中营造良好的沟通氛围，消除团队中的不和谐之音，尽可能多地授权给团队成员，学会激励团队成员。

(4) 高效期管理。高效期是团队的黄金时期，此时团队成员能够胜任自己的工作，团队的士气空前高涨，团队成员对团队的未来充满信心。团队成员之间关系和谐，派系观念淡化甚至基本消除，团队成员合作高效愉悦，精神处于巅峰状态。

管理者看到欣欣向荣的景象，可能会放松警惕并滋生出自满情绪。生命的周期有高潮也有低谷，过分沉迷于自己的成就，接下来可能会跌得很惨。这时团队需要共同制定更高、更具挑战性的目标，让团队成员看到新的希望、新的奔头。管理者要对团队成员的工作业绩给予肯定，并兑现承诺，及时发现"高产期"表面下的矛盾和问题。

(5) 转变期管理。在转变期，团队业绩下滑、发展空间变小，成员不满足于目前的处境，想得到更高的回报；团队不再有共同的目标，团队成员之间的利益矛盾增多；有些成员个人的发展速度超越团队的发展速度，从而出现自立门户的想法。此时的团队急需重新制定新的团队目标，重新调整团队结构和工作程序，消除积弊。

5. 创业团队管理策略

1) 打造团队精神，营造企业文化

(1) 确立团队领袖。企业需要权威的主管，创业团队也必须要有明确的团队领袖。团队成员共同创业，谁应该是主导者？谁来最后做决定？在发生利害冲突或彼此意见严重分歧时由谁来裁定、拍板？创业团队领袖是创业团队的灵魂，也是团队的协调者和整合者。创业团队必须确立团队领袖，团队领袖应责无旁贷地担当权威主管的职责。他必须有宽广的胸怀和高尚品质，有较高的素养和能力来组建或凝聚团队，并在激发团队热情和创造力、维系团队稳定方面起非常重要的作用。在创业过程中随时做好团队成员间的沟通、协调与激励工作，使团队的整体水平不断提高，以适应企业成长的需要。

(2) 打造团队精神。团队精神是大局意识、协作精神和服务精神的集中体现，核心是协同合作，反映的是个体利益和整体利益的统一，进而保证组织的高效率运转。团队精神能够使团队成员齐心协力，朝着一个目标努力。任何组织群体都需要一种凝聚力，传统的管理方法是通过组织系统自上而下的行政指令，淡化个人感情、社会心理等方面的需求，而团队精神则是通过对群体意识的培养，通过成员在长期的实践中形成的习惯、信仰、动机、兴趣等文化心理，来沟通团队成员的思想，引导他们产生共同的使命感、归属感和认同感，逐渐强化团队精神，产生一种强大的凝聚力。团队精神能通过团队内部所形成的一种观念的力量、氛围的影响，去约束、规范、控制团队的个体行为。这种控制不是自上而下的硬性强制力量，而是由硬性控制转向软性内化控制，这种控制更持久且更有意义，更容易深入人心。因此，团队精神的打造尤为重要。打造团队精神主要做好以下三方面。

首先，要培养团队成员的敬业精神。敬业是积极向上的人生态度，而兢兢业业做好本职工作是敬业精神中最基本的体现。要做到敬业，就要求创业者具有"三心"，即耐心、恒心和决心。任何事情都不是一蹴而就的，不可能只凭一时的热情、三分钟的热度来做，不能一遇到困难就退缩，也不能在情绪低落时就马马虎虎、应付了事。

其次，要建设学习型团队。每个成员的学习、每次团队的讨论，都是团队成员思想不断交流、智慧火花不断碰撞的过程。如果团队中每个成员都能把自己掌握的新知识、新技术、新思想与其他团队成员分享，集体的智慧势必大增，团队的学习力就会大于个人的学习力，团队智商就会大大高于每个成员的智商之和，从而达到整体大于部分之和的效果。

最后，要建设竞争型团队。竞争型团队必须具有竞争意识，敢于正视自己，敢于面对对手。竞争型团队要提高自身水平和技能，以便能有效完成团队任务。在建立内部竞争机制时，要注意成员之间的关系是建立在理性竞争基础上的，而不是斗争。协作是团队的核心，要用争论来激活团队的气氛，激发成员的竞争意识；要以发展来吸引人，以事业来凝聚人，以工作来培养人，以业绩来考核人，用有情的鼓励和无情的鞭策让团队的每个成员都能以积极的心态进行工作，实现自我和超越自我，最大限度地发挥团队作用。

(3) 塑造团队文化。高效的团队注重文化的塑造，尤其是共同价值观的培养。团队文化是由团队价值观、团队使命、团队愿景和团队氛围等因素综合在一起而形成的。塑造团队文化的关键就是在团队形成与发展的过程中确立团队价值观、团队使命和团队愿景，并以此为基础逐渐形成相应的团队文化氛围。

2) 建立责、权、利统一的团队管理机制

(1) 妥善处理团队内部各种权力和利益关系。一是在团队运行的过程中，要明白谁更适合担负主要任务，谁负责承担主要任务的何种责任，而解决这些问题就是妥善处理创业团队内部权力关系的过程，最终实现能力和责任的重复最小化。总的来说，进行团队管理时要在维持团队稳定的前提下发挥团队多样性优势，同时要坚持控制权和决策权的统一。二是要能完美地梳理好团队内部间的利益关系。在确定利益关系时，要重视契约精神，明确团队成员的利益分配机制；要体现个人贡献差异并关注成员利益诉求。这同新企业的报酬分配有着紧密联系。新企业的报酬体系既囊括了股份、工资等资金酬劳，也包含了个人成长机会和提升相关技能等方面的要素。每个成员注重的东西并不相同，这主要由其价值观、奋斗目标和自身抱负所决定。有些人看重的是长远资本获利，但有些人依然只是看重短期收入和职业稳定。因为新团队的报酬体系是非常关键的，且大多数初创企业在开始创业时财力是非常有限的，所以要谨慎地研究和计划整个企业经营时期的报酬体系。同时报酬水平不受贡献程度与多增人员的限制，确保按贡献付酬，不能因人员的增加而把报酬减少。

(2) 制定团队管理规则。要处理好团队成员之间的权力和利益关系，创业团队必须制定相关的管理规则。创业团队管理规则，既要有前瞻性与可操作性，又要遵循先粗后细、由近到远、一步步精细化和逐层到位的原则。这样既有利于维持管理规则的相对稳定，又有利于团队的稳定。

3) 建立有效的激励机制

坚持"以人为本"，是从重视对物的管理转向重视对人的管理，这是当今管理的一大进步。运用人本管理思想指导企业工作实践，把强化激励机制当作实现人本管理的基本方式，极大程度地带动员工的积极主动性、创造性，才有可能确保每一项工作都能顺利完成。实施激励的基本方法和主要内容如下。

(1) 形象激励。良好的单位形象能形成强大的向心力和凝聚力。企业形象极佳，成员才会对自己所从事的工作流露出成就感与幸福感，增加向心力，进而带动企业各项工作的进步与有序发展。

(2) 目标激励。人的积极性和创造性常常来源于心中的目标，目标是人们行动的动机。企业在制定目标时让广大员工参与进来，不仅要让他们看到自己的价值和责任，而且一旦达到目标也能相应地获得一种满足感，使他们对工作产生极大的热情。

在生产管理中，企业要对所有项目推行项目风险抵押承包目标责任制，从项目经理到员工，所有的管理人员按职务和责任大小承担不同的风险。实现责任与风险共担，能够最大限度地调动所有人的积极性，才能使得所有指标都按期完成。

(3) 榜样激励。企业领导对自己严格要求，以身作则，发挥带头和示范作用，也会对下属产生很大影响。古语有言："其身正，不令而行；其身不正，虽令不从。"公司领导坚持重心下移，把服务基层员工、解决员工的问题作为工作的出发点和落脚点，做到与员工"三个一样"，即：任务一样分配，收入一样考核，奖罚一样兑现。难点、热点问题在工作中经常出现，此时，领导应当以身作则，争先带头处理。在问题没有得到解决、任务没有完成的时候，首先追究自己的责任，不推卸责任，身体力行地提高员工的责任感。

(4) 制度激励。科学合理的规章制度不仅为职工提供了行为规范、社会评价标准，而且与职工自觉遵守规章制度，实现自我约束、自我规范等密切相关。企业根据实际工作需要，制定规章制度和实施办法。在执行中严格按规定进行考核，领导和员工一样，领导自觉接受员工的监督，保证制度的严肃性。

(5) 竞争激励。公司员工经常会产生倦怠偷懒的想法，这时候就需要制定相关的竞争和激励制度来刺激他们，通过竞争使员工的能力和潜力得到最大限度的发挥，不断地提高员工的工作水平与做事效率。同时通过内部竞争(包括企业员工或各部门之间的竞争)促使员工充分发挥主动性，努力将压力转化为动力，能够把自己的命运与工作责任关联在一起，形成强大的聚合力。

6. 创业领导者的行为策略

创业团队的领导者是创业团队的灵魂，是整个团队的协调者和整合者，领导者的角色和行为策略对于创业团队的高效运转乃至创业项目的实施有着至关重要的作用。优秀创业团队的领导者身上总有一些共同的特征值得我们学习。

1) 个人魅力

优秀创业团队的领导者总有一些特别的气质，能够潜移默化地影响他人的情感、活动，让人发自内心地产生信赖、敬畏感。这种气质常常包含大度和善、果敢智慧、敢于承担、处事不惊、热忱刚毅等。

2) 善于决策

成功的企业领导者总是能快而准地从各种复杂局面中寻找出路、定位目标，能够全面、透彻、深刻地找出问题的关键，为团队指明方向。

3) 尊重他人

"己所不欲，勿施于人"，越是卓越的企业领导者，越懂得尊重下属。他们的尊重体现在乐于倾听部下意见和想法并正面引导；尽己所能满足部下对个人发展的需求；设身处地地关爱下属的工作和生活。

4) 合理授权

在明确的目标下，放手让下属有能力和权力去做事并对结果负责，但当下属遇到困难时要挺身而出，帮助其解决问题。所有杰出的领导者都有一个典型的特征，那就是愿意在他们任职期间毫不含糊地培养出更多的领导者而不是下属。最成功的领导者是那些把工作授权给别人去做的人，是把下属培养为领导者的人。

5) 善于激励

激励可以激发潜能。激励可以是诱之以利，也可以是惧之以害，但是最具威力的激励是改变心态，要以结果为导向，要善于引导下属将思想、注意力集中于光明的前景上。

6) 重视构架关系

一个好的企业领导者应重视架构关系。当今社会，关系已成为个人成长、企业成功的重要条件与资源。关系就如同网络，构架起人与人、群体与群体、企业与客户、企业与政府、企业与企业之间互动的桥梁。任何一个领导者都缺少不了"关系管理"。

7) 高瞻远瞩

成功的企业家用 20%的时间去处理眼前各种紧要的事情，这只是为了生计；而把 80%的时间留给那些较少但很重要的事情，那就是未来。成功的企业家总是能透过现象看本质，有细致入微的洞察力，能够抢占先机，并时刻为未来和机会准备着。

8) 意志顽强

宋代大文豪苏轼说："古之成大事者，不唯有超世之才，亦必有坚韧不拔之志。"选择创业就选择了艰辛之路，创业就是一场马拉松，一旦开始就无法停歇，它的终结就是创业的失败。创业路上，创业者们摸爬滚打，如果没有必胜的信念和顽强的意志是很难获得成功的。顽强就是永不言败，下决心要取得结果的精神。创业领导者要在所有人都失去信心的情况下依然坚守信念，有突破黎明前的黑暗的决心和号召力。

9) 终身学习

在商业竞争日趋激烈的今天，企业领导者面临着更新观念、提高技能的挑战，因此需要终身学习。衡量企业成功的尺度是创新能力，而创新来源于不断学习，不学习、不读书就没有新思想，就不会有新策略和正确的抉择。孔子曰："朝闻道，夕死可矣。"这正是终身学习的最佳写照。

10) 家庭和谐

比较完美的企业领导者常把家庭比作登山的后援营地。企业家们明白后援营地的牢固程度决定了他们"登山"的高度。他们还懂得成功的意义，全面的成功才是成功，家庭幸福才能使他们事业成功而没有遗憾。

7. 创业团队的社会责任

企业的社会责任是指企业在创造利润、对股东和员工承担法律责任的同时，还要承担对消费者、社会和环境的责任。企业的社会责任要求企业必须超越把利润作为唯一目标的传统理念，强调在生产过程中对人的价值的关注，强调对环境、消费者、对社会的贡献。

根据企业与社会责任关系的紧密程度，可将企业社会责任分为基本社会责任、中级社会责任、高级社会责任三个层次。基本社会责任是指企业要对股东负责，善待员工。中级社会责任包括对消费者负责，服从政府领导，搞好与社会各界的关系，保护环境。一个创业团队应以一种有利于社会的方式进行经营和管理。团队承担的社会责任应高于团队自身目标，主要包括经济责任、法律责任和公益责任。高级社会责任包括积极慈善捐款，热心公益事业等。

首先，企业应积极履行社会责任。越来越多的证据表明，企业在社会责任方面的积极参与不仅有助于增加整个社会的福利，而且有助于企业的可持续发展。这是因为企业的积极参与有助于员工树立正确的人生观、价值观和责任意识，有助于增强团队的协作能力。同时，企业履行社会责任所表现的人文关怀和服务又会无形地渗透到企业经营的每一个环节，成为企业道德建设的重要组成部分，让员工置身于一个富有爱心和责任感的环境里，会增加他们的归属感、自豪感和荣誉感，从而增强企业的凝聚力。其次，企业对外部社会承担责任、热情支持公益事业，形成良好的社会口碑，是对企业信誉和社会形象的投资，不仅有助于改善和营造更和谐的发展环境，而且反过来对企业的发展产生强劲的支持作用，为企业长远发展提高了信誉和品牌形象，有利于企业的持久提升。因此，在如今这个愈发重视企业社会责任的时代，企业的领导人更应身先士卒，不仅在观念上先行一步，放弃原有的那种"只有当别人输的时候我们才能赢"的传统想法，转而树立"双赢""多赢"和"众赢"的新观念；而且在行动上也应成为企业的模范，除了自身努力成为一个"有责任、有担当的领导人"，还要努力将自己的企业锻造为一个"有责任的企业公民"，并承担相关的社会责任。

三、创业团队的特征

创业团队是一种特殊的群体，团队成员在创业初期把创建新企业作为他们共同努力的目标。他们在集体创新、分享认知、共担风险、协作进取的过程中，形成了特殊的感情，创造出高效的工作流程。高效的创业团队不是"1+1=2"，而是"1+1>2"。高效的创业团队具有以下几个特征。

1. 目标明确

团队成员在创业初期就拥有共同的目标。明确的目标能为团队指引方向，提供推动力，能够激励团队成员把个人的目标升华到群体目标上，提高团队的绩效水平，并坚信这一目标包含着重大的意义和价值，同时将目标转化为具体成果，以便于评价和衡量。

2. 有效领导

一个团队有一位合格的、有才能的领导者对于团队的高效工作至关重要。好的领导者能让团队聚合在一起，在遇到困难的时候共同承担，为团队指明发展方向。高效的团队领导者往往扮演的是教练和后盾的角色，他们为团队提供支持、指导和鼓励，带领成员去实现组织和团队的目标和任务。

3. 良好沟通

良好的沟通既是高效团队的外在表现，也是营造团队和谐人际关系的重要手段。良好的沟通是团队成员协调一致的基础。团队成员只有在沟通后才能准确了解彼此的想法，确保其行为与团队步调一致。通过沟通，团队成员能够分享信息，团结一致，化解矛盾，最终达成共识，和谐相处，使团队更加有战斗力。

4. 相互信任

团队成员间的相互信任是创业成功的关键因素，每个人对团队中其他成员的品行和能力都应该深信不疑，信任是团队和谐人际关系形成的重要特质。创业团队成员只有具备了批评和自我批评的宽厚态度，才能拥有彼此和谐共处、同舟共济的条件，才能使信息畅通，不出现人为障碍，确保团队目标顺利实现。

5. 承诺一致

高效能团队及其成员对团队表现出高度的忠诚和承诺，对团队目标具有奉献精神，愿意为实现这一目标而发挥自己的最大能力。有了一致的承诺，团队成员便有了共同的目标，并将共同的目标转化为共同的行动，使团队具有高度的凝聚力和亲和力。

6. 制度完善

"没有规矩，不成方圆"，完善的规章制度能使团队工作有章可循，能使团队全体成员的行为保持一致，实现制度化的管理。实践证明，制度化的管理能有效地解决组织内、组织间不必要的内耗和外耗，从而带来组织的蓬勃向上和高效运转。

第六节　组建创业团队

组建合适的创业团队不是一件容易的事情，人才往往是可遇而不可求的，也是最难获取的创业资源之一。需要什么样的创业伙伴、去哪里寻求合适的创业伙伴，需要创业者好好思索。

创业团队狭义上是指拥有共同的目标、共享收益、共担风险的一群创业同仁；而广义的创业团队不仅包括狭义的创业团队，还包括创业过程中的部分利益相关者。创业团队是由两个或者两个以上具有一定利益关系，彼此间通过分享认知和合作行为来共同承担创建新企业的责任的个人组成的。前面讲过创业团队和一般群体的区别，创业团队对创业成功具有重要价值，是高层管理团队的基础和最初的组织形式。组建创业团队非常重要，大学生选择创业团队一般在同学或者朋友中寻找，但有时也会找不认识、不了解的人。创业团队中的人员关系一般有"强关系"和"弱关系"之分，选择创业合伙人一般要选择具有"弱关系"的人，因为"强关系"的人往往具有太多的相似性而不能互补。

一、组建原则

1. 目标一致

团队成员的个性、脾气、经历、认知、能力都不尽相同，但是为了创业成功，无论什么样的团队成员都应具有共同的目标、共同的愿景，并共同为创业成功而努力。如果组织或者团队成员的目标不能保持一致，那么，就需要调换或者重新选择团队成员，因为这是创业成功的第一关。

2. 人数合理

创业团队的人数应根据创办企业的需要而定，一般而言，创业团队的人数控制在3~5人为宜。成员太多，思想不统一，许多工作无法顺利开展。合理的创业团队人数有助于领导与任务分工的有效实施，能够保证各项工作的完成速度和质量，从而提高团队的办事效率。

3. 志同道合

俗话说："道不同，不相为谋。"志同道合，意味着志趣相投。相似的价值观、理想及信念让团队成员彼此信任和依赖，志同道合的人更容易"抱成团"。创业要面对很多不确定因素，风险大，具有共同的兴趣点、共同的创业梦想，对于提升和保持团队的凝聚力是非常重要的。团队成员之间有相似的成长经历、成长环境以及教育背景，比较容易走到一起。创业成功，并不一定是因为团队成员有多优秀，而在于团队成员之间齐心协力；同样，创业失败也并不一定是因为团队结构的缺陷，而在于团队成员的内部争斗和关系涣散。

4. 优势互补

前面讲过团队和一般群体最大的区别在于团队成员之间是互补的而不是替代的。依托项目的特点来组建团队是我们应该考虑的重要因素。项目所蕴含的不确定因素越高，价值创造压力越大，往往意味着创业过程中面临的任务也就越复杂、挑战性越强。理性组建创业团队能更好地应对创业过程中的复杂任务，有利于创业成功。这种理性组建，主要强调团队成员间的技能互补、知识互补、能力互补、性格互补和观念互补，这种平衡和补充的作用可以保证新创企业健康有序地发展。

5. 兼顾权益

团队的成员不等同于兄弟。因为志同道合，在创业初期企业发展还不明朗的情况下，创业者们考虑更多的不是企业的利益，友谊才是维系关系的主要纽带。这种关系看似牢固，但却有着很多隐患。当企业发展到一定规模的时候，个人的利益观就凸显出来。合伙的一方觉得自己的付出和回报不成正比，产生情绪，从而影响企业的发展。因此，在初创期，企业就应该明确股权分配，避免在以后出现团队冲突。

在确定股权分配时，要遵循三个重要原则。第一，重视契约精神。在创业之初，就应把确定的股权分配方案以公司章程的形式确定下来，以契约形式明确团队成员的利益分配机制。第二，贡献决定股权分配比例。团队的目标是把企业做大，在实际操作中，往往依据出资额来确定股权，但以技术为出资方式的团队成员，需要谨慎考虑技术的商业价值，并在资金和技术之间做好合理的权衡。第三，控制权与决策权相统一。在创业初期，更需要集权和统一指挥，控制权与决策权都很重要。

二、组建流程

每个创业团队都有其特殊性，因此，没有哪一个团队的模式是可以完全复制的。但是，如果我们按照一定的程序组建团队，就能提高团队组建效率，优化团队资源，收到事半功倍的效果。

1. 确定团队的具体工作

根据创业项目确定有哪些工作需要开展，工作要具体、明确。例如，创业项目是"互联网+北京特产销售"，那么，团队的具体工作一般要有产品采购、仓储管理、产品配送、图文信息处理、客户服务和企业记账等。

2. 设计团队的工作岗位

根据团队需要开展的具体工作设计出相应的工作岗位，包括岗位需求、所需人数等。例如，产品采购的工作岗位就是采购员，专业性要求不会太高，但注重细节的把握，如果货源较近，最好会驾驶汽车；组建初期工作量不大，人数为一人即可。

3. 分析现有成员的特质

分析现有团队成员的专业特长、相关经验等，了解每位成员的优缺点。

4. 确定现有成员的工作配置

根据每位成员的优势，通过协商的方式，确定每位成员的具体工作和主要的权利与职责。

5. 设计企业结构图

根据企业团队实际情况，设计企业结构图，结构图应能够体现所有岗位要求、人数要求、现有成员的工作配置情况、空缺岗位情况等。

6. 招募空缺团队成员

通过合适的招募方式，采取科学的评价方法选择空缺岗位的团队成员。

三、创业团队的招募

很多时候，团队成员都是彼此认识的，是经常在一起工作的朋友，但是也有很多团队成员，他们之间是互相不认识的。对于大学生来说，其团队成员可以通过以下渠道招募。

1. 学校的社团

学校里有很多社团，那里有很多活跃的、有理想、有抱负、有特长、有技能的大学生，在那里可以找到志同道合的朋友，也可以找到兴趣爱好相同的伙伴。社团中的学生一般来说，内心都充满理想和追求，并且愿意付出更多努力来实现自己的梦想。

2. 公共的社交场合

社交场合对于大学生来说有很多，如参加各种学术和技能比赛、文艺汇演、学术会议以及其他一些公共活动。大学生需要有意识地参加这些活动，并主动结交朋友。社交场合中的人一般来自不同的院校，具有不同的文化特质。

3. 众创空间

目前，在各大高校都有很多众创空间(创业服务平台的统称)，一个城市也会有几个不同规模的众创空间，而众创空间的伙伴更多的是怀揣着创业梦想或者具有技术能力，再或者具有创新思维的人，在这里寻求创业伙伴，可以在很大程度上解决很多创业初期的困难。

4. 他人推荐

人才资源很多时候来自他人推荐，这种推荐方式已经对创业伙伴进行了初步的筛选，既节省了时间和精力，又节省了一定的资金成本。

5. 公开招聘

可以通过互联网平台，如招聘软件、微信朋友圈发布一些招聘信息来招聘需要的创业伙伴，然后对应聘的创业伙伴进行筛选，最终获得创业成员。

【拓展阅读 4-2】

成功创业的合伙人

腾讯"五虎将"：腾讯的五位创始人在创业前最主要的关系是同学和同事。其中马化腾、张志东、许晨晔和陈一丹是从中学到大学的校友，前三位在深圳大学时甚至是一个系的，而曾李青则是马化腾姐姐的同事，也是许晨晔的同事。

> 携程四君子：携程的创始人中，除了梁建章是复旦大学毕业的，沈南鹏、范敏、季琦均是上海交大的校友。早在 1982 年中学生计算机竞赛上，沈南鹏和梁建章这两位数学"神童"同时获奖，从此产生交集。1999 年，范敏和季琦、沈南鹏参加上海交大校友聚会，几个年轻人对互联网话题热烈地讨论了一夜，最后的结论是，一起做一个向大众提供旅游服务的电子商务网站。
>
> 复星五虎：复星集团的创始人郭广昌、梁信军、汪群斌、范伟、谈剑是复旦校友。1992 年，复星集团创始资本仅 3.8 万元，到了 2012 年，净资产已经超过 516 亿元。总结起来他们团队的特点是：第一，互相信任；第二，志同道合，能力互补；第三，各尽其才，个人才能得到了最大的发挥。

(资料来源：商道网)

四、团队成员的评估

在任何情况下，选择合适的创业伙伴，都应当始于创业者所做的自我评估。这是因为，从现实角度来看，除非创业者知道自己需要合作者具备哪些条件，否则无法明确自己需要从合作者那里得到什么。为了选择在知识、技能和特性等方面与自身互补的合作者，创业者必须首先对自己的人力资本进行认真的自我评估。这是一件非常困难的事情，因为人们通常意识不到自身的行为，而且在很多情况下，只能根据其他人的反馈来了解自己的特征。创业者的自我评估主要考虑以下五个方面。

1. 知识基础

创业者所接受的教育和经验可以揭示其知识储备，以及需要从其他人(包括潜在的合作者)那里获得什么。创业者必须具备一定的知识基础和教育背景，以便能够很好地配合团队成员的工作。

2. 专门技能

每个人都有一系列独特的完成某些任务的能力。创业者应该了解并列举自身的技能，并将其作为创建新企业的初步步骤。

3. 动机

思考创业动机有利于评估创业者和潜在合作者之间的动机差异，以预防未来可能产生的分歧。

4. 承诺

承诺是指在逆境中也要坚持完成事情，以及实现与新企业相关的个人目标的意愿。

5. 个人特质

创业者要了解自身在责任感、外向性、友好性、情绪稳定性、经历开放性这五大关键维度上的表现。

第七节　创业团队冲突管理

冲突是企业内部不协调导致的结果，表现为冲突行为主体之间的矛盾激化和行为对抗。高效率团队知道如何进行冲突管理，从而使冲突对组织绩效的改善产生积极作用。

一、认知冲突

认知冲突是指团队成员在企业生产经营管理过程中对相关问题的意见、观点和看法不一致。通俗地说，认知冲突是论事不论人。从本质上说，在高效率团队中，团队成员之间就生产经营管理过程的相关问题存在分歧是一种正常现象，而且在一般情况下，这种认知冲突有助于改善团队决策质量和提高组织绩效。

除了提高决策质量，认知冲突还能够提升团队成员对决策的接受程度。认知冲突能加深团队成员对团队目标和决策方案的理解，增强团队成员对团队的责任感，从而有助于执行团队所形成的创业决策方案。

二、情感冲突

情感冲突是指团队成员在个人情感上发生矛盾。这种冲突是极其有害的，会极大地降低决策质量，并且影响团队成员在履行义务时的积极性。与问题性导向的冲突不同，基于个人情感的冲突往往会破坏团队绩效。

由于情感冲突会在成员间挑起敌对情绪，表现为不信任、冷嘲热讽、冷漠等。因此，它会极大地降低团队的有效性。情感冲突会阻止人们参与到影响团队绩效的关键性活动中，团队成员普遍不愿意探讨问题背后的假设，从而导致团队绩效降低。情感冲突引起的冷嘲热讽、不信任和回避，将会阻碍开放的沟通和联合。当它发生时，不只是方案质量在下降，包括团队本身的义务也在不断地受到侵蚀，这是因为团队成员不再把自己与团队活动联系起来。

对团队的绩效来说，冲突既可以是有益的，也可以是有害的，主要取决于它是认知冲突还是情感冲突。认知冲突可以通过改善决策质量和提高成功决策的概率来提高团队绩效。而情感冲突降低了决策的质量，破坏了对成功决策的理解，甚至导致团队成员不愿意履行义务，进而导致团队绩效下降。

三、所有权分配冲突

在创业初期，所有权分配不是困扰团队发展的首要条件，那时大家有着共同的愿景，可以共同努力来实现自己的理想，金钱、利润以及所有权都不是考虑的重点。但当企业发展到一定规模后，这个问题将突出表现出来。在所有权分配问题上，创业者要在公平和激励之间做好权衡。一方面，所有权分配要在团队成员内部体现出公平性，符合贡献决定权利的标准；另一方面，要让所有权分配对成员有一定的激励作用，让每个成员都能感到分配的所有权比例超出了自己的预期。要做到这一点，并不是一件容易的事情。首先要挑战的就是创业者自己的心胸和气度，创业者要懂得与帮助自己创造价值和财富的人一起分享财富。一旦过了这一关，创业者就不会在持股问题上斤斤计较了。

如果创业者过分强调控制权，把公司大部分所有权都集中在自己手里，而不与他人分享，那么一切都可能化为乌有。内蒙古蒙牛乳业集团创始人牛根生就深谙此道，他曾在多个场合反复强调"财聚人散，财散人聚"的道理。因此，所有权分配的冲突是致命的，一旦出现问题，企业将面临严重危机。

第八节　创业团队的创新精神

企业能长远发展的一个重要因素就是具有创新精神。创业团队的创新精神主要体现在以下四个方面。

1. 集体创新

创业团队一般由一群互相依赖、才能互补、志同道合的人组成。而具有创业精神的团队必须具备创新精神。只有不断地进行创新和创造，企业才能长久地发展。这就要求团队组织设有更高的标准：一是要求创业团队内部能够妥善处理成员之间的冲突；二是要求团队成员与组织之间能够在相互信任的基础上形成有利于企业发展的心理契约关系。在此基础上，创业团队可以凝聚全体团队成员的力量，并通过团队成员对团队组织的向心力来推动创新方案的形成和创业决策方案的执行。

2. 分享认知

创业机会可视为企业家精神的起点。这种创业机会可以理解为通过创业者对资源的创造性组合来满足市场需求。团队创业方式可以极大地提高团队成员对创业机会的认知水平。

3. 共担风险

一支富有企业家精神的创业团队，在共担风险方面至少具备以下特征：一是具有异质性的创业团队成员可能具有不同的风险偏好，创业团队中既可能有极端的风险爱好者，也可能存在极端的风险厌恶者。不同的团队成员可以通过自身的知识来认知、分析和评价风险，如果能有效地协调不同成员的风险偏好，正确识别风险的可能性将增加。

4. 协作进取

创业团队的协作进取体现在三个方面：一是团队成员在知识、能力、角色等方面的互补性，具有异质性特点的团队可能会形成仁者见仁、智者见智的观点，但协作进取的愿望能够使大家通过有效的观点争辩来达成共识，最大限度地避免在不确定环境下的创业决策失误；二是团队内充满浓厚的学习氛围，团队成员之间愿意就创业决策过程的不同观点进行深度会谈，进而在团队效能最大化的过程中实现个人价值；三是团队内具有创业型的组织文化，不会因为团队规模的扩大或者团队成员的变动而影响团队协作进取的愿望和行为。

【课后案例】

马化腾与腾讯

腾讯五兄弟的创业故事,是一个难得的兄弟创业故事,其理性堪称典范。1992年秋,马化腾与他的同学张志东"合资"注册了深圳市腾讯计算机系统有限公司,之后又吸纳了3位股东——曾李青、许晨晔、陈一丹。这5位创始人的QQ号,据说是从10001到10005。为了避免权力争斗,马化腾在腾讯创立之初就和4位伙伴约定清楚:各展所长,各管一摊。马化腾是CEO(首席执行官),张志东是CTO(首席技术官),曾李青是COO(首席运营官),许晨晔是CIO(首席信息官),陈一丹是CAO(首席行政官)。之所以将创业5兄弟的创业故事称为"难得",是因为直到2005年,这5人的团队还基本保持这样的合作阵形,不离不弃。直到腾讯做到如今的商业帝国,其中4位还在公司一线,只有COO曾李青挂着终身顾问的虚职而退休。

常言道,一山不容二虎,尤其是在企业迅速壮大的过程中,保持创始人团队的稳定合作尤为不易。这背后的关键因素是,工程师出身的马化腾从一开始就对合作框架的理性设计作出了重要贡献。

从股份构成上来看,5个人一共凑了50万元,其中,马化腾出了23.75万元,占了47.5%的股份;张志东出了10万元,占20%的股份;曾李青出了6.25万元,占12.5%的股份;其他两人各出5万元,各占10%的股份。虽然主要资金都是由马化腾所出,但他主动把其所占的股份降到一半以下,即47.5%。"要让他们的总和比我多一点点,不要形成一种垄断局面。"同时,他坚持自己要出主要的资金,占大股。"如果没有一个主心骨,股份大家平分,到时候也肯定会出问题,同样会失败。"

保持稳定的另一个关键因素,就在于搭档之间的"合理组合"。

据《中国互联网史》作者林军回忆:"马化腾非常聪明,但也非常固执,注重用户体验,愿意从普通用户的角度去看产品。张志东是头脑非常灵活,对技术很沉迷的一个人。马化腾技术上也非常好,但是他的长处是能够把很多事情简单化,而张志东更多的是把一件事情做得完美。"许晨晔和马化腾、张志东同为深圳大学计算机系的校友,他是一个性格随和,有自己的观点,但不轻易表达的人,是有名的"好好先生"。

陈一丹是马化腾在深圳中学时的同学,后来也就读深圳大学。他十分严谨,同时又是一个非常张扬的人,他能在不同的状态下激起大家的激情。如果说,其他几位合作者都只是"搭档级人物"的话,只有曾李青是腾讯5个创始人中最好玩、最开放、最具激情和感召力的一个,与温和的马化腾、爱好技术的张志东相比,是另一个类型。其大开大合的性格,也比马化腾更具备攻击性,更像拿主意的人。不过或许正是因为这一点,他才最早脱离了团队,单独创业。

后来,马化腾在多家媒体的联合采访中坦言,他最开始也考虑过和张志东、曾李青3人均分股份的方法,但最后还是采取了5人创业团队,根据分工占据不同股份的策略。后来有人想加钱,占更大的股份,马化腾说不行,"根据我对你能力的判断,你不适合拿更多的股份"。因为在马化腾看来,未来的潜力要和应有的股份匹配,不匹配就要出问题。如果拿大股的人不干事,干事的人股份又少,矛盾就会发生。

当然,经过几次协调,最后他们上市所持有的股份比例只有当初的1/3,即便是这样，他们每个人的身价都还是达到了数十亿元人民币，是一个皆大欢喜的结局。

可以说，在中国的民营企业中，能够像马化腾这般包容并蓄，合理选择性格不同、各有特长的人组成一个创业团队，并在成功开拓局面后还能保持着长期默契合作的人，是很少见的。而马化腾的成功之处，就在于其从一开始就很好地设计了创业团队的责、权、利。能力越大，责任越大，权力越大，利益也就越大。

(资料来源：网易)

思考与练习

通过课后案例思考以下问题。

1. 案例中马化腾是如何组建创业团队及分配团队成员权责关系的？在团队管理方面有哪些技巧和策略？
2. 案例中体现了创业领导者的哪些行为策略？
3. 创业者需要具备怎样的素质和能力？如何提高创业者的素质和能力？
4. 创业者创业动机的驱动因素有哪些？
5. 组建创业团队应该遵循哪些原则？

第五章 创业机会与创业风险

创业是基于市场需求的驱动行为，创业机会实际上是一种亟待满足的市场需求。因此，创业是发现市场需求，寻找市场机会，通过投资经营企业满足市场需求的活动。创业活动的本质体现在机会导向上，其显著特点是创业往往是从识别、评价、把握和利用某个或某些商业机会开始的。创业活动的机会导向表现为创造价值，创业意味着要向顾客提供有价值的产品或服务，通过产品或服务使消费者的需求得到实质性的满足。如何识别与把握创业机会并成功创业，是创业者亟待解决的问题。与此同时，创业者和创业企业也承担着巨大的风险。据美国 Nasdaq 市场分析指出，20%～30%的创业公司的巨大成功是以70%～80%的企业失败为代价的，特别是由于创业计划与创业企业的复杂性，创业活动可能会偏离预期目标。因此，识别创业风险的来源是预防创业失败的有效方式。

第一节 创业机会来源理论

狄更斯曾经说过，机会不会主动上门，只有人去寻找机会。创业机会既可能是自然产生的，也可能需要创业者自己去创造，且多数是后一种情况。创业者要想抓住创业机会，就需要搞清楚创业机会的来源。那么，创业机会从何而来？大家对这个问题看法不一，其中，美国凯斯西储大学的谢恩教授和美国管理学家德鲁克教授提出的创业机会来源理论较有代表性。

一、谢恩的机会来源理论

谢恩教授提出了产生创业机会的四种变革，分别是技术变革、政治和制度变革、社会和人口结构变革、产业结构变革。

1. **技术变革**

技术变革使人们能够去做以前不可能做到的事情，或者更有效地去做以前只能用不太有效的方法去做的事情。新技术的出现也改变了企业之间的竞争模式，使得创办新企业的机会大大增加。比如，随着计算机的诞生，计算机维修、软件开发、计算机操作培训、图文制作、信息服务、网上开店等创业机会相继出现，即使你不发明新产品，也可以成为销售和推广新产品的人，从而获得商机。

2. **政治和制度变革**

通过政治和制度的变革，人们消除了过去的禁锢和障碍，或者将价值从经济因素的一部分转移到另一部分，或者创造了更大的新价值。比如，环境保护和治理政策出台，将促使那些污染严重、对环境破坏大的企业向推进生态文明建设的企业转变；专利技术相关法律法规的严格执行，通过专利费用的形式将价值转移到拥有专利的大公司，导致那些缺乏核心技术的企业，从品牌企业沦为加工厂或破产倒闭。

3. 社会和人口结构变革

社会变革，如随着居民收入水平提高，私人轿车的拥有量不断增加，衍生出了汽车销售、修理、配件、清洁、装潢、二手车交易、代驾等诸多创业机会。人口结构的变化，如我国全面放开三孩政策，为母婴市场创造了很多机会，同时也催生了一批针对此政策的创业机会。

4. 产业结构变革

产业结构变革是指因为其他企业或者为主体顾客提供产品或服务的企业的消亡、企业并购或企业合并等原因引起的变化。产业结构变革会改变行业中的竞争格局，进而产生新的创业机会。例如，美国一家高炉炼钢厂因为资金不足，不得不购置一座迷你型钢炉，而后竟然出现后者的获利率要高于前者的意外结果。经过分析才发现，美国钢材市场结构已发生变化，因此，这家钢厂就将之后的投资重点放在能快速反映市场需求的迷你型钢炉炼钢技术上。

我国正处于经济社会发展的转型期，无论是政治制度、社会和人口结构，还是产业结构都在发生持续而深刻的变革。从这个意义上讲，中国的创业机会远远比发达国家多，创业者要积极把握机会，成为创业浪潮中的佼佼者。

二、德鲁克的机会来源理论

德鲁克教授明确指出了七种外部环境中潜在的机会来源，这是目前公认的较为完善的理论。

1. 出乎意料的事件或结果

出乎意料的成功意味着该组织可能进入一个新的或更大的市场。此时，企业需要找出成功背后的原因，并利用这一机遇开发新产品或新服务。然而，出乎意料的成功常被管理者忽视，原因在于汇报系统通常聚焦于查找并解释问题，而非关注成功本身。出乎意料的成功一开始往往被看作不合时宜，甚至被当作问题看待。例如，某医药公司在日常运营中收到了兽医提出的产品需求，这些需求看似与公司的核心业务有所不同，但公司管理层并未轻易忽视，而是组织专业团队深入调研分析。他们发现，随着宠物饲养的普及以及畜牧业规模化发展，动物医药市场潜力巨大且存在诸多未被满足的需求。于是，公司迅速调整战略，调配研发资源，针对兽医提出的需求，开发出一系列专门用于动物的药品及保健产品。通过与兽医行业建立紧密合作，借助专业渠道推广产品，该医药公司成功进入动物医药领域，不仅在新市场站稳脚跟，还凭借自身专业优势不断拓展业务版图，实现了业绩的显著增长，开拓出一片广阔的新市场。

如果具备重视和规划等条件，还是出现了出乎意料的失败，这种失败也意味着可通过革新将其变为机遇。因为失败的原因可能是出乎意料或是令人吃惊的，所以很难用分析和数据方法去查找。管理者要找到原因，必须"走出门去，四处查看，且注意倾听"。

一个出乎意料或是突然的外部事件可能创造一个重大机遇。不过，如果该组织现有的专家不能利用这个事件,说明这次机遇不太可能导致革新的出现。

2. 不一致之处

当事情与人们的设想不同或某些事情无法理解时,这通常表明存在着一种有待认识的变化。虽然不一致之处对行业内人士来说显而易见,但由于它们常与世人的观点不符,故而也常被忽略。组织在寻找机会的过程中必须广泛搜集各类有用的不一致信息。在某个行业中,不一致的经济状况是潜在的机会来源。此外,事实与假设之间的不一致、产品优势与顾客期望之间的不一致,同样都是潜在的机会来源。不仅如此,还可以在一个系统或流程内部寻找不一致之处。

3. 流程需求

流程需求通常十分明显,因此,革新者总在努力解决某过程中的一个瓶颈或薄弱环节。有时针对流程的革新可以是利用新技术知识或用更高效的流程替代原来较为烦琐的流程。例如,贝尔电话公司于 1910 年开发了自动接线总机,因为他们预见到,若使用人工电话交换台,到 1925 年,每个美国成年妇女都要充当接线员。

4. 工业/市场结构中出乎意料的变化

一个稳定的工业或市场结构可能突然地、出乎意料地发生变化,这就要求其成员作出革新以适应新环境。这些变化为圈外成员创造了显而易见的巨大机遇,同时也对圈内成员构成威胁。要预见工业结构的变化,需要查看这一行业是否出现快速增长,领导者是否制定了不协调的市场细分战略,是否出现了技术趋同,业务做法是否有迅速变化等迹象。由一个或少数几个供应商主宰的行业或市场对革新者颇具吸引力。这是因为已经站稳脚跟的公司通常不习惯面对挑战,对工业结构转变的认识也会比较迟缓。

5. 人口状况

人口规模和结构上的变化,如受教育程度、年龄或某一群体数量的增加,往往显而易见且可以预测。这些变化能迅速发生,并对市场产生戏剧性的影响,但各公司很少密切监控或在日常决策中考虑到人口变化。由于人口变化易于出现却又常常被决策者忽视,所以它们为革新者提供了许多机遇。例如,在美国尚无一家大型快餐店为日益增多的受饮食限制的中老年人开发特别食谱,圈外公司可以利用这一日益增多的人群所需,通过提供特别食品和服务来打入快餐市场。

6. 观念

人们对自己的看法若发生转变,也能创造机遇。立足已久的公司往往难以认识到人们看法上的转变,因此,基于观念转变的革新往往很少有竞争对手。

观念上的变化难以察觉——事实本身并未改变,只是人们对事实的理解和看法发生了变化。出乎意料的成功或失败可能意味着观念上的变化,进行观念调查常常可以找出已变化的观念并确定拥有者的数量。例如,威廉·本顿调查了 20 世纪 50 年代的一次观念转变,即大多数美国人转而用"中产阶级"而非"工人阶级"来对自己进行描述。他发现,人们企盼自己的孩子有机会通过教育来提高社会地位。这一洞察使他买下《大英百科全书》的版权并将它推向当时自认为是中产阶级的人。

7. 新知识

德鲁克将新知识这一机会来源列于最后，是因为它难以管理、无法预见、花费较高，且具有较长的生产准备时间。不过，目前多数组织在各种机会来源中首先强调新知识，因为它引人注目、令人兴奋。需要注意的是，以新知识为基础的革新经常会失败，因为一个领域的突破经常需要其他各领域同时突破，新知识才能发挥其作用。由于新知识要求在技术和社会各领域都与其协调一致，所以一个组织难以成功地引进以新知识为基础的革新。

以新知识为基础的革新有时会取得成功。惠普和英特尔公司都坚持生产以新知识为基础的革新产品，就是成功的例子。但其他不具备雄厚技术力量以及并未在科研领域长期处于领先地位的公司，最好努力寻找其他革新来源。

第二节 创业机会概述

任何重要的行动都源于某种想法，创业活动也不例外。虽然机会与创意等概念常被混为一谈，但创业机会具有独特内涵，在创业过程中具有重要的地位和作用。

一、创业机会的定义

创业机会主要是指具有较强吸引力且较为持久的商业机会，创业者据此可以为客户提供有价值的产品或服务，并同时使自身获益。机会对于创业至关重要，机会是具有时效性的有利情况，是未明确的市场需求或未充分使用的资源或能力。创意则是创业的指向，是具有创新性甚至原创性的想法，可将问题或需求转化为逻辑性的架构，使概念物象化或程序化，而不是单纯的奇思妙想。产生创意后，创业者会把创意发展为可以在市场上进行检验的商业概念。商业概念既体现了顾客正在面临的问题或创业者试图解决的问题，同时又体现了解决问题所带来的顾客效益和获取利益的方式。

二、创业机会的属性

1. 机会是一种客观存在

客观存在是相对于主观意志而言的。机会是客观存在的，关键在于怎样识别和把握。无论是看得到还是看不到，抓得住还是抓不住，机会都在那里。世界上并不缺少机会，只是缺少发现机会的眼睛。

2. 机会是一种无形的事物

机会经常处于一种潜伏状态，人们只能凭感觉意识到它的存在，而无法用眼睛看到它。机会总是隐藏在经济或社会现象的背后，通常很难找到它的踪迹。正如法国文学大师巴尔扎克所说："机会女神总是披着面纱，让人难以看到她的真面目。"

3. 机会不会一直存在

机会都有时效性，错过了时间，机会就失去了效用。机会的时效性有两个表现：一是稍纵即逝；二是一去不返。虽然机会时常出现，但同样的机会是不会重复再来的。同样，机会往往是全社会共有的，只要稍微迟疑，就会被别人抢走。机会通常是一个不断移动的目标，存在一个"机会窗口"期，要抓住某一市场机会，其"机会窗口"应该是打开的，且必须保持足够长的开放时间以实现必需的市场回报。

4. 机会往往伴随着风险

机会往往与风险并存。由于大多数机会出现时间较短，人们对它的全部本质往往看不清楚，又因为它关系到未来的事物，所以受到多方面条件的制约。机会只属于那些有胆识的人，在机会面前犹豫不决、裹足不前往往会错失良机，但不顾条件，一味蛮干也会受到惩罚。机会也会带来风险，因此需要始终保持清醒的头脑进行判断。

【拓展阅读5-1】

无意间发现的商机：微波炉

微波炉最初的名称是"爆米花和热团加热器"，它的出现源自一个武器研发项目。微波炉的发明者是美国自学成才的工程师珀西·勒巴朗·斯宾塞，第二次世界大战爆发后，他在一家公司从事雷达技术开发工作。

某一天，他在实验室做实验时，一块巧克力粘在了短裤上。斯宾塞注意到，当他运行磁控管时，裤子上的巧克力融化了。一般人可能会认为是他身上的体温将巧克力融化了。

斯宾塞没有按照这种逻辑思维去判断这件事，相反，思维敏捷的他给出了一个更科学的解释：是肉眼看不见的辐射光线"将其煮熟了"。斯宾塞对这一发现充满了好奇，他利用这种装置让鸡蛋爆裂，还去烤爆米花。最后，他用箱子将其包装起来，作为一种烹饪美食的新工具推向市场，这个工具就是现在大家熟知的微波炉。

(资料来源：搜狐网)

三、创业机会的来源

1. 问题

创业的根本目的是满足顾客需求，而顾客需求在未得到满足前就是问题。寻找创业机会的一个重要途径是善于发现和体会自己和他人在需求方面的问题或生活中的难处。例如，上海有一位大学毕业生发现远在郊区的本校师生往返市区交通十分不便，便创办了一家客运公司。这就是把问题转化为创业机会的成功案例。

2. 变化

创业机会大多产生于不断变化的市场环境，环境变化了，市场需求、市场结构必然发生变化。著名管理大师彼得·德鲁克将创业者定义为那些能"寻找变化，并积极反应，把它当作机会充分利用起来的人"。这种变化主要来自产业结构变动、消费结构升级、城市化加速、大众思想观念变化、政府政策变化、人口结构变化、居民收入水平提高、全球化趋势等方面。

3. 创造发明

创造发明提供了新产品、新服务，能更好地满足顾客需求，同时也带来了创业机会。以无人机为例，其最初多用于军事领域。发明家们对它进行民用化改造，创造出能用于航拍、农业植保、物流配送等多种场景的新产品。对于摄影爱好者，无人机可拍摄独特视角的画面；对农民而言，能高效完成植保作业。创业者抓住这一趋势，投身无人机研发、销售及相关服务领域，催生众多创业项目，满足不同顾客需求，开拓出一片新的商业天地。

4. 竞争

如果能弥补竞争对手的缺陷和不足，这也将成为创业机会。看看周围的公司，能比他们更快、更可靠、更便宜地提供产品或服务吗？能做得更好吗？如果能，也许就找到了机会。

5. 新知识、新技术的产生

例如，随着健康知识的普及和技术的进步，围绕"水"的创业机会不断涌现。在上海，就有不少人因加盟"都市清泉"饮用水项目而走上了创业之路。

四、创业机会的分类

1. 依据"目的—手段"关系中的明确程度

根据"目的—手段"关系中的明确程度，创业机会可以分为识别型、发现型和创造型三种。

识别型创业机会是指当市场中的"目的—手段"关系十分明显时，创业者可通过"目的—手段"关系的连接来辨识机会。例如，当供需间出现矛盾或冲突时，不能有效地满足需求，或者根本无法实现某一要求时所辨识出的新机会。常见的问题型机会大多属于这一类型。

发现型创业机会则是指目的或手段中至少有一方的状况未知，等待创业者去发掘的机会。例如，一项技术被开发出来，但尚未有具体的商业化产品出现，因此，需要通过不断尝试来发掘市场机会。

创造型创业机会指的是目的和手段都不明确，创业者要比他人更具先见之明才能创造出有价值的市场机会。在目的和手段都不明确的情况下，创业者建立起连接关系的难度非常高，但这种机会通常可以创造出新的"目的—手段"关系，并带来巨大的利润。

在商业实践中，识别型、发现型和创造型三类创业机会可能同时存在。一般来说，识别型创业机会多见于供需尚未均衡的市场，创新程度较低，这类机会不需要太复杂的辨识过程，而是强调拥有较多资源即可较快进入市场获利。把握创造型创业机会非常困难，它依赖于新的"目的—手段"关系，而创业者拥有的专业技术、信息、资源规模往往相当有限，更需要创业者具备资源整合的能力和敏锐的洞察力，同时还必须承担巨大的风险。发现型创业机会则最为常见，也是目前大多数创业者研究的对象。

2. 依据"目的—手段"关系中的目的性质

依据"目的—手段"关系中的目的性质，创业机会可以分为问题型、趋势型和组合型三种。

问题型创业机会指的是由现实中存在的未被解决的问题所产生的一类机会。问题型创业机会在人们的日常生活和企业实践中大量存在。例如，消费者的不便、顾客的抱怨、大量的退货、无法买到称心如意的商品、服务质量差等，在解决这些问题的过程中，会存在价值或大或小的创业机会，需要用心发掘。好利来投资有限公司董事长罗红先生就是因为当年买不到能表达自己对母亲挚爱的生日蛋糕，而创建了自己的蛋糕店。一般人看到的是问题，而创业者看到的是机会。

趋势型创业机会就是在变化中洞察未来的发展方向，预测未来的潜力和机会。这种机会一般容易产生在时代变迁、环境动荡的时期。在这种环境下，各种新的变革不断出现，但往往不被多数人认可和接受，一般处于萌发阶段。若能够及早发现并把握住机会，就有可能成为未来趋势的先行者和领导者。趋势型创业机会一般出现在经济变革、政治变革、人口变化、社会制度变革、文化习俗变革等多个方面，一旦被人们认可，它产生的影响将是持久的，带来的利益也是巨大的。

组合型创业机会就是将现有的两项以上的技术、产品、服务等因素组合起来，实现新的用途和价值而获取的创业机会。这种机会类型好比"嫁接"，对已经存在的多种因素重新组合，往往能实现与过去功能大不相同或者效果倍增的局面。例如，芭比娃娃就是将婴幼儿喜欢的娃娃与少男少女形象结合起来开发的，满足青少年人群的需求，最终获得创业上的巨大成功。

3. 依据"目的—手段"关系中的手段方式

依据"目的—手段"关系中的手段方式，创业机会可以分为复制型、改进型、突破型三种类型，分别是指创业机会所运用的手段对现有手段的模仿性创新、渐进性创新和突破性创新。不少生存型创业活动采取的是复制行为，通过模仿他人的成功模式，满足当时的需求；"山寨"创业活动多数来自改进型创业机会；数码相机相对于胶卷成像、电子手表相对于机械手表等则属于突破型的创新，甚至可以说是"创造性的破坏"。研究表明，创业者更擅长"创造性的破坏"，他们抓住某些重大变革所带来的机会，创造出新的经营模式，给现存企业带来巨大冲击。

第三节 创业机会的识别

创业机会稍纵即逝，需要我们时刻保持高度集中的思维去判断，但并不是所有事业都适合开创。本节将指导读者如何有效识别创业机会。

一、创意、创业机会及商业机会

为了深入理解创业机会，我们需要了解创意与机会、创业机会与商业机会的关系。

1. 创意与机会

1) 创意与机会的含义

创意是对传统的叛逆，是打破常规的哲学，是破旧立新的创造与毁灭的循环，是思维碰撞、智慧对接，是具有新颖性和创造性的想法，它不同于寻常的解决方法。创意由人的知识、智力、能力及优良的个性品质等复杂因素综合优化而成。

机会是指具有时间性的有利情况。美国社会预测学家托夫勒说："一个明智的人总是抓住机遇，把它变成美好的未来。"

2）创意与机会的关系

创业机会的识别源自创意的产生。创意是一种具有一定创造性的想法和概念，在新的或者改进的产品或服务中创意无处不在。把握住任何一个稍纵即逝的、真正的好创意，创业就等于成功了一半。创意并不等于创业机会。首先，并非所有创意都是好创意。创意是一种创新，其突出标志是具有新颖性、独特性。一个创意可以天马行空，不必过分注重其现实的可行性。好的创意除了具备新颖性、独特性外，还应具备实用性和价值性，即能够付诸实践并能给社会带来真正的价值。其次，一个好的创意并不一定就是一个好的创业机会。创意是创业机会的一部分，创业机会还包括经验、人才、人脉、资金、管理等诸多方面。好的创意好比一颗种子，需要具备水分、阳光等条件才能生根发芽；好的创意只是发现了市场需求，并提出了满足市场需求的初步思路和方法，它成为创业机会需要各方面的资源和条件。

2. 创业机会与商业机会

商业机会通常体现为市场上尚未满足或尚未完全满足的消费需求，也称为市场机会。凡是有利于促进企业生产，有利于企业产品开发和市场开拓，能促进企业经济效益的提高，有利于企业摆脱困境等方面的信息、条件、时间等，都可称为商业机会。

创业机会是有利于创业的一组条件的形成情况。这组条件至少包含以下要素：第一，某个细分市场存在或新形成了某种持续性需求；第二，创业者开发了或持有了有助于满足前述市场需求的创意；第三，创业者有能力、有资源，可实施所持有的创意；第四，创业者将自己的创意转变为具体的产品或服务，不需要大规模的资金(所谓轻资产)和大的团队(所谓小团队)。只有当这四个要素都得到满足时，才能认为客观上存在或形成了某种创业机会。

不能简单地将商业机会视为创业机会。如果这种商业机会不可持续，只是昙花一现，那么创业者还没有起步，这样的商业机会就可能已经消失了。针对特定的商业机会，创业者如果不能将创意变为具体的产品或服务，这样的商业机会也就不能被视为创业机会，因为既无创意，何谈创业。

如果创业者能够将创意变为具体的产品或服务，但要较大规模的资金(所谓重资产)和团队(所谓大团队)，则这样的商业机会也不能被视为创业机会。因为创业者在起步阶段，一般情况下缺乏资金和大团队，多数会失败。基于以上所述，我们不难看出，创业机会本质上是商业机会、创意、轻资产、团队四个要素的有机组合。

二、影响创业机会识别的因素

创业机会识别作为一种主动行为，带有浓厚的主观色彩，创业者的个体因素起到了重要作用。此外，一些研究者逐渐认识到机会识别是个体与环境的互动过程，外部因素尤其是环境中的客观机会因素本身的影响同样不容忽视。

1. 个体因素

(1) 创业警觉性。创业警觉性是指一种持续关注、注意未被发觉的机会的能力。创业警觉性是敏锐预见、探求挖掘、重构框架三个维度的整合体,分别为:敏锐预见,指敏感于机会的涌现,对商业前景作出前瞻性的预测;探求挖掘,指善于分析和挖掘商业情报和信息,从中分析出潜在的机会,以及隐含的利润;重构框架,指善于打破既定的范式,赋予既有资源新的价值和用途。

(2) 先验知识。人们更容易注意到与自己已有知识相联系的刺激,对于创业者而言,丰富且广泛的生活阅历是识别潜在商机的主要决定因素,它们帮助创业者识别了新信息的潜在价值。每个个体都有自己独特的先前经验与先验知识,这就构成了其有别于他人的知识框架,这种特异性就解释了为何有些人更容易发现一些特定的机会,而其他人则不能。先验知识包括特殊兴趣和产业知识两个维度。前者指对某领域及其相关知识的强烈兴趣。后者是由创业者在多年工作中积累起来的知识和经验。也有研究提出对创业机会识别起关键作用的先验知识有四种,即特殊兴趣的知识和产业知识的结合、关于市场的知识、关于服务市场的方式的知识和有关顾客问题的知识。还有研究表明,先验知识不仅被用来搜索机会,更重要的是,它还与认知过程中结构关系的匹配有一定的联系。

(3) 创造力。创造性或创新能力最早与乐观、自我效能等因素一同被归为成功创业者的性格特质中的一种。但与一般人的性格特质不同,创造性的重要作用日益显现。创造性是产生新奇或有用创意的过程,从某种程度上讲,机会识别就是一个创造过程,是不断反复的创造性思维过程。对个人来说,创造过程可分为准备、孵化、洞察、评价和阐述五个阶段。

(4) 社会资本。社会资本又称社会网络,是连接创业者和机会的纽带,创业者需通过自己的社会网络获得有关创业机会的信息。创业者自身社会网络的规模、多样性、强度及密度的不同都将对机会识别产生重要的影响。很多文献发现,社会关系网络与个体识别机会的成功率成正相关。国内学者张玉利等认为,创业者的社会资本不仅影响着创业者能不能发现机会,更影响着创业者能发现什么样的机会,也就是说,社会资本是影响创业者所识别的创业机会创新性的重要因素。创业者所嵌入的网络规模越大,越有助于接触到丰富多样的信息,从而发现更具有创新性的机会,所以创业者所嵌入的网络规模对机会创新性有显著的正向预测作用。

2. 环境因素

创业环境可以看成影响创业活动的所有外部因素的总称。影响创业的环境因素复杂多样,创业活动的外部环境常常表现出明显的不确定性特征,而这恰恰是创业机会的重要来源。在机会识别中所需要的各种信息需要从外界环境中获取,影响机会识别的环境因素包括市场因素、政府政策因素、法规因素、技术因素、社会文化价值观念因素等。

三、识别创业机会的一般过程

创业机会识别是一个复杂的、综合性的交互过程,在创业机会识别的所有理论中,机会的三阶段模型是最为学者所接受的一个理论模型,也就是多维度机会识别过程模型。

1. 创业机会识别三阶段过程模型

创业机会识别三阶段过程模型，主要包括机会搜寻、机会识别和机会评价三个阶段，如图 5-1 所示。

第一阶段，机会搜寻(opportunity search)，即搜寻和发现可能的机会。这一阶段创业者需搜寻整个环境以发现可能的机会，如果遇到了潜在的商机，便进入第二阶段——机会识别(opportunity recognition)。这一阶段需解决两个问题，即搜索到的创意是不是一个创业机会，如果是，它是不是创业者所期待的机会。因此，此阶段可分为两步：第一步为机会的标准化识别阶段，创业者会用标准化的机会模式识别模板判断所遇到的机会是否理想；第二步为机会的个性化识别阶段，即考察这一机会与创业者自身特点的匹配程度。

第三阶段，机会评价(opportunity evaluation)。这一阶段主要考察先前收集的相关信息，将直觉进行量化，根据风险以及风险水平和预期回报的一致性评价决定是否将这一创业机会付诸实践。

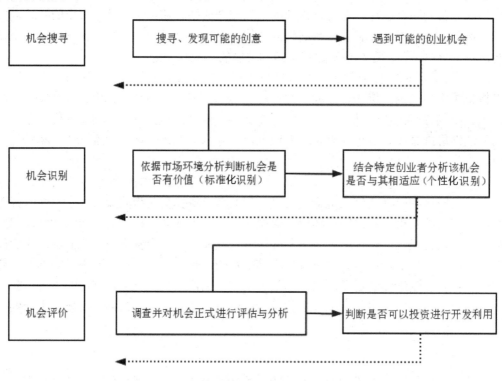

图 5-1　创业机会识别三阶段过程模型

该模型增进了我们对创业识别过程的认识和理解，对创业机会识别研究作出了基础性贡献，许多学者都是在此基础上进行扩展和完善的。

2. 多维度机会识别过程模型

多维度机会识别过程模型是基于创造力提出的机会识别过程模型，此模型将机会识别分为以下五个阶段：准备、沉思、洞察、评估和经营。

希尔斯、施雷德和伦普金提出一个以创造力为基础(Creativity-Based)的多维度机会识别过程模型。该模型将机会识别分为以下五个阶段(见图 5-2)。①准备阶段(preparation stage)，这一阶段涉及知识和技能的准备，这些知识和技能可能来自创业者的个人背景、工作或学习经历、爱好以及社会网络。②沉思阶段(incubation)，在这一阶段，创业者进行创新构思活动，这一过程并非有意识地解决问题或进行系统分析，而是对各种可能和选择进行无意识的思考。③洞察阶段(insight)，这一阶段标志着创意从潜意识中迸发出来，或经他人提点，为创业者所察觉。这类似于问题解决过程中的领悟阶段，可以用"豁然开朗"来形容。④评估阶段(evaluation phase)，在这一阶段，有意识地对创意的价值和可行性进行评定和判断。评估方式包括初步的市场调查、与他人进行交流以及对商业前景的考察。⑤经营阶段(elaboration)，这一阶段是对创意的进一步细化和精确化，使创意得以实现。

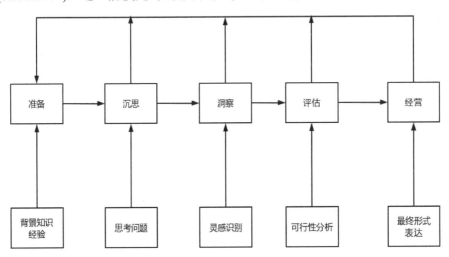

图 5-2　创业机会识别五个阶段过程模型

四、创业机会的把握

1. 着眼于问题把握机会

机会并非无须付出代价就能获得，许多成功的企业都是从解决问题起步的。问题本质上就是现实和理想之间的差距。顾客需求在没有得到满足之前就是问题，而设法满足这一需求，就抓住了市场机会。例如，巴西阿苏尔航空公司，该公司以机票低廉而著称，但没有更多的巴西人愿意搭乘阿苏尔的航班。经过研究发现，原因在于乘客还需要从家里乘出租车到机场，而这个费用可能要占到机票的40%～50%，同时又没什么公交系统或者火车线路可以支持这样一个行程。换言之，"从家到机场"这一顾客行程的关键部分没有得到有效的满足。于是，阿苏尔航空公司决定为乘客提供到机场的免费大巴。如今，每天有3万名乘客预订阿苏尔航空公司的机场大巴，该公司也因此成为巴西增长速度最快的航空公司之一。

2. 利用变化把握机会

变化中常常蕴藏着无限商机，许多创业机会产生于不断变化的市场环境。环境变化将带来产业结构的调整、消费结构的升级、思想观念的转变、政府政策的变化，以及居民收入水平的提高，人们通过这些变化就会发现新的机会。

3. 跟踪技术创新把握机会

世界产业发展的历史告诉我们，几乎每一个新兴产业的形成和发展都是技术创新的结果。产业的变更或产品的替代，既满足了顾客需求，同时也带来了前所未有的创业机会。

4. 在市场夹缝中把握机会

创业机会存在于为顾客创造价值的产品或服务中，而顾客的需求是有差异的。创业者要善于找出顾客的特殊需求，盯住顾客的个性需要并认真研究其需求特征，这样就有可能发现和把握商机。

5. 捕捉政策变化把握机会

中国市场受政策影响很大，新政策的出台往往会引发新商机，如果创业者善于研究和利用政策，就能抓住商机。

6. 弥补对手缺陷把握商机

很多创业机会源于竞争对手的失误和意外获得，如果能及时抓住竞争对手策略中的漏洞而大做文章，或者能比竞争对手更快、更可靠、更便宜地提供产品或服务，也许就找到了创业机会。

五、创业机会的识别方法

1. 新眼光调查

注重二级调查：阅读出版的作品、利用互联网搜索数据、浏览寻找包含所需要信息的报纸或文章等都是二级调查的形式。

开展初级调查：通过与顾客、供应商、销售商交谈和采访，直接与这个世界互动，了解正在发生以及将要发生的事情。

记录自己的想法：瑞士最大的音像书籍公司创始人就有这样一个笔记本，当记录到第200个想法时，他坐下来回顾所有的想法，然后开办了自己的公司。

2. 通过系统分析发现机会

实际上，绝大多数的机会可以通过系统分析发现。人们可以从企业宏观环境(如政治、法律、技术、人口等)和微观环境(如顾客、竞争对手、供应商等)的变化中发现机会。借助市场调研，从环境变化中发现机会，是发现机会的一般规律。

3. 通过问题分析和顾客建议发现机会

找出个人或组织的需求和他们面临的问题，这些需求和问题可能很明确，也可能很含蓄。一个有效并有回报的解决方法对创业者来说是识别机会的基础。

这个分析需要全面了解顾客的需求，以及可能用来满足这些需求的手段。

从顾客那里征求想法。一个机会可能会由顾客识别出来，因为他们知道自己究竟需要什么。顾客的建议多种多样，如他们会提出一些诸如"如果那样不是会很棒吗？"的非正式建议，留意这些建议有助于发现新的创业机会。

4. 通过创造获得机会

这种方法在新技术行业中最常见，它可能始于为满足某种市场需求，从而积极探索相应的新技术和新知识；也可能始于一项新技术发明，进而积极探索新技术的商业价值。

通过创造获得机会比其他任何方式的难度都大，风险也更高，同时，如果能够成功，其回报也更大。这种情况下所产生的创新在人类具有重大影响的创新中居于主导地位。

索尼公司开发的 Walkman 随身听就是一个很好的例子。索尼公司觉察到人们希望随身携带一个听音乐的设备，并利用公司微缩技术的核心能力来进行这个项目研究，最终开发出划时代的产品——随身听，取得了巨大的成功。

第四节 了解企业常见的法律形态

【拓展阅读 5-2】

> **宝洁，解决了新一代父母最关心的问题**
>
> 20 世纪 90 年代，一次性尿布在中国并不常见，许多母亲仍然给她们的宝宝使用传统尿布。当时，中国部分传统母亲认为，一次性尿布可能对宝宝不好，而且这些替代品比起可重复使用的尿布价格更高。因此，尽管一些公司认为向全球市场推出廉价版的一次性尿布是稳赚不赔的生意，但在中国失败了。
>
> 当这些公司认识到所谓的潜在客户不购买自己的产品时，其反应也是不同的。例如，有一家公司把重点放在产品性能的创新上。这家公司的高管进行了广泛的市场调研，以求弄清楚尿布在现实世界中究竟是如何"工作"的。他们给设计师提出了新的挑战——设计一款防漏产品。他们专注于高端市场，其尿布价格仍然昂贵，其营销战略旨在吸引社会上那些富裕的家长。这是一个大胆的想法，但这种专注于设计的做法未能收到预期的回报。
>
> 而宝洁公司的帮宝适产品线采取了不同的策略。报道显示，宝洁公司的团队发现了使用一次性尿布的真正优势：研究表明，穿着帮宝适尿布的婴儿比那些穿着其他尿布的婴儿更快入睡，他们的睡眠时间也更长。该团队将讨论的焦点从产品性能转向了使用该产品所能带来的众多好处，这些才是新生儿父母最关心的问题。
>
> (资料来源：吴建安. 市场营销学[M]. 北京：高等教育出版社，2004.)

一、企业法律形态的定义

企业法律形态是指企业在法律上的表现形式。依据不同的标准，可以将企业的法律形态划分为不同的种类。我国原先依据所有制、部门、地域所划分的企业法律形态体系已经不再适应社会主义市场经济发展的需要，建立以组织形式、财产责任为划分标准的新型企业法律形态体系势在必行。企业法律形态是由法律规定的企业形态，设立企业只能选择法律规定的企业组织形式，不能随心所欲塑造任意的企业形态。但企业的法律形态不是一成不变的，在不同时期有不同的变化。

法律规定的企业组织形式根据不同标准有不同的分类。例如，根据投资主体的不同，将企业分为国有企业和非国有企业；根据承担职能的不同，将企业分为竞争型企业和非竞争型企业；根据是否独立享有权利、承担义务和责任，将企业分为法人企业和非法人企业。符合法人条件，依法取得法人资格的企业为法人企业；不符合法人条件，依法不能取得法人资格的企业为非法人企业。现代社会，法人企业在社会经济生活中占据主导地位，同时非法人企业也普遍存在。公司是典型的法人企业，分公司、个人独资企业、合伙企业则属于非法人企业。

二、企业法律形态的分类及特点

中国民营企业的主要法律形态包括股份有限公司、有限责任公司、外资企业、中外合资企业、中外合作企业、乡镇企业、股份合作制企业、合伙企业、个人独资企业、个体工商户、农村承包经营户等。

对于初创企业，比较常见的法律形态有以下四种。

1. 个体工商户

个体工商户是指经依法核准登记、从事工商业经营的公民。因此，严格意义上讲，个体工商户不是企业。

个体工商户有以下特点。

(1) 个体工商户不具有法人资格，以个人或家庭的财产对外承担债务。

(2) 个体工商户只能经营法律、政策允许个体经营的行业。

(3) 个体工商户可以起字号、刻印章、在银行开设账户及申请贷款、与劳动者签订劳动合同等，但不得设立分支机构。

个体工商户是一种具有中国特色的经济形式，它是在我国由计划经济向市场经济转变过程中产生的。随着我国市场经济的逐步完善，尤其是《中华人民共和国个人独资企业法》颁布实施后，相当数量的个体工商户(特别是有自己的字号名称，有一定的资金，有固定的生产经营场所和生产经营条件的个体工商户)将转变为个人独资企业。

2. 个人独资企业

个人独资企业是指由一个自然人投资，财产为投资人个人所有，投资人以其个人财产对企业债务承担无限责任的经营实体。

个人独资企业有以下特点。

(1) 个人独资企业的出资人是一个自然人。

(2) 个人独资企业的财产归投资人个人所有。该企业的财产不仅包括企业成立时投资人投入的初始资产，还包括企业存续期间积累的资产。投资人是个人独资企业财产的唯一合法所有者。

(3) 个人独资企业不具有法人资格，投资人以其个人财产对企业债务承担无限责任。这是个人独资企业的重要特征。也就是说，当投资人申报登记的出资不足以清偿个人独资企业经营所负的债务时，投资人就必须以其个人财产甚至家庭财产来清偿债务。

3. 合伙企业

合伙企业是指由各合伙人签订合伙协议，共同出资、合伙经营、共享收益、共担风险，并对合伙企业债务承担无限连带责任的营利性组织。

合伙企业有以下特点。

(1) 合伙协议是合伙企业成立的基础。合伙人之间是平等的，合伙企业的利润和亏损由合伙人依照合伙协议约定的比例分配和分担。合伙协议未约定利润分配和亏损分担比例的，由各合伙人平均分配和分担。

(2) 合伙企业不具有法人资格。

(3) 合伙企业的合伙人对企业债务承担无限连带责任。所谓无限连带责任，是指合伙企业财产不足以清偿企业债务时，合伙人应以其个人甚至家庭财产清偿债务，而且债权人可以就合伙企业财产不足以清偿的那部分债务，向任何一个合伙人要求全部偿还。

4. 有限责任公司

有限责任公司是指依法设立、有独立的法人财产并以其全部财产对其债务承担有限责任、以营利为目的的企业法人。

有限责任公司有以下特点。

(1) 公司须依法成立，并须依照公司法规定的设立条件和设立程序才能取得法人资格。

(2) 公司具有法人资格，公司财产独立于股东的个人财产，公司责任独立于股东个人责任。公司以其全部财产对公司的债务承担责任，股东以其认缴的出资或认购的股份为限对公司承担责任。

(3) 公司以营利为目的，公司设立的最终目的是获得利益，并将所得利益分配于股东。

三、企业法律形态的横向比较

在了解了各种企业法律形态的特点之后，针对其特点进行比较，主要从业主数量、成立条件、经营特征等角度展开。

1. 业主数量的比较

业主数量的比较如表 5-1 所示。

表 5-1 业主数量比较

个体工商户	个人独资企业	合伙企业	有限责任公司
业主是一个人或家庭	业主是一个人	业主是两人以上	业主由两个人以上 50 人以下股东构成

2. 成立条件的比较

成立条件的比较如表 5-2 所示。

3. 经营者特征的比较

经营者特征的比较如表 5-3 所示。

表 5-2　成立条件比较

个体工商户	个人独资企业	合伙企业	有限责任公司
有相应的经营资金和经营场所； 可以为企业命名字号	自然人； 有合法的企业名称； 申报出资款； 有固定的经营场所和必要的生产经营条件； 有必要的从业人员	有两个以上合伙人，都依法承担无限责任； 有书面合伙协议； 由合伙人实际缴付出资； 有企业名称； 有经营场地和经营的必要条件	股东符合法定人数； 制定公司章程； 有公司名称与符合有限责任公司的组织结构； 有固定的生产经营场地和生产经营条件

表 5-3　经营者特征比较

个体工商户	个人独资企业	合伙企业	有限责任公司
资产属私人所有； 可以雇帮手或徒工； 业主本人既是所有人，又是劳动者和管理者	财产为投资人所有； 业主既是投资者，又是经营管理者	依照合伙协议，共同出资、合伙经营、共享收益、共担风险	公司设立股东大会、董事会和监事会，并由股东大会聘请职业经理人管理公司、经营业务

【拓展阅读5-3】

有限责任公司的组织结构

大型有限责任公司的法人治理结构一般为股东大会、董事会、监事会、总经理。小型有限责任公司的法人治理结构无严格要求，公司可以不设董事会，只设一名执行董事；也可以不设监事会，只设监事。

无限责任与无限连带责任

无限责任界定的是"债务人和债权人"之间的关系，即债务人必须承担全部清偿责任，也就是当企业的全部财产不足以清偿到期债务时，投资人应以自己个人的全部财产清偿，实际上就是将企业的责任与投资人的责任连为一体。

无限连带责任界定的是"投资人之间"的关系，即不管债务人之间如何约定，每个债务人都有义务对债权人承担全部清偿责任，也就是当合伙企业财产不足以清偿其债务时，合伙人应以其在合伙企业出资以外的财产清偿债务。每一个合伙人对企业债务都有清偿的义务，债权人可以就合伙企业财产不足清偿的那部分债务，向任何一个合伙人要求全部偿还。由于无限连带责任界定的是债务人之间的责任，所以个人独资企业的投资就谈不上连带责任的问题。

有限责任和无限责任

根据承担责任是否有财产限制，民事责任可以分为有限责任和无限责任。

有限责任是指责任人以其出资财产承担民事责任，如抵押人仅以抵押财产对所担保的债权承担责任，有限责任公司的股东仅以其出资对公司债务承担责任。无限责任是指责任人以其全部财产承担民事责任，如保证人的保证责任、合伙人对合伙企业债务所承担的责任。

> 区分有限责任和无限责任的意义在于：承担无限责任的财产范围不受责任人的出资或特定财产的限制，更有利于保护受害人或者权利人的利益。有限责任和无限责任是投资者对其投资企业的债务承担责任的形式。
>
> 所谓有限责任即有限清偿责任，是指投资人仅以自己投入企业的资本对企业债务承担清偿责任，当企业资不抵债时，其多余部分债务则自然免除的责任形式。无限责任即无限清偿责任，是指投资人对企业债务不以其投入的资本为限承担责任，当企业负债均摊到某投资人名下的份额超过其投入的资本时，除了以原投入的资本承担债务外，还要以自己的其他财产继续承担债务。

(资料来源：百度百科)

第五节 创业环境及政策分析

2016年9月20日，国务院印发《关于促进创业投资持续健康发展的若干意见》，进一步深化简政放权、放管结合、优化服务改革，不断完善体制机制，健全政策措施，加快形成有利于创业投资发展的良好氛围和"创业、创新+创投"的协同互动发展格局，进一步扩大创业投资规模，促进创业投资做强做优做大。2020年10月，党的十九届五中全会明确提出，要坚持创新在中国现代化建设全局中的核心地位，把科技自立自强作为国家发展的战略支撑。2021年中央经济工作会议再次强调，要把"强化国家科学战略科技力量"放到重点任务的首要位置。中国科技创新的进步直接关系到"两个一百年"奋斗目标的实现。

一、体制机制改革

按照简政放权、放管结合、优化服务的要求，着力强化公平竞争环境和信用体系建设，推进简政放权，完善科技成果转化激励机制，提高科研体系创新效率，创新人才培养机制，实施更具竞争力的人才吸引制度，着力破除制约创新创业的体制机制障碍，加快形成创新创业新生态环境。

1. 加强公平竞争环境和信用体系建设

以市场竞争刺激创新，营造公平、开放、透明的市场环境，促进优胜劣汰，增强市场主体创新动力。实施严格的知识产权保护制度，降低侵权行为追究刑事责任的入罪门槛，实施惩罚性赔偿制度；完善商业秘密保护法律制度，研究商业模式等新形态创新成果的知识产权保护办法；打破侵权行为的地方保护；健全知识产权侵权惩处机制，强化行政执法和司法衔接，将侵权行为纳入社会信用记录。

国家发展和改革委员会、工商行政管理总局等部门协同合作，加快制定公平竞争审查制度，营造良好的创新创业生态。国家发展和改革委员会推进社会信息体系建设，组织实施统一社会信用代码制度，在"信用中国"网站集中公示信用信息，加快创建全国信用信息共享平台。

2. 推进简政放权

为加速简政放权，国务院印发实施了《国务院关于取消和调整一批行政审批项目等事项的决定》《国务院关于印发 2015 年推进简政放权放管结合转变政府职能工作方案的通知》《国务院关于取消一批职业资格许可和认定事项的决定》等。2015 年共决定取消和下放行政审批项目 90 余项，取消 67 项职业资格许可和认定事项，将 21 项工商登记前置审批事项改为后置审批。

深入推进注册资本登记制度改革，落实"先照后证"改革，动态调整前置审批目录；全面实施"三证合一""一照一码"登记制度，简化市场主体住所登记手续，开展企业简易注销登记试点，有序地推进电子营业执照和全程电子化等试点。

3. 深化科技体制改革

全国人大常委会通过修改后的《促进科技成果转化法》，对科技成果转化处置权下放和科研人员奖励、报酬比例提高等内容做了更加明确的规定。其具体内容包括：国家鼓励研究开发机构、高等院校采取转让、许可或者作价投资等方式，向企业或其他组织转移科技成果。国家设立的研究开发机构、高等院校对其持有的科技成果，可以自主决定转让、许可或者作价投资，但应通过协议定价，在技术交易市场挂牌交易、拍卖等方式确定价格并在本单位公示科技成果名称和拟交易价格。关于成果转化收益，国家设立的研究开发机构、高等院校转化科技成果所获得的收入全部留归本单位；科技成果完成单位可以规定或者与科技人员约定奖励和报酬的方式、数额和时限，若既没有规定也没有约定的，对科研人员奖励和报酬的最低标准由原法律规定的不低于职务科技成果转让或者许可收入，或者作价投资形成的股份、出资比例的 20%提高至 50%。

4. 健全人才培养机制

《国务院办公厅关于深化高等学校创新创业教育改革的实施意见》针对当前高等院校创新创业教育理念滞后、与实践脱节、实践平台短缺、指导帮扶不到位等问题，提出要加快推进素质教育，提高人才培养质量，创新人才培养机制，完善条件和政策保障，健全创新创业教育课程体系，改革教学方法和考核方式，强化创新创业实践，建立创新创业学分积累与转化制度，加强教师创新创业教育教学能力建设，提升学生创业指导服务水平，完善支持高校教学、学生创新创业资金和政策保障体系。

国务院印发实施《关于进一步做好新形势下就业创业工作的意见》，强调加强就业创业服务和职业培训，尤其要注重加快发展现代职业教育，大规模开展职业培训，加强创业培训力度，利用各种培训资源，开发针对不同创业群体、创业活动不同阶段的特点的创业培训项目。强化基地能力建设，创新培训模式，建立高水平、专兼职的创业培训师资队伍，提升培训质量，落实职业培训补贴政策，合理确定补贴标准。推进职业资格管理改革，形成劳动、技能等要素按照贡献参与分配的机制。

5. 为海外人才来华创业创造便利

吸引海外人才是集聚全球创新要素的重要内容。针对目前我国吸引外籍人才方面面临的办理签证难、审批周期长、要求多以及外籍人士在华创业审批难等问题和制约，有关部门加快制定实施更具竞争力的人才吸引制度；对持有外国人永久居留证的外籍高层次人才在创办科技型企业时，给予中国籍公民同等待遇；加快制定外国人在中国工作的管理条例，对符合条件的外国人才给予工作许可便利，对符合条件的外国人才及其随行家属给予签证和居留等便利；对满足一定条件的国外高层次科技创新人才取消来华工作许可的年龄限制。

二、国家扶持政策

金融是现代经济的血液，是创新创业的重要支撑。国家积极推动设立创业投资引导基金，持续增强财税优惠力度，构建多层次资本市场，提升银行服务水平，着力解决种子期、初创期小微企业融资难、融资贵等问题，助力中、小、微企业快速成长。

1. 设立国家创业投资引导基金

2015年8月6日，国务院正式批准国家发展和改革委员会、财政部筹备设立国家新兴产业创业投资引导基金，助力创新创业和产业升级。9月11日，国务院批准财政部、工业和信息化部筹备设立国家中小企业发展基金，主要用于引导和带动社会资金支持初创期中小企业，促进创业创新。

国家发展和改革委员会同有关部门加快设立国家新兴产业创业投资引导基金，2015年年底，国家新兴产业创投计划已出资103亿元，参股设立206只创投基金，覆盖全国28个省市，总规模达557亿元，共支持1 237家创业企业。国资委支持中央企业建立或投资各类基金179只，总投资为1 600多亿元，有效带动国家资本参与企业创新创业。

2. 加大财税优惠力度

财政部会同国家税务总局等部门，扩大减半征收企业所得税范围至全部小型微利企业，延长增值税免税优惠执行期限，完善研发费用加计扣除、固定资产加速折旧等企业所得税政策，将中关村国家自主创新示范区税收试点政策逐步推广到全国，扩大企业吸纳就业税收优惠适用人员范围。财政部支持创业担保贷款，对不同对象的贷款额度统一调整为10万元，对符合条件的个人和劳动密集型小企业创业担保贷款给予财政贴息，以中央财政贴息和奖补形式拨付创业担保贷款金额高达105.56亿元。

3. 构建多层次资本市场

《国务院关于大力推进大众创业、万众创新若干政策措施的意见》明确提出要优化资本市场，具体包括：支持符合条件的创业企业上市或发行票据融资，鼓励创业企业通过债券市场筹集资金；积极研究尚未盈利的互联网和高新技术企业到创业板发行上市制度，推动上海证券交易所建立战略新兴产业板；推进全国中小企业股份转让系统向创业板转板试点；研究解决特殊股权结构类创业企业在境内上市的制度性障碍，完善资本市场规则；规范发展服务于中小微企业的区域性股权市场，推动建立工商登记部门与区域性股权市场的股权登记对接机制，支持股权质押融资。

4. 加强银行业金融创新和服务

面对中小微企业、"三农"领域、知识技术密集的新兴产业领域以及大学生等特殊创业人群长期以来发展中存在的融资难、融资贵问题，中国人民银行、证监会等机构积极创新金融产品,加大支持力度,提升银行服务水平。中国人民银行、证监会支持设立科技金融专营机构,鼓励银行向创新创业企业提供结算、融资等一站式系统化金融服务,量身定制包括知识产权质押、股权质押等在内的多种金融产品;完善促进大学生创业的金融服务工作机制;加大对小微企业和"三农"领域的融资担保扶持力度,试点银保合作服务小微企业模式;积极组建农村商业银行,培育发展村镇银行,共组建农村商业银行966家,共组建村镇银行1 377家;大力发展农村普惠金融,全面提升农村金融服务质效,加大对农民工创业贷款支持和服务力度;推动投贷联动试点工作,鼓励和推动银行业金融机构的市场化合作。

三、优化创业服务

良好的创业服务是提高创业成功率的重要保障。政府部门高度重视为创业者提供全方位、专业化的创业服务,通过搭建"双创"支撑平台和"双创"公共服务平台,加强创业培训,初步构建了涵盖社会市场类、园区平台类和政务类服务的创业服务体系。

1. 搭建创业孵化平台

《国务院办公厅关于发展众创空间推进大众创新创业的指导意见》指出,通过对众创空间等新型孵化机构的房租、宽带接入费用和公共软件等给予适当的财政补贴等一系列支持措施,加快构建一批低成本、便利化、全要素、开放式的众创空间。充分利用国家自主创新示范区、国家高新技术产业开发区、科技企业孵化器、小企业创业基地、大学科技园和高校、科研院所的有利条件,发挥行业领军企业、创业投资机构、社会组织等社会力量的主力军作用,推广创客空间、创业咖啡、创新工场等新型孵化模式。

启动运行了"创客中国"国家创新创业公共服务平台,为各类企业提供众包、众创服务。大力促进互联网金融健康发展,明确了互联网金融监管职责分工和各主要业态的具体监管要求。通过政府和公益机构支持、企业帮扶援助、个人互助互扶,搭建多样的"双创"平台,不仅吸引小微企业,也吸引很多大企业加入创新创业行列,引入众创、众包、众扶、众筹等平台,从而触发生产方式、管理方式变革。

2. "双创"公共平台建设

加快推动跨部门、跨区域、跨行业涉及公共服务事项的信息互通共享、校验核对,建设信息互通与跨部门协同平台。建设商务公共服务云平台,为中小微企业提供商业基础技术应用服务。

大力推进中小企业公共服务平台网络建设,26余省实现互联互通。加快建设小微型企业创新创业基地,首批95家国家小微型创新创业示范基地名单公布。出台国家小微型企业创业示范基地建设管理办法,鼓励各地利用闲置房产和土地,以及现有工业园区等建立小微型企业创新创业基地,累计共认定511家国家中小企业公共服务示范平台。

3. 加强大学生创业教育与指导

在21个省(自治区、直辖市)和98所中央部属高校深入推进创新创业教育改革,通过聘请行业优秀人才充实高校创新创业指导教师队伍,加快建设全国万名优秀创新创业导师人才库，推动建立健全创业指导服务机构，切实做到"机构、人员、场地、经费"四到位。修订普通高等学校学生管理规定，支持学生休学创业。在1 420余所高校推动实施创业教育，相关培训导师约7 600名。

第六节　创业机会评价

尽管创业机会评价已经构建了许多定性、定量的评价体系和模型，但是机会的识别与把握却一半是科学，一半是艺术，这是因为创业机会具有多方面的特殊性。

一、创业机会评价的特殊性

1. 机会信息的不对称性

创业者在创业机会的解读上通常面临信息的不对称。好的创业机会本身需要创业者具有丰富的工作经验和社会阅历、广博的知识结构和广泛的社会关系网络，但创业者往往由于知识结构、工作经验、个人特质、资源禀赋等方面存在差异和局限性，从而影响对创业机会评价的准确性。

2. 创业环境的不确定性

随着经济全球化、信息化和科学技术的迅猛发展，今天的创业者面临一个更加复杂多变的、不确定的市场环境，而且往往机会创造价值的潜力越大、科技含量越高，环境不确定性就越大，信息也就越不完全，创业者越难作出全面、准确的评价。当然，环境的不确定性并非只是消极作用，它会提供开创新事业的诸多机会，创业正是对环境不确定性的回应，而且这种应对结果往往会进一步催生大量新的不确定性机会。

3. 创业者的有限理性

有限理性是指人的行为"虽然是有意识的理性行为，但这种理性是有限的"。现实生活中的创业者是介于完全理性与非理性之间的"有限理性"状态。

首先，有限理性与创业环境的复杂程度密切相关，人们面临的是一个复杂且不确定的世界，而且活动越多，不确定性就越大，信息也就越不完全。人们对环境的预测能力和认知能力是有限的，人不可能无所不知。

其次，创业者的个人特质尤其是性格特征、认知因素、职业兴趣存在很大差异，即便是面对同一机会，不同的创业者也会表现出不同的看法和评价。

此外，在很大程度上，由于受到情境变化的影响，人们总是使用"有限的智力资源"对"无限的行情"进行加工，理性在这里根本就未能发挥作用。此时，创业者的冒险精神、创造力起着关键性作用。

人在实际决策中作为"管理人"的知识、信息、经验和能力总是有限的，他不可能也不期望达到绝对的最优解决方案，而只以找到满意的解决方案为目标。决策者只能在考虑风险和收益等因素的情况下作出自己较为满意的决策。

4. 多种其他因素的影响

创业机会的识别与评价还受到创业者性别、创业团队、地域差异等多种因素的影响。

因此，对创业机会的识别与评价因人而异、因地而异、因环境而异。创业者在机会评价过程中，必须客观分析个人特质、职业兴趣和能力特长，考虑是否与相应的机会特征相匹配，依托自身优势，通过选择、整合、创造满足需求的方式，从而使得有价值的创意可能成为创业机会。

二、个人与创业机会的匹配

对于创业者而言，有些机会只能看见，却不能为己所用，即使创业机会的价值潜力再大，如果缺乏相应的必备条件，盲目行动也会导致创业失败。要想判断创业机会是否适合自己，至少需要从个人经验、社会网络和经济状况三方面来评价。

1. 个人经验

在个人经验层面，要考虑以前的工作和生活经验是否能够支撑后续挖掘创业机会所必需的知识和技能。此时，经验的广度和深度至关重要。

2. 社会网络

在社会网络方面，要考虑自己身边认识、熟悉的人能否提供后续开发所必需的资源和其他因素。社会关系越广，个体越容易发现创业机会，也更容易把握创业机会，顺利开展创业活动。因为在创业过程中，社会关系网络不仅为创业者提供了信息、知识和资源，还为创业者提供了必要的情感和心理支持，这也是支撑创业者走向成功的关键因素。

3. 经济状况

在经济状况层面，要重点考虑能否承受从事创业活动带来的机会成本。研究表明，在创业之初，大部分创业者并没有足够的资金用于创业，但都有报酬丰厚的工作。也就是说，需要考虑创业机会的价值潜力能否长期弥补因放弃工作而产生的损失。

上述三个因素是准备创业的人们评价创业机会时需要考虑的因素。由于创业活动风险颇高，没有一个创业机会是完美的，也没有任何创业活动是在完全契合自身条件下开展的。因此，在评价创业机会之后是否决定投入创业，仍然是一件比较主观的决策。

创业活动是创业者与创业机会的结合。一方面，创业者识别并发现创业机会；另一方面，创业机会也在筛选创业者，只有创业者和创业机会之间存在着恰当的匹配关系时，创业活动才最有可能发生，也更有可能取得成功。

三、创业机会评价的策略

1. 评价创业机会的五个基本标准

(1) 对产品有明确界定的市场需求，退出的时机也是恰当的。

(2) 投资的项目必须能够维持持久的竞争优势。

(3) 投资必须具有一定程度的高回报，从而允许一些投资中存在失误。

(4) 创业者和创业机会之间必须相互合适。

(5) 创业机会中不存在致命的缺陷。

2. 创业机会评价流程

创业机会的评价可以按照以下步骤来进行。

(1) 判断新产品或服务将如何为购买者创造价值，判断新产品或服务使用的潜在障碍，以及如何克服这些障碍。根据对产品和市场认可度的分析，得出新产品的潜在需求、早期使用者的行为特征、产品达到创造收益的预期时间。

(2) 分析产品在目标市场投放的技术风险、财务风险和竞争风险，并进行详细的机会窗口分析。

(3) 在产品的制造过程中是否能够保证足够的生产批量和可以接受的产品质量。

(4) 估算新产品项目的初始投资额度，以及使用何种融资渠道。

(5) 在更大的范围内考虑风险以及如何控制和管理风险。

3. 创业机会评价的方法

1) 定性评价方法

对创业机会的评价，本质上是预测创业过程中将遇到的问题，因此是一种前瞻性的评价。而事情的发展往往是出人意料的，创业过程中将会遇到许多无法精确预测的问题，这就给创业机会的评价增加了很大难度。因此，定性的评价方法在机会评价方面是一种主要的方法。在这方面有许多学者已陆续展开研究，下面分别评述几种主要观点。

哈佛商学院的创业课程先锋人物霍华德·史蒂文森等专家认为，对创业机会进行充分评价时，需要考虑以下几个重要问题：一是，机会有大有小，存在时间跨度和随时间成长的速度问题；二是，潜在的利润是否足够弥补资本、时间和机会成本的投资，从而带来满意的收益；三是，机会是否开辟了额外的扩张、多样化或综合的商业机会选择；四是，在可能的障碍面前，收益是否会持久；五是，产品或服务是否满足了目标市场的真实需求。

我国知名学者雷家骕提出了具有五个特征的创业机会评价方法：①市场的原始规模。市场规模越大越好，但大市场可能会吸引强有力的竞争对手，因此小市场可能会更友善。②机会存在时间跨度。一切机会都会存在于一段有限的时间之内，这段时间的长短差别很大，由商业性质决定。③预期特定机会的市场规模随时间的增长速度。一个机会所对应的市场规模将会随时间演变，其风险和利润亦随之变化，某些时期的机会可能比其他时间更有商业潜力。④好机会的五个特点是指前景市场可以明确界定、前景市场中前一年销售额稳定且快速增长、创业者能够获得利用机会所需的关键资源、创业者未被锁定在刚性的技术路线上、创业者可以用不同的方式创造额外的机会和利润。⑤特定机会对特定创业者的可行性。创业者是否拥有某个创业机会所需的资源，是否能填补资源缺口；面对潜在竞争，是否可以与之抗衡；是否存在可以占有的前景市场份额，甚至能否自主开拓市场。

2) 定量评价方法

定量评价方法包括标准打分矩阵法、温斯丁豪斯法、蒂蒙斯创业机会评价模型法、博泰申米特法、贝蒂的选择因素法等。下面主要介绍前三种方法。

(1) 标准打分矩阵法。首先选取最主要的创业成功影响因素，然后组建专家小组，由他们对每一个主要因素进行打分，评分标准分为极好(3 分)、好(2 分)、一般(1 分)三个等级，最后计算每个因素在不同创业机会下的加权平均分数，通过对比数据来区分不同创业机会的优劣。表 5-4 列举了其中 10 项主要影响因素，在实际应用中，可以根据具体情况选择相应的影响因素进行评价。

表 5-4　标准打分矩阵

标　准	专家评分			
	极好(3)	好(2)	一般(1)	加权平均分
易操作性	8	2	0	2.8
质量和易维护性	6	2	2	2.4
市场接受程度	7	2	1	2.6
增加资本能力	5	1	4	2.1
投资回报	6	3	1	2.5
专利权情况	9	1	0	2.9
市场大小	8	1	1	2.7
制造的简单性	7	2	1	2.6
广告潜力	6	2	2	2.4
成长潜力	9	1	0	2.9

(2) 温斯丁豪斯法。温斯丁豪斯法实际上是计算和比较各个机会的优先级。其计算公式如下：

机会优先级=技术成功率×商业成功率×(价格-成本)×投资生命周期收入÷总成本

在该公式中，技术成功率和商业成功率是以百分比表示；成本是以单位商品成本计算；投资生命周期收入是指可以预期的所有收入；总成本是指研究、设计、制造和营销等环节的成本之和。对于不同的创业机会，应将具体数值代入计算，机会优先级越高，该机会越有可能获得成功。

(3) 蒂蒙斯创业机会评价模型法。蒂蒙斯的创业机会评价框架涉及行业和市场、经济因素、收获条件、竞争优势、管理团队、致命缺陷问题、个人标准、理想与现实的战略差异八方面的 53 项指标，如表 5-5 所示。

表 5-5　蒂蒙斯的创业机会评价表

评价要素	评价内容
行业和市场	1.市场容易识别，可以带来持续收入
	2.顾客可以接受产品或服务，愿意为此付费
	3.产品的附加价值高
	4.产品对市场的影响力大
	5.将要开发的产品生命周期程度
	6.项目所在的行业是新兴行业，产品竞争程度
	7.市场规模大，销售潜力达到 1 000 万到 10 亿元
	8.市场成长率为 30%～50%，甚至更高
	9.现有厂商的生产能力几乎完全饱和
	10.在 5 年内能占据市场的领导地位，达到 20%以上
	11.拥有低成本的供货商，具有成本优势

续表

评价要素	评价内容
经济因素	1.达到盈亏平衡点所需要的时间为2年以下
	2.盈亏平衡点不会逐渐提高
	3.投资回报率在25%以上
	4.项目对资金的要求不是很大,能够获得融资
	5.销售额的年增长率高于15%
	6.有良好的现金流量,能占到销售额的20%以上
	7.能获得持久的毛利,毛利率要达到40%以上
	8.能获得持久的税后利润,税后利润率要超过10%
	9.资产集中程度低
	10.运营资金不多,需求量是逐渐增加的
	11.研究开发工作对资金的要求不高
收获条件	1.项目带来的附加价值
	2.存在现有的或可预料的退出方式
	3.资本市场环境有利,可以实现资本的流动
竞争优势	1.固定成本和可变成本低
	2.对成本、价格和销售的控制较高
	3.已经获得或可以获得对专利所有权的保护
	4.竞争对手尚未觉醒,竞争较弱
	5.拥有专利或具有某种独占性
	6.拥有发展良好的网络关系,容易获得订单
	7.拥有杰出的关键人员和管理团队
管理团队	1.创业者团队是一个优秀管理者的组合
	2.行业和技术经验达到了本行业内的最高水平
	3.管理团队的正直廉洁程度能达到最高水准
	4.管理团队知道自己缺乏哪方面的知识
致命缺陷问题	不存在任何致命缺陷问题
个人标准	1.个人目标与创业活动相符合
	2.创业者可以做到在有限的风险下获得成功
	3.创业者能接受薪水减少等损失
	4.创业者渴望进行创业这种生活方式,而不只是为了赚大钱
	5.创业者可以承受适当风险
	6.创业者在巨大压力下状态依然良好
理想与现实的战略差异	1.理想与现实情况相吻合
	2.管理团队已经是最好的
	3.在客户服务管理方面有很好的服务理念
	4.所创办的企业顺应时代潮流
	5.所采取的技术具有突破性,不存在许多替代品或竞争对手

续表

评价要素	评价内容
理想与现实的战略差异	6.具备灵活的适应能力,能快速地进行取舍
	7.始终在寻找新的机会
	8.定价与市场领先者几乎持平
	9.能够获得销售渠道或已经拥有现成的网络
	10.能够允许失败

第七节　创业项目选择

项目选择是创业成功的关键步骤之一,需要花费较多的时间进行调研、论证和决策。日本软银公司创始人孙正义大学毕业后从美国回到日本,筛选出 50 个创业目标,用一年时间逐个进行考察,写出了几尺厚的资料,最后选择了软件行业。既然项目选择关乎人生走向,就不能草率行事,必须经过充分的论证。在论证过程中,要舍得花时间、花精力,要能够静下心来认真调查研究,以事实为根据。

一、创业项目选择的过程

创业项目的确定一般需要经过的步骤包括创业环境分析、创业市场调研、经营环境调查、市场需求调查、客户调研、竞争对手调查和商业模式调研。以下详细叙述各步骤的具体操作方法和实施思路。

1. 创业环境分析

创业环境是指创业者周围的境况,指围绕着创业企业生存和发展变化,并对其产生影响或制约创业企业发展的一系列外部因素及其组成的有机整体。

1) 创业环境的主要内容

(1) 政府政策。政府政策涵盖对创业活动和企业成长、就业、环境和安全、企业组织形式、税收等方面的规定,以及政策的执行、落实情况和实际效率情况等。创业者若能遵从国家战略、政策的导向,并按这个方向发展,可能会在设立、场地、投融资、财税等方面获得便利与支持。俗话说大树底下好乘凉,国家的战略规划、产业政策、财政货币政策就如同大树,如 10 年前的房地产,以及现在的互联网、新能源汽车,在其荫护下健康发展。反之,则容易受到约束,发展受限,面临淘汰风险,如银行对落后产能的限制性信贷政策。中国经济已进入"新常态",加快改革发展的转型升级战略路径主要是"一带一路""互联网+"等。

(2) 经济环境。经济环境主要分析国家的能源和资源状况、交通运输条件、经济增长速度及趋势、产业结构、国内生产总值、通货膨胀率、失业率,以及农、轻、重比例关系等方面;同时也要分析某地区的国民收入总值、消费水平、消费结构、物价水平、物价指数等。我国整体环境正在朝着有序、规范的方向发展。诚信意识在增强,硬件环境在改善,服务意识在提高。消费者的理性消费意识和消费观念有了明显变化。

(3) 社会环境。社会环境主要包括社会文化、社会习俗、社会道德观念、公众的价值观念、职工的工作态度以及人口统计特征等。我国目前的文化和社会规范鼓励创业和创业者，鼓励人们通过个人努力取得成功，也鼓励创造和创新的精神，更鼓励通过诚实劳动致富，让创业者勇敢地承担和面对创业中的各种风险。

(4) 科技环境。创业者需及时了解创业地区的新技术、新材料、新产品、新能源的状况，以及国内外科技整体发展水平和发展趋势，本企业所涉及技术领域的发展情况，专业渗透范围、产品技术质量检验指标和技术标准等。

2) 创业环境的分析方法

(1) PEST 分析法。PEST 是一种企业所处宏观环境分析模型。所谓 PEST，即 politics(政治)、economy(经济)、society(社会)、technology(技术)。这些是企业的外部环境，一般不受企业掌控，这些因素也被戏称为"PEST"(有害物)。PEST 要求企业高级管理层具备相关的能力及素养。

(2) SWOT 分析法。SWOT 分析法是用来确定企业自身的竞争优势、竞争劣势、机会和威胁，从而将公司的战略与公司内部资源、外部环境有机结合起来的一种科学的分析方法。SWOT 分析法是一个客观性的分析方法，对于创业者分析创业项目十分有帮助。

其中 S 代表 strength(优势)，W 代表 weakness(劣势)，O 代表 opportunity(机会)，T 代表 threats(威胁)。S 和 W 表示项目主体的内部环境，O 和 T 表示项目面临的外部环境。利用这种方法可以找出对个体(企业)有利的、值得发扬的因素，以及对个体(企业)不利的、要避开的东西，从而发现存在的问题，找出解决办法，并明确以后的发展方向。

2. 创业市场调查

南开大学张玉利教授认为，在市场调研之前，创业者还需对创业机会进行"假设加简单计算"，即凭借敏锐的直觉进行预判。之后，若想进一步创业，则必须依靠市场调研来评价创业新机会的前景。例如，在"脑白金"产品投放市场之前，史玉柱已经察觉到保健品市场的强烈需求，但不清楚最佳切入方式。这时候他采取了周密和全面的市场调研，通过亲自与老年群体聊天，发现市场诉求点，找到了儿女"送爸妈"礼品的最佳定位，验证了这个机会的巨大潜力。

3. 经营环境调查

1) 政策、法律环境调查

调查所经营的业务、开展的服务项目的有关政策法律信息，了解国家是鼓励还是限制所开展的业务，有什么管理措施和手段。创业者只有熟悉政策，利用好政策中对自己有利的因素，规避不利因素，才能少走弯路，从而更快地让企业启动起来，事半功倍地打好创业这场战役。

2) 行业环境调查

创业者对自己即将从事的行业，需要有一个全面、充分、系统、细致的考察与评估。比如，即将进入的行业是属于成长型行业，还是属于已经成熟的行业，甚至达到饱和状态的行业？主要的合作商和客户是谁？未来的发展趋势如何？

只有对此类问题有了深入的思考，才会知道如何更好地进入特定的市场。

3) 宏观经济状况调查

宏观经济状况是否景气，直接影响老百姓的购买力。如果企业效益普遍不好、经济不景气，生意就难做，反之生意就好做，这就叫"大气候影响小气候"。因此，掌握大气候的信息，是做好小生意的重要前提。经济景气宜采取积极进取的经营方针，经济不景气也有挣钱的行业，也孕育着潜在的市场机遇，关键在于如何把握和判断。

4. 市场需求调查

在市场总人口数中确定某一细分市场的目标市场总人数，此总人数是潜在顾客人数的最大极限，可用来计算未来或潜在的需求量。对目标消费人群的调研分析着重需要了解：哪类人群可能是长期客户，他们更看重同类产品的什么功能和服务，他们期望得到什么样的服务。

同时要对同类产品进行调研，主要了解以下问题：这些同类产品的外观、色彩等都有什么特点？其产品具有什么样的特点和优势，是质量取胜，还是功能取胜？同行业中失败的产品存在什么样的问题？这些问题的答案都是创建未来产品特色和优势的有效依据。

5. 客户调研

进行客户调研就是了解客户需求的过程，了解即将开发的产品或服务能否满足客户和市场的需求。客户调查包括对客户的消费心理、消费行为等特征进行调查分析，研究社会、经济、文化等因素对购买决策的影响，同时还要了解潜在顾客的需求情况，影响需求的各因素变化的情况，以及消费者的品牌偏好等。

6. 竞争对手调查

在创业前，如果已有人做了相同或类似的业务，这些就是当前的竞争对手。如果业务是全新的、有独到之处的，刚开始经营的时候没有现实的对手，一旦生意兴旺，马上就会有许多人模仿，竞相加入竞争行列，这些就是潜在的竞争对手。知己知彼，方能百战不殆。了解竞争对手的情况，包括竞争对手的数量与规模、分布与构成、优缺点及营销策略，才能在激烈的市场竞争中占据有利位置，有的放矢地采取一些竞争策略。

7. 商业模式调研

商业模式，就是企业通过怎样的模式和渠道来盈利。商业模式是企业生存的根本，因此在企业创立之前，需要调研成功企业的盈利模式是怎样的，失败企业的盈利模式又是怎样的。这样在确定盈利模式时才能够有所借鉴、扬长避短。

按调查范围不同，市场调查可分为市场普查法、抽样调查法和典型调查法。按调查方式不同，市场调查可分为访问法、问卷法、观察法。按照信息来源渠道的不同，市场调查可分为直接调查法和间接调查法。

二、扩展创业机会

在信息化技术深度应用与新一轮科技革命孕育兴起的趋势下，加快出台一系列战略和规划，促进"互联网+"、战略性新兴产业和服务相结合，为创新创业拓展更大的应用空间。

1. 抓住"互联网+"背景下的创业机会

生于互联网时代的创业者，与互联网一起成长、更迭，在学生时期就已经将互联网融入生活的方方面面，是实实在在的互联网"原住民"。吃喝在美团、穿衣在淘宝、出行在携程、社交在朋友圈、不懂找百度，不论是生活方式还是思维方式都带有原始、天然的网络印记。因此，互联网时代不仅带来了商业机会，也带来了独有的优势，这种优势是创业前辈们所不具备的，或者说是创业前辈需要学习才能掌握的。创业思维要根据时代的变化而变化，要具有互联网思维。互联网不再仅仅是一个新增的渠道、新增的工具，而是生活的底层建筑。利用这种先天优势，更容易发现别人忽略的商业机会。那什么是互联网思维？互联网思维具有哪些特性？应该如何利用这些特性去塑造互联网思维呢？

互联网思维，就是在"互联网+"、大数据、云计算等科技不断发展的背景下，对市场、用户、产品、企业价值链乃至整个商业生态进行重新审视的思考方式。相对于工业化思维而言，互联网思维是一种商业民主化思维、用户至上思维。这种思维下的产品和服务是一个有机的生命体，自带媒体属性，其企业组织也一定是扁平化的。"互联网+"就是"互联网+各个行业"，但这并不是简单地相加，而是利用信息通信技术以及互联网平台，让互联网与各个行业进行深度融合，从而创造新的发展生态。"互联网+"是互联网思维的进一步实践成果。创业者不仅是作为看客，而是要分析这种新的商业现象和商业逻辑，思考如何为己所用。

2. 促进战略性新兴产业和服务相结合

战略性新兴产业和服务是当前经济社会发展的重要引擎，它们代表着未来产业发展的方向和趋势。这些产业通常具有高技术含量、高投入、高风险、高回报的特点，是推动经济转型升级和可持续发展的关键力量。在战略性新兴产业中，信息技术、生物技术、新能源技术、新材料技术等领域的发展尤为迅速。这些领域的创新和应用不仅推动了相关产业的升级和转型，还带动了整个经济社会的进步和发展。同时，服务业也在不断发展壮大，成为现代经济的重要组成部分。服务业涵盖了金融、保险、教育、医疗、文化等多个领域，为人们提供了更加便捷、高效的服务。随着科技的进步和消费者需求的升级，服务业也在不断创新和变革，如金融科技、在线教育、远程医疗等新兴服务模式的出现，为服务业注入了新的活力。

战略性新兴产业和服务的发展也面临着一些挑战。首先，技术创新需要大量的资金和人才投入，而这对于许多企业和国家来说都是一大难题。其次，市场竞争非常激烈，企业需要不断推出新产品和服务来满足消费者的需求。此外，政策环境和法律法规也需要不断完善，以支持新兴产业和服务的发展。

在这样的大背景下，创业者要根据时代的背景，把握创业机会，抓住好的商业机会，争取创业成功。

【拓展阅读5-4】

八大消费新趋势，暗藏创业商机

1. 网络消费

对新一代的消费者而言，鼠标已然成为他们的"代步工具"，小到日常生活用品，大到上万元的奢侈产品。近几年，网购用户飞速发展，随之而来的是网络消费大幅增长。

2. 节俭消费

做一个"精打细算"的人，在这个时代，更是件值得骄傲的事。节俭消费不是不花钱，而是将钱花到刀刃上。在这个年代，"一个钱打二十四个结"是一件骄傲的事。"节俭一族"阵势正在日益壮大。

3. 奢侈品平民化

奢侈品不再是富豪的专属物，背 LV 包挤地铁也不再是什么大新闻了。我们可以看到人们对奢侈品的偏好日渐提高，接受奢侈品的时代似乎近在咫尺。

4. 小众化

小众化是指大众化与个性化之间的过渡期。其表现为：拥有个性，不随大流，但又希望找到同道中人，获得归属感。这是一个逐渐个性化的国家的必经之路，而中国正走在这条路上。

5. 从众消费

中国人有个普遍的观念：每个人都在做，那一定是对的。从众消费越来越多。

6. 租借消费

如今正值经济快速发展、更新换代快、物价飞涨的年代，租借消费是顺应这个时代而衍生的一种消费模式。

7. 低碳消费

低碳消费已经成为环保生活方式的代名词。不仅是减少二氧化碳排放，更是强调节约能源、保护环境。

8. 虚拟消费

随着信息时代的到来，种种迹象表明吸引消费者的并不一定是实体的物质，云计算的出现使虚拟消费终于得到了国人的信任并发展起来。

(资料来源：创业网)

三、创业项目与个人匹配

创业项目或许有很多，如何进行筛选，则需要"知彼知己"，结合创业者的兴趣爱好、专业特长、资源优势等各方面考虑，进行综合筛选。俗话说"隔行如隔山"，适合自己的才是最好的，发挥己之所长，把握天时、地利、人和，是取得成功的关键。

1. 自身或团队优劣势分析

1) 兴趣爱好

将自身的兴趣爱好与从事的事业结合起来，那是一件美妙的事情。因为你在从事事业的过程中将源源不断地获得愉悦感、成就感。

2) 专业特长

专业和特长是大学生创业项目选择的主要影响因素之一。大学生创业选择与自己专业相关的项目，可以充分发挥自己的专业优势，提高创业的成功率。特别是理工科学生，若在学习研究过程中取得技术专利，走"产学研"相结合的道路，将是一个很好的选择。

3）人脉资源

人脉资源是创业成功的基本条件之一。在个人创业过程中人脉资源是第一资源，各种良好的人际关系，有助于创业者更方便地找到投资、技术与产品、渠道等。大学生的人脉资源相对还较窄，若创业项目的方向与亲戚朋友、父母祖辈所从事的行业有一定的契合度，那相对来说是一个较好的选择。

4）投资基础

俗话说"有多少钱，办多大事"，创业离不开初始资金的支持，如加盟肯德基虽然比较赚钱，但投资金额过高。同时，创业也是有风险的，一旦失败，需要承担相应的损失。对于初次创业的大学生来说，眼高手低绝对是一大忌讳。由于缺少资源、缺少资金，应该从小生意做起，逐步积累资金与经验。

2. 资源和项目的自我匹配

综合考虑个人或团队的兴趣爱好、专业特长、人脉资源、投资能力，优先筛选与自身特点、资源相匹配的创业项目。

第八节 创业风险及防范

在创业过程中，创业者要投入大量的人力、物力和财力，要引入和采用各种新的生产要素与市场资源，要对现有的组织结构、管理体制、业务流程、工作方法进行新建或变革。这一过程中必然会遇到各种意想不到的情况和困难，有可能使结果偏离创业的预期目标，从而使创业者和企业遭遇风险。创业能否成功，关键在于能否在风险中取胜。因此，对于创业者而言，选择创业就意味着选择了承担风险，如何正确识别和防范创业风险是创业者和企业持续关注的问题。

一、创业风险的概念及特征

创业存在高风险，在创业过程和所创办的企业经营过程中都面临着随时被市场淘汰的风险。作为创业者，对所创企业的整个生命周期都要时时关注，处处关心。因此，增强风险意识，区分与识别风险并采取相应的风险预防措施是每一个创业者所必须面对的课题。对创业的认识误区，会导致创业者付出的努力与得到的回报产生严重的分歧，这就需要创业者从思想上有一个理性认识，从而提高创业成功的可能性。当创业者决定退出时，要对企业进行充分的评估，选择恰当的时机，一方面可以减少损失，另一方面也可以使投资利益最大化。

1. 创业风险的概念

广义的风险，指的是由于客体的复杂性、主体能力与实力的有限性、环境的不确定性而导致某一事项或活动出现偏离预期的现象或存在偏离预期的可能性。简单地说，风险就是发生不幸事件的概率。如果从形式上将其进行划分，可以分为三类：①必然风险，即无论如何都不能避免其发生的风险；②潜在风险，它是否发生取决于诱发因素，既有可能发生，也有可能不发生；③想象风险，即人们认为有可能发生，但其实并不会发生的风险。

这里着重讲解创业风险。所谓创业风险，是指由于创业机会与创业企业的复杂性、创业者与创业团队能力与实力的有限性、创业环境的不确定性而导致创业活动偏离预期目标的可能性。创业风险可能会给创业者的财产或潜在利润带来损失。当然，这里所说的财产不仅是指库存、设备等硬件设施，也指公司人力资源、技术条件、信誉等软件。

2. 创业风险的共同特征

虽然不同的创业项目存在的风险不尽相同，但创业风险有一些共同的特征，了解这些特征有助于创业者更好地预测创业过程中存在的风险。

1) 客观性

创业风险存在于创业活动的整个过程中，不以人的意志为转移，也没有办法完全消除，贯穿创业活动的始终。

2) 损害性

创业风险与创业者的切身利益密切相关，风险一旦发生必然会给创业者的利益带来一定的损害。

3) 不确定性

创业风险与时间、空间、损失程度密切相关，但是时间、空间、损失程度又是不确定的，它们是不断变化的，这就造成了创业风险的不确定性。

4) 可预测性

对于单个的创业者或者个别的创业企业来讲，创业风险是随机的。但从风险的总体而言，在一定时期内某种风险发生的概率和损失率，是能够用概率论原理预测出来的。因此，通过对客观环境的观察，是能够对创业风险进行正确预测的。

5) 可控性

风险是由一定的客观条件造成的，当客观条件发生变化时，风险及其带来的损失也会发生变化。因此，控制引发风险的客观条件，在一定程度上可以控制风险的发生，或将风险带来的损失降到最低。

二、创业风险的主要来源

任何创业项目都存在风险，若想获得最大的利益，就要学会规避风险。要想规避风险，就要知道风险的源头在哪里，从源头上规避风险。创业风险的根本来源是创业环境的不确定性、创业机会与创业企业的复杂性、创业者及创业团队与创业投资者的能力与实力的差异性。其具体表现为在将某一构想或技术转化为具体的产品或服务的过程中出现的几个基本的、相互联系的缺口。

1. 融资缺口

创业者可以证明其构想的可行性，但往往没有足够的资金使其实现商品化，从而给创业带来一定的风险。通常，只有极少数基金愿意鼓励创业者跨越这个缺口，如富有的个人或机构、专门进行早期项目的风险投资以及政府资助计划等。

2. 研发缺口

研发缺口是指创业者仅凭个人兴趣所做的研究判断和基于市场潜力的商业判断。当一个创业者最初证明一个特定的科学突破或技术突破可能成为商业产品时,他仅仅只是停留在自己满意的论证程度上。然而,这种程度的论证后来不可行了。

要想将预想的产品真正转化为商业化产品(大量生产的产品,要具备有效的性能、低廉的成本和高质量,并且能从市场竞争中生存下来),需要大量复杂而且可能耗资巨大的研究工作(有时需要几年时间)。

3. 信息和信任缺口

信息和信任缺口存在于技术专家和管理者(投资者)之间。也就是说,在创业中存在两种不同类型的人,一是技术专家,二是管理者(投资者)。这两种人接受不同的教育,对创业有不同的预期,信息来源和表达方式也不同。技术专家知道哪些内容在科学上是有问题的,哪些内容在技术层面上是可行的,哪些内容根本就是无法实现的。在失败类案例中,技术专家要承担的风险一般表现在学术上、声誉上受到影响,以及没有金钱上的回报。管理者(投资者)通常比较了解将新产品引进市场的程序,但当涉及具体项目的技术部分时,他们不得不相信技术专家,可以说管理者(投资者)是在拿别人的钱冒险。如果技术专家和管理者(投资者)不能充分信任对方,或者不能进行有效的交流,那么这一缺口将会变得更深,可能会带来更大的风险。

4. 资源缺口

资源与创业者之间的关系就如颜料、画笔与艺术家之间的关系,没有了颜料和画笔,艺术家即使有了构思也无从实现。创业也是如此。没有所需的资源,创业者将一筹莫展,创业也就无从谈起,在大多数情况下,创业者不一定也不可能拥有所需的全部资源,这就形成了资源缺口,如果创业者没有能力弥补相应的资源缺口,要么创业无法起步,要么在创业过程中受制于人。

5. 管理缺口

并非所有的创业者都是出色的企业家,也并非所有的创业者都具备出色的管理才能,若创业者在这两方面能力有所欠缺,那么创业企业在管理层面就存在巨大的缺口。创业活动主要有两种:一种是创业者为技术型人才,利用某一高新技术进行创业,但不一定具有管理才能;另一种是创业者的思维较活跃,在经商过程中常有新颖想法,能够不断挖掘出商机,但却不擅长企业战略规划和经营管理。这两种情况下的创业都会使企业出现管理缺口。

三、创业风险的分类

在创业准备阶段,创业者需要对未来可能遇到的风险有一个理性的把握。掌握风险的分类,有助于创业者在创业的不同发展阶段,结合对风险的评估,努力防范和降低风险。风险的分类方法有多种,根据性质可以将其划分为系统风险和非系统风险两大类。

1. 系统风险

系统风险主要是创业环境中的风险,即创业者和新创企业本身控制不了的风险,例如环境风险、市场风险等。对于这类风险,创业者只能在创业过程中想方设法规避。

1) 环境风险

影响创业的因素很多,包括市场需求变化,政治、政策、法律法规的调整,以及突发的自然灾害等。这些因素共同构成了创业的大环境,其中任一因素的改变,都可能给创业者带来致命的打击。例如,由于国际关系变化或有关政策改变而可能导致创业者或企业蒙受损失,宏观经济环境发生大幅度波动或调整而使创业者或创业投资者面临失败等。因此,创业者在创业准备阶段,一定要理性预测和评估未来可能发生的环境风险,并提前作出相应对策及预案。

2) 市场风险

它是指由于市场的不确定性带来的创业失败的可能性。在现实市场中,创业者很难预测消费者是否会接受新推出的产品或服务,也很难确定该产品或服务的市场成长速度和竞争力,因为创业市场大多是潜在的、待开发的行业。市场的价格变化、市场战略失误、市场供需的变化等都会给创业者带来一定的风险。这就需要创业者在创业过程中做好充分的市场调查。

2. 非系统风险

非系统风险是指创业者自身行为的不确定性带来的风险,即创业者和新创企业在一定程度上可以控制的风险,例如团队风险、技术风险、经营管理风险、财务风险等。

1) 团队风险

它主要是指在创业过程中,由于某些原因导致创业团队解散,从而使创业活动难以持续。在创新企业中,团队无疑是最重要的核心资源。所有团队成员需要各司其职、齐心协力,共同承担所有的风险,确保创业顺利进行。但是在创业过程中,由于初创企业的不完善,在管理和制度方面或多或少存在一定的问题,如果团队成员没有共同的价值目标和追求,则很难始终如一地为企业付出。创业过程是充满了风险和冒险的,很多人往往因为结果的不确定性而犹豫不决或望而却步,进而产生畏惧心理,这时候团队就更需要靠凝聚力来支撑企业的正常运营。

2) 技术风险

此类风险往往存在于高科技创业企业中,是指由于产品研究开发、技术整合、批量化生产中技术控制的探索性所导致的不确定性而引起的风险。技术创新与产品生产之间存在着天然的鸿沟,不是所有的技术创新都可以在实践中转化为产品。一旦新技术在产品生产过程中出现障碍,那么掌握新技术的创业者极有可能面临失败的结局。

同时,高科技产品更新换代的速度快、成果转化的周期短、市场反馈快、同行业内竞争激烈、产品设计和工艺更新迅速,这样的结果往往是一个创业团队耗费大量的精力和时间辛苦研发出的某项产品、技术或服务,投放到市场的时候却发现产品的竞争力优势并不明显,甚至很快被替代。尤其是在知识经济时代,伴随着某个创业者推出某项创新产品,就极有可能发生其他同行或大企业也推出的"模仿创新现象",甚至这种模仿创新要超越之前创业者最先推出的产品,从而挤占市场空间。例如,智能手机取代传统手机的潮流让诺基亚曾经缔造的"手机王国"轰然倒塌。

3) 经营管理风险

它是指新创企业的经营机制和管理方法不能适应企业发展而导致失败的可能性。随着实践的延续，新创企业的经营管理风险会逐渐显现，在企业运作的过程中，管理不善、决策失误、权利分配不合理、团队激励失效、缺少规划等都会影响企业持续经营的水平。如果在风险降临时没有准备好应对措施，或者企业没有进行科学合理的战略规划，又或者管理制度、经营策略等存在漏洞或缺陷，都会给企业带来致命的打击。

4) 财务风险

创业财务风险是指因资金不能适时供应而导致创业失败的可能性。创业尤其是依托高新技术产品进行的创业，一方面，所需的创业资金规模较大、融资渠道较少，如果创业者不能及时解决，非常容易造成创业失败；另一方面，创业需要持续创业活动的进一步实施，往往需要进一步的投资，若缺乏这种持续投资能力，资金不能按时按需到位，就可能导致创业失败。因此，创业者应随时关注创业期间的筹资风险和现金流风险。财务风险的特征是高风险和高收益并存，因此需要增强创业者和企业管理人员的风险意识，建立健全财务风险防范机制，为正确决策提供参考。

四、创业风险的识别

既然创业风险是创业过程中不可避免的现象，那么直面风险并进行化解，是创业过程中的重要任务。

风险识别是应对一切风险的基础，只有识别了风险才可能有化解的机会。同时，风险也是一种机会，应该提高它的积极作用。

创业风险的识别是创业者依据企业活动，对创业企业面临的现实以及潜在风险运用各种方法加以判断、归类并鉴定风险性质的过程。创业者必须掌握风险识别的能力，并不断地提高这种能力。

1. 树立风险识别的基本理念

作为创业者，应该树立正确识别企业风险的基本理念，主要应具备以下理念。

1) 有备无患的意识

创业风险的出现是正常的，带来一些损失也是正常的，既不能怨天尤人，也不能掉以轻心。关键的问题是要密切监控风险，减少损失，化解不利，甚至将风险转化为盈利的机会。

2) 识别风险的能力

发现和识别风险是为了防范和控制风险。如果创业者在企业发生损失之前就能够识别风险发生的可能性，那么这个风险是可能被管理的。因此，风险识别是进行风险管理的基础。

3) 未雨绸缪的观念

创业风险需要创业者通过创业活动的迹象及信息进行归类，认知风险产生的原因和条件。不仅要识别风险的性质及可能产生的后果，更重要的(也是最困难的)是识别创业过程中各种潜在的风险，为采取有效措施提供依据。

4) 持之以恒的思想

由于创业风险伴随着整个创业过程，并且创业风险具有可变性和相关性，所以创业者必须要有打"持久战"的准备。创业风险的识别工作应该是连续地、系统地进行，并成为企业一项持续性、制度化的工作。

5) 实事求是的精神

虽然风险识别是一个主观过程，但是必须遵循客观规律。风险识别是一项复杂而细致的工作，要按特定的程序、步骤进行，选用适当的方法逐层地分析各种现象，并对企业风险作出实事求是的评估。

2. 掌握风险识别的基本途径

要识别创业风险，重点从风险的来源入手，即从自然因素和人为因素两个方面考虑。

1) 自然因素

例如，地震多发区、台风多发区和炎热地区。这与企业的选址、项目有着密切关系。对许多行业来说，必须注意影响原材料供应的矿产、能源、农产品以及交通等问题。

2) 人为因素

人为因素主要应了解一个国家或地区的政治经济制度、法律政策、民情民俗以及企业周边的营运环境等。

五、创业风险的防范

创业过程中存在诸多风险，但是风险并不意味着失败。如果采取措施得当、及时有效，就有可能规避风险，还有可能获得收益。正所谓风险越大，机会也就越多。

1. 系统性风险的防范

系统性风险是创业者本身无法控制的、难以消除的风险，创业者只能在创业过程中设法规避。如何对系统性风险实施有效的管理，在获得高收益的同时把系统风险降到最低限度，对创业企业来说至关重要。

1) 谨慎分析

创业者应对其所处的创业环境进行深入了解、谨慎分析。目前，我国实施更加积极的就业政策，贯彻鼓励创业的方针，在自主创业税费减免、小额担保贷款、创业地区落户，以及场地、项目、技术、培训等方面，为大学生创业提供了一揽子优惠和鼓励政策，创造了更宽松的创业环境。创业者首先应对创业环境进行正确的认识和了解，对创业环境进行合理评估，通过层层细化、逐级分析来熟悉创业的宏观环境和微观环境等，以求准确深入地解释创业过程中可能遇到的系统风险。

2) 正确预测

创业风险中，有些是可以预测的，有些是不可预测的。创业者应尽可能运用所学的知识和所掌握的资源，采用科学的方法对那些能够预测的风险进行深入分析。通过和团队成员探讨、请教外部专家等方法来预测创业环境的可能变化，以及这些变化会给创业企业带来的影响，尽量对创业的系统风险做到心中有数，以便制定应对策略。

3) 合理应对

由于系统风险的不可分散性，创业者只能通过谨慎分析和正确预测来制定合理的应对措施，巧妙规避并尽可能降低系统风险发生对创业者自身或创业企业的不利影响。例如，预测到市场利率上升则尽量筹集长期资金，预测到未来经济低迷则尽可能持有较多现金。

2. 非系统性风险的防范

非系统性风险在某种程度上是可控的，是由创业者或创业企业自身因素引起的，可以通过一定的手段和措施加以控制，在风险和收益之间进行抉择和权衡，并在争取实现目标的前提下管理风险、控制风险、规避风险。

1) 团队风险防范

团队是创业活动中的重要资源，由此产生的风险对创业企业来说往往也是致命的，所以一定要予以充分关注。创业者要不断地充实自己，持续提高个人素质，使自己的知识和能力与创业活动相匹配。通过沟通、协调、激励、奖惩、评价、目标设定等多种手段管理团队，并在创业团队发展的不同阶段确定相应的管理内容，科学合理地对团队成员进行评估。招聘那些具有良好职业道德和团队合作意识、与岗位技能相匹配的员工，通过在合同中明确权利，以及便捷的人事管理系统，使员工能够团结一心、协作良好。另外，创业团队成员的股份比例、工资等方面要根据团队分工而有所差异，不要出现人人平等的统一现象，这也是为了防止权力分散，在进行大决策时能够采取理性的措施。

2) 技术风险防范

对技术风险进行防范，是提高创业成功率、减少风险损失的重要方法。技术风险防范是指创业者对技术风险进行识别、预测，并采取有效措施进行回避、转移、削减的行为。它主要从三方面进行：①应加强对技术创新方案的可行性论证，减少技术开发与技术选择的盲目性，并建立技术发展趋势的监测系统，实时追踪相关技术的发展状况，判断未来趋势，监测竞争对手的研发进展、产品的商业化进展，关注市场对不同技术产品的种种反馈；②风险转移，即创业者可以在合适的时机，通过选择战略合作伙伴或组建技术联合开发体等方式，采取灵活的方式让更多主体来分担风险，从而使本企业所承担的风险相应减少；③高度重视专利申请、技术标准申请等保护性措施，通过法律手段减少损失出现的可能性。

3) 管理风险防范

创业企业由于自身的诸多不确定性，会存在或多或少的问题。通过提高管理者的素质，改变管理和决策方式，健全管理制度，可以有效应对企业的管理风险。首先，努力提高核心创业成员的素质，树立其诚信意识和市场经济观念，并以此为基础搞好领导层的自身建设，建立能够适应企业不同发展阶段变革的组织机构；其次，建立人才储备机制，以确保员工的调离和补充与企业的发展阶段相匹配；再次，需要明确企业管理制度和监督机制，将企业的执行权和决策权合理分配，各司其职，相互协作；最后，要构建合理、融洽、积极向上的企业文化，建立适应企业发展的工作氛围。

4) 财务风险防范

筹资困难和资本结构不合理是很多创业企业明显的财务特征和主要财务风险的来源。有效规避财务风险要做到以下几点：①创业者要对创业所需的资金进行合理估计，避免筹资不足影响企业的健康成长和后续发展；②确定适度的负债数额，保持合理的负债比例，并根据创业企业的实际情况制订合理的负债财务计划；③创业者或团队一定要学会在企业的长远发展和目前利益之间进行权衡，设置合理的财务结构，从恰当的渠道获得资金；④管理创业企业的现金流，构筑严密的企业内控体系，用收付实现制的会计原则来管理现金流，避免因现金断流带来的财务拮据甚至破产清算的局面。

【课后案例】

力争上游为人先　披荆斩棘勇向前
——记咸阳师范学院优秀校友杨双旗

人间四月芳菲尽，师院的四月春意融融，我校优秀校友杨双旗近日回母校进行招聘工作。1999 年毕业于我校英语系的他，现任杭州多友教育咨询有限公司总经理、义乌市多优尚学堂优秀生基地创始人及总裁、义乌市校外教育协会副会长。让我们跟随记者的脚步，一起回顾他成功背后的故事，探寻这条由一场冒险开启的创业之路。

一、锐意进取，大展宏图

常言道："有志者，事竟成。"毕业后杨双旗被分配到偏远的山村当教师，但他不想让自己的梦想局限于此，骨子里的闯劲让他下定决心去大城市闯荡一番。一个月后，他毅然放弃工作，背井离乡，孤身一人踏上了前往杭州的火车。二十几岁的年轻人初去杭州四处碰壁，他干过各种各样的工作，吃尽了苦头，终于在一家广告公司落脚。

每月 600 元的收入，不仅要负担房租，还要承担日常的生活开销，每到月底，日子就会变得非常拮据。尽管这样，他还是咬牙坚持了下来，在广告公司一待就是 4 年。在这 4 年里他磨砺心性，积累了经验、能力和资金。

2003 年，一颗教育的种子在义乌这片土地上种下——"多优教育"诞生了。杨双旗开辟了属于自己的教育事业，他坦言道："在大学时期我就尝试初步创业，起初只是给学生一对一代课，因为教得不错，被家长推荐给了其他学生家长，像滚雪球一样，我带的学生也越来越多，随后在朋友的帮助下成立了自己的补习班。后来因为一些原因，补习班没能继续办下去，但是我当时想法多，就想到了去杨陵一带卖当时正火的 CD、磁带等。"在师院的 3 年时光里，他勤奋好学，奠定专业基础，兼职当老师、做小买卖赚取生活费。这些在大学期间积累的经验为他日后的创业打下了坚实基础，也体现了他在学生时代起便具有自强不息的拼搏精神。创新与创业像是两朵并蒂花，也许有时候，某朵花先开，但是丝毫不影响另一朵花的盛开。

谈及创业之路时，杨双旗说道："创业史就是一部艰难史。"创业之路并非一帆风顺，回想起创业路上遇到的困难，他缓缓说道："现在回想自己当初所做的决定(辞去工作，去杭州创业)，是不后悔的。"人在不同的阶段，会遇到不同的困难，但庆幸的是能坚持下来。一路走来，克服畏难情绪，修炼内心，做到遇事不惊，处事不乱，最后收获了沉甸甸的果实。我们看到过很多成功的创业故事，我们心向往之、热血沸腾，但我们看不到的是创业成功背后的付出和努力。

二、业有所成，教有所本

2016 年，杨双旗所创办的多优尚学堂杭州两大校区同时开业，预示着多优尚学堂发展步入全新阶段。

至此形成杭州总公司、杭州教研部、杭州人才培训基地、杭州校区辐射统辖多优尚学堂其他各分校的完备体系。杨双旗凭借着自己多年在教育企业发展上的不断摸索和创新，在教育方面形成了自己独到的见解。

杨双旗谈道："在我看来，对于孩子的教育，幼儿园到小学三年级是培养孩子良好习惯的最佳时机；而从小学四年级到高三则要把重心放在培养孩子的学习能力上；在大学和步入社会阶段，注重的是培养孩子的情商和人际交往能力。"教育对父母而言，是一项长久的事业，需要用心培养、悉心呵护。停顿了一会儿，他接着说："现在有很多家长在教育孩子的方法上仍存在误区，对于孩子能力的培养长时间以来被家长忽视，遇到突发情况，其实能力比知识更重要。"教育之事，不是盲目从众；教育之事，是要讲究策略的；教育之事，不是拔苗助长；教育之事，要适时地给予养分；教育之事，不是一味溺爱；教育之事，要给其相对的自由让其翱翔。

杨双旗告诉记者，当初选定"多优"二字，便是希望自己的教育机构拥有多种优秀的条件，进而培养出众多优秀的人才。多年来，他坚持不懈，不断探索，只为不负"多优"二字，培养更多优秀人才、让更多的青少年能够通过学习遇见更好的自己，一直是他不懈努力奋斗的目标。

三、回馈师恩，牵挂母校

在外打拼多年后，杨双旗校友仍难忘母校，2005年是他毕业后第一次回母校，从那以后基本上每年他都会回母校看看。他告诉记者："回母校就像是回娘家一样，十分亲切。"有道是："我见青山多妩媚，料青山见我应如是。"母校于他十分亲切，他于母校也是十分感念。

记得2016年11月25日，他亲自带着团队回母校参加2017届毕业生供需洽谈会。凌晨的班机，彻夜的寒风，辗转周折，从义乌到咸阳已是凌晨3点，第二天他依然早起，布置招聘会场，一个人站在会场门口完成1 000份宣传页的发放。杨双旗一向雷厉风行讲究高效，这次却如此亲力亲为，用行动来诠释那份对母校的情怀。对于将要到来的母校40周年校庆，杨双旗表示十分期待，同时也衷心祝愿母校越来越好，希望更多的有志青年能够踏上创新创业的道路，发挥自己的才能，创造更大的成就。

杨双旗校友通过自主创业走向了成功，他有以下几点关于创业的建议想要对母校的莘莘学子说。①找准定位，勇敢追梦。现在的大学生面临着更多元化的选择，难免会有些迷茫，对此他说道："在选择前行的方向时，一定要找准自己的定位，并非人人都适合成为一名学者，也并非人人都能成为一名商人，每个人对不同事物的敏感度是不同的，一定要找到一个自己敏感度高的领域，然后去选择一条适合自己的道路。"②创业氛围，益友相伴。有毕业就打算创业的同学，创业的氛围其实对于创业是很重要的，现在国家政策也鼓励大学生通过自主创业去实现自己的梦想。同时在创业的路上，一个好的合作伙伴能够同自己相互鼓励、一同成长、一路上不再孤单。③眼界开阔，横向发展。年轻人不要只局限于眼前，还要睁眼去看看外面的世界，因此他鼓励大学生多出去闯荡，横向发展，不断积蓄自己的力量，发扬不怕吃苦、敢闯敢拼、冒险创新的精神。从他的创业经历中，我们看到了一个敢于追梦、拼搏进取、勇往直前的身影。逐梦之旅路漫漫，唯有步履不停，一直向前走，方能抵达梦想的彼岸。

梦想、信念、情感，这些美好的元素所依附的土壤，终将开出灿烂的花朵。每一片奋斗的天空下，都有为梦想而努力拼搏的人。创业路上一路坎坷，幸而有梦，激励前行；幸而坚持，一路走来；幸而无惧，成就硕果。人生漫漫长路上，年少芳华，敢想敢闯；创业途中，不忘初衷；成就事业，仍有情怀。尚好，尚好，这就是人生。尚好，尚好，这就是人生绚丽多彩之所在。

(资料来源：咸阳师范学院校友网，有改动)

思考与练习

1. 课后案例中，杨双旗是如何发现并把握创业机会，进而取得成功的？
2. 试分析生活中你所熟悉的某个创业项目的特征。
3. 根据你的观察，目前所处的环境中都有哪些创业机会？你发现这些创业机会的依据是什么？
4. 如果你发现了创业机会，应如何评估这些创业机会？
5. 根据自身实际，拟选择一个创业方向或项目，对其宏观政策、盈利模式、市场竞争力、自我匹配程度、风险控制中需要注意的问题进行思考，并撰写一篇 800 字左右的分析报告。

第六章 商业模式

本章梳理了商业模式的基本定义、基本类型，探讨了商业模式的六要素(战略定位、业务系统、关键资源能力、盈利模式、现金流结构、企业价值)，在此基础上，探讨了商业模式的设计原则、模式和方法。

第一节 商业模式概述

商业模式是创新与创业研究的重点之一，它是企业运营的重要模式之一。管理学中MBA、EMBA等主流商业管理课程均对"商业模式"给予了高度的关注。商业模式，即企业与企业之间、企业的部门之间、企业与顾客之间以及企业与分销渠道等合作伙伴之间存在的各种各样的交易关系和连接方式。

一、商业模式的定义

商业模式的定义较为多元。蒂默尔斯将商业模式定义为：用来描述产品、服务与信息流的一个架构，包含各个商业参与者与其角色的描述、各个商业参与者潜在利益的描述以及获利来源的描述。马哈德将商业模式阐释为企业与商业伙伴及买方之间三种串流——价值流、收入流及物流的独特组合。在战略层面，林德认为商业模式是组织或者商业系统创造价值的逻辑。韦尔等人把商业模式定义为：对一个公司的消费者、伙伴公司与供货商之间关系与角色的描述，这种描述能辨认主要产品、信息与金钱的流向，以及参与者能获得的主要利益。

莫里斯认为商业模式是一种简单的陈述，说明了企业如何通过对战略方向、运营结构和经济逻辑等方面的一系列具有内部关联性的变量进行定位和整合，以便能够在特定的市场中建立竞争优势。泰莫斯认为商业模式是一个完整的产品、服务和信息流体系，包括每一个参与者及其在其中起到的作用，以及每一个参与者的潜在利益、相应的收益方式。在分析商业模式过程中，主要关注企业在市场中与用户、供应商、其他合作方的关系，尤其是彼此间的物流、信息流和资金流。基于对企业和市场过程的分析，以及对商业模式定义的历史研究，奥特维德提出商业模式是一种包含了一系列要素及其关系的概念性工具，用于阐明某个特定实体的商业逻辑。他描述了公司所能为客户提供的价值，以及公司的内部结构、合作伙伴网络和关系资本等用于实现(创造、营销和交付)这一价值并产生可持续、可盈利性收入的要素。克里斯坦森认为商业模式就是一个企业的基本经营方法，包含以下几部分：用户价值定义、利润公式、产业定位、核心资源和流程。

综上所述，商业模式可分为以下三个层面。

1. 结构定义

结构定义是将商业模式视为企业的运营结构，并分析其相关概念和理论，以及它们之间的关系。结构定义是企业商业系统的一种整合，是对企业管理模式、运营结构和战略方向的整合优化。

2. 运作定义

运作定义是将商业模式视为企业的流程管理创新。在企业运营流程中，明确商业模式要素的交互作用，并进一步通过企业的结构重组和商业流程再造，设计新的商业模式以创造价值。

3. 动态定义

动态定义将商业模式视为企业战略的动态发展过程，着重展示商业模式在全过程价值创造中的作用。从战略管理的高度进行客户价值定位、市场细分、整合资源、打造竞争优势，以实现企业可持续发展。

由此可以看出，成功的商业模式不一定是技术上的创新，也可能是对企业经营某一环节的改造，或是对原有经营模式的重组、创新，甚至是对整个游戏规则的颠覆。商业模式的创新贯穿于企业经营的整个过程，涵盖产品研发、制造、营销、流通等各个环节。每个环节的创新都有可能塑造一种崭新且成功的商业模式。

二、商业模式的类型

商业模式的种类较多，在此我们以制造商的商业模式为例进行说明。

1. 直供商业模式

直供商业模式主要应用在市场半径比较小、产品价格比较低，或流程比较清晰、资本实力雄厚的国际性大公司。直供商业模式需要制造商具有强大的执行力，现金流状况良好，市场基础平台稳固，具备市场产品流动速度快等特点。由于中国市场范围很大，市场特点迥异，渠道系统复杂，市场规范化程度比较低，在全国市场范围内选择直供商业模式是难以实现的。但是，利润丰厚的行业与产业还是会选择直供商业模式，如白酒行业，很多公司就选择了直供的商业模式。

2. 总代理制商业模式

中国广大的中小企业在发展过程中面临着两个最关键的问题：一是团队执行力比较差，很难在短时间内构建一个庞大的执行团队，而选择经销商做总代理可以省去很多当地市场执行方面的困难；二是资金实力上的困难，中国中小企业资金实力普遍比较薄弱，选择总代理制商业模式，可以在一定程度上占用总代理的一部分资金，通过这种方式来完成最初原始资金的积累。因此，这种商业模式在中国广大中小企业中得到广泛应用。

3. 联销体商业模式

随着大量中小企业选择采取总代理制商业模式，市场上优质的经销商逐渐成为稀缺的战略性资源，很多经销商对于鱼目混珠的招商信息产生了严重的戒备心理。在这样的市场状况下，很多比较有实力的经销商为了降低商业风险，选择与企业进行捆绑式合作，即制造商与经销商共同出资，成立联销体机构。这种联销体模式既可以控制经销商的市场风险,也可以保证制造商始终有一个稳定的销售平台。联销体模式受到很多有理想、有长期发展意图的制造商的欢迎。例如,食品行业的龙头企业娃哈哈便采取了联销体的商业模式,空调行业的巨头格力空调则选择了与区域性代理商合资成立公司,共同运营,取得了不错的市场业绩。

4. 仓储式商业模式

仓储式商业模式也是很多消费品企业选择的商业模式。很多强势品牌基于渠道分级成本很高、制造商竞争能力大幅度下降的现实,选择了仓储式商业模式,通过价格策略打造企业核心竞争力。比如,20世纪90年代,四川长虹电视在内地市场如日中天,为降低渠道系统成本,提高企业在市场上的价格竞争力,长虹集团则选择了仓储式商业模式,企业直接将产品配送到消费者手中。仓储式商业模式与直供最大的不同是,直供不拥有自己的销售平台,通过第三方平台完成产品销售,企业将货源直接供应给第三方销售平台;而仓储式商业模式是企业拥有自己的销售平台,通过自己的销售平台完成市场配货。

5. 专卖式商业模式

随着中国市场渠道终端资源越来越稀缺,越来越多的中国消费品企业选择专卖式商业模式。例如,五粮液的全国2 000家专卖店计划、蒙牛乳业的蒙牛专卖店加盟计划等。企业选择专卖式商业模式,需要具备三种资源之一或三种特征均具备。一是强大的品牌。选择专卖式商业模式的企业基本上具备很好的品牌基础,消费者主动消费比较多,而且市场认知也比较成熟。二是丰富的产品线。要确保专卖店具有稳定的利润,专卖店的产品结构就应该比较合理,因此,企业必须具备比较丰富的产品线。三是契合消费者的行为习惯。在农村市场,这种专卖模式很难推动市场销售,因此,专卖式商业模式需要成熟的市场环境。

专卖式商业模式与仓储式商业模式完全不同,仓储式商业模式是以价格策略为核心,专卖式商业模式则是以形象与高端为核心。

【拓展阅读6-1】

理解商业模式的重大作用

AY饰品连锁股份有限公司成立于2018年年末,是一家以小饰品零售为主的时尚连锁集团。在董事长的带领下,仅用短短几年时间,就迅速改变了零售行业的游戏规则,将一度被边缘化的饰品变成了深受广大女性消费者追捧的时尚主流。

1. 深刻市场洞察

13~27岁的二三线城市年轻女性消费者数量庞大。这个年龄段的年轻女性处在一个对饰品极度"喜新厌旧"的阶段:今天可能会喜欢心形的发夹,明天可能会喜欢粉红色的发带。对于她们来说,心目中所期盼的饰品不需要太昂贵,更不用能够长久地陪伴她们,只要价格低廉,样式新颖,让她们能够不断地尝试新的造型即可。

2. 全球设计采购

分派众多买手到世界各地搜罗最新的时尚款式,再将采集到的产品反馈给企业。AY的买手团队至今已发展至50多人,这些买手都是追求时尚、喜欢打扮的女孩,也是AY的核心目标消费群体。她们主要分布在日本、韩国、中国香港等时尚都市,负责搜集最新流行的时尚信息和饰品款式，并立即传回给总部。AY每星期开发30~40款新产品，开发的新产品仅占预期开发产品的1/10。AY的买手团队每个星期至少要搜罗400款时下最流行的饰品作为备选。

设计部根据市场的特定需求，有针对性地进行改进，设计出最适合本土市场的时尚饰品。这样的设计方式，既能够迅速跟上时尚潮流的变化，又满足了低设计成本的需求。除了有专业的买手为AY"淘宝"外，AY还有自己的市场调研人员，及时了解本土企业的市场需求，对采购来的产品进行形象改造。

3. OEM快速生产

生产主要是委托给代加工企业进行。代加工企业为了增加更多的订单，也会为其提供一些专门的设计方案。开放的设计平台又为AY提供了更丰富的设计方案，代加工的方式也减少了生产成本。

4. 第三方物流快速配送

第三方物流既节约了物流成本，又提升了货品的配送速度。设计、生产、物流三大环节的时间缩短，成本降低，既满足了目标客户群对最新时尚饰品的需求，又满足了她们对"低价"的渴望。AY对加盟店实施统一配送，整合每个区域实力最雄厚的第三方物流公司，提供总部对加盟店的点对点配送服务。

5. 以共赢加盟的方式拓展渠道

目前，AY拥有门店3 000多家。这种"渠道为王"的战略是通过加盟的方式来实现的。采取加盟的方式无疑是以最低的成本、最快的速度来组织巨大的销售网络。规模制胜，就是增加销售渠道，通过销售渠道的拓展，以规模来实现利润的提升。同时，规模化的销售渠道又对AY自身的品牌进行了很好的宣传。AY对加盟商讲究的是共赢。无论从选址、装修还是美妆标准与培训，都是为了更好地完善营销渠道。比如，各省商学院的成立，正是为了更好地服务和培养加盟店，体现了公司在这方面的投入和努力。

6. 市场快速反应

AY斥资上千万元投资开发ERP系统，定期对各家店铺的进货数量进行统计，及时为门店补货。加盟商直接在系统上订货、下单、结算，力争将资金周转率降到最低。

7. 细节取胜

真正的小饰品购买者非常热衷于"淘"和"挑"。针对消费者的这一消费行为特征，AY在店面陈列上以丰富为原则。AY的经验：商品品种越丰富，就越能吸引消费者注意，而且能够有效地提高销售额。在品种丰富的基础上做到产品摆放井然有序是一门技术活。经过数年开店经验的积累，AY的产品陈列不断完善，并采用淘宝式分录和主题模特陈列两种模式，呈现出方便拿取、容易看到、干净整齐的店面形象。

此外，小饰品的店面陈列，除了要考虑商品的视觉焦点，新货展示和店铺的新鲜感、变化感等因素外，还要兼顾销售的功能性。比如，商品要一目了然，位置要容易找到，商品摆放位置要符合顾客的购买习惯，对一些季节性的，特别是在节假日期间，新商品推销区和特价区的商品陈列要显著、醒目，让顾客容易挑选；产品摆放要考虑顾客的身高、货品间距等。陈列的终极目的是更好地促进销售。

> AY 店面规划追求结构布局。在收银台的旁边放些抢眼的小发卡之类的小饰品，起到无声胜有声的促销效果。在店面消费体验上，AY 店铺陈列一改过去饰品封闭陈列的形式，采用开敞式货架，让顾客直接拿取货品随意试戴，采用超市式的终端管理方式，让消费者充分享受购物的快乐。AY 店铺的标准化管理，先由陈列部制定货架定位和品类分布，然后由直营部负责货品配送，以及在店铺内进行货品陈列、检验和修正。
>
> AY 的加盟商终端采用导师责任制，加盟商管理中心建了一个逾百人的导师团队，每个导师负责 50 家加盟店的店面管理工作，平均每个月为每个店面提供两次上门指导服务。

(资料来源：百度文库，有改动)

三、商业模式的组成要素

商业模式的分类众多，仁者见仁，智者见智。从商业模式的发展脉络来看，可分为战略定位、业务系统、关键资源能力、盈利模式、现金流结构和企业价值六个要素，如图 6-1 所示。

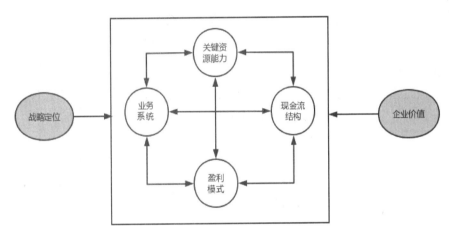

图 6-1 商业模式的组成要素

1. 战略定位

战略定位是企业战略选择的结果，也是商业模式的起点。战略定位需要考虑三个方面，即长期发展、利润增长、独特价值。商业模式中的"定位"更多的是作为整个商业模式的支撑点。

2. 业务系统

业务系统是指企业达到战略定位所需要的业务环节、各合作方扮演的角色以及利益相关者的合作方式。企业围绕战略定位所建立起来的业务系统将形成一个价值网络，明确了客户、供应商、其他合作方在通过商业模式获得价值的过程中扮演的角色。

3. 关键资源能力

关键资源能力是指业务系统运转所需要的重要资源和能力，任何商业模式构建的重点工作是了解业务系统所需要的重要资源和能力有哪些、如何分布以及如何获取和建立。不是所有的资源和能力都同等珍贵,也不是每一种资源和能力都是企业所需要的,只有和战略定位、业务系统、盈利模式、现金流结构相契合,并能相互强化成为资源和能力,才是企业真正需要的。

4. 盈利模式

盈利模式是指企业获得收入、分配成本、赚取利润的方式。盈利模式是在给定业务系统价值链所有权和价值链结构的前提下,相关各方之间利益的分配方式。良好的盈利模式不仅能够为企业带来利益,还能为企业编织一张稳定、共赢的价值网。传统盈利模式的成本结构往往和收入结构一一对应,而现代盈利模式中的成本结构和收入结构则不一定完全对应。同样是制造、销售手机,那些通过专卖店、零售终端销售手机的企业,其销售成本结构主要是销售部门的管理费用、销售人员的人工成本等,这和通过与运营商提供的服务捆绑、直接给用户送手机的制造商的销售成本结构区别较大。

5. 现金流结构

现金流结构是指企业经营过程中产生的现金收入扣除现金投资后的状况。不同的现金流结构反映了企业在战略定位、业务系统、关键资源能力以及盈利模式方面的差异,决定了企业投资价值的高低、投资价值递增的速度以及受资本市场青睐的程度。

6. 企业价值

企业价值是指企业的投资价值,是企业预期未来可以产生的现金流的贴现值。企业的投资价值由其成长空间、成长能力、成长效率和成长速度等因素共同决定。

商业模式的六个要素是互相作用、互相影响的。相同的战略定位可以通过不一样的业务系统,同样的业务系统也可以有不同的关键资源能力、盈利模式和现金流结构。

第二节 商业模式设计

商业模式的设计具有科学的方法和依据,本节将介绍商业模式设计的原则、流程、方法、逻辑思路等内容。

一、商业模式设计的原则

1. 价值最大化

创业者在提炼、确定项目价值主张时,应以客户价值为中心,这体现了需求对项目的引领作用。因此,设计商业模式时,首要的思路就是实现客户价值的最大化。

商业模式将实现客户价值作为核心,为实现客户价值最大化服务。

2. 平衡利益原则

利益相关者除客户之外,就是项目的重要合作伙伴。合作伙伴是项目产业链中的上下游组织。一个企业不可能独占整个产业的利润,因此需要平衡上下游关系,合理分配利润。商业模式的设计要尽可能体现利益的平衡,形成通畅的产业合作关系。

3. 价值整合原则

企业提出的价值主张，可能与客户的、合作伙伴的，以及市场其他主体，包括竞争对手的价值主张既有重合的地方，也有冲突的地方。在设计商业模式的时候，要考虑到各方的价值主张，将其整合到一起，以实现其他市场主体对项目的支撑。

4. 高效管理原则

商业模式不仅要平衡项目外部的关系，更要理顺项目内部的流程。因此，在设计商业模式的时候，要注重管理的效率。商业模式所涉及的企业内部运行流程要以效率为导向，尽可能实现扁平化，形成有效的激励机制；涉及的外部运行流程，则要突出管理有效性。

5. 核心竞争力原则

核心竞争力是项目在市场中取得怎样地位的关键，它由商业模式"画像"的各项元素构成。在设计商业模式的时候，要把各元素中的优势内容有机结合起来，形成并突出项目的核心竞争力。

6. 实践性原则

实践性是指商业模式最终需要在市场上实现。它的实现形式就是项目进入市场后的运营形式。在设计商业模式的时候，要把可实现性作为贯穿始终的思路。

二、商业模式设计的流程

1. 画像描述

完整的画像描述可以从战略定位、业务系统、盈利模式、关键资源能力、现金流结构和企业价值六个要素着手；简化的描述则是关注商业模式中的业务系统图、利益相关方的盈利模式和现金流结构三个关键要素。通过描述现在的商业模式，可以帮助企业高管们梳理现有模式的假设前提有哪些，不同的利益相关方存在哪些机遇和挑战。这一步既是企业高管运用商业模式思维展开思考的历练，也为新的商业模式创新指明了方向。

2. 模式洞见

模式洞见商业模式设计过程中最关键的一步，缺乏模式洞见，也就失去了借助商业模式设计获得发展优势的前提。具体可以通过四个维度去发现模式洞见。

1) 多棱镜视角：洞察利益相关方的潜在价值

生态系统由多个利益相关方构成，每个利益相关方本身就是多种角色和资源能力价值的复合体。但我们在生态系统中通常过于关注利益相关方的某一个角色或资源能力价值的重要性而忽略了其他，如冰箱的核心价值是冷冻和冷藏，但当冰箱放到开放式厨房时还有美观装饰的价值。

商业模式的多棱镜视角就是帮助我们重新认识到或挖掘出利益相关方身上的其他角色或资源能力的价值，把这种被忽略的角色或资源能力价值挖掘出来并围绕其展开新的价值创造设计。

需要指出的是，同一利益相关方在不同的规模或时间下，其潜在价值也不同，从而带来商业模式的改变。比如，小米手机是以高性价比为手段加速实现销售规模的质变，然后以质变后的用户规模作为未来商业模式设计的基础。小米手机就是从手机硬件着手，以传统手机厂商难以承受的超高性价比出售手机，迅速汇聚起千万级别的手机销量。强劲的销量在提升了小米整个手机采购、组装价值链话语权的同时，也带动了小米手机活跃用户总量的提升，为小米持续在手机应用、软件上的获利打下坚实的基础。

2) 广角镜视角：调整利益相关方

我们把生态系统作为价值创造的主体，利益相关方的变化将改变生态系统的价值创造空间和实现效率，在此基础上设计焦点企业与新的利益相关方的合作方式。

拓展一个生态系统的价值空间主要有两种方式：一是从现有利益相关方着手，挖掘客户的客户、供应商的供应商、利益相关方的利益相关方，从而实现利益相关者视野的拓展；二是从现有商业生态中寻找各种可能合作的利益相关方及其从事的活动，并将这些活动环节切割重组，组建成新的利益相关方。提升生态系统的价值实现效率，则要检验各利益相关方在生态系统中的贡献是否超过其投入资源的机会成本，评估当初设立的假设以及目前的作用是否还有效，或者存在更好的替代方案，然后作出调整决策。

3) 聚焦镜视角：提升商业生态系统的运作效率

商业生态系统是由不同的利益相关方以交易结构为纽带而紧密联系在一起的。但每个利益相关方的愿景目标、业务规模、风险承担能力各有不同，发展速度也不同步，这就要求我们检验不同利益相关方角色和交易结构设计能否与时俱进，而这就是商业生态系统效率改进的痛点和盲点。

4) 加速器：助力整个商业生态系统的复制与扩张

加速器可以同时打破整个商业生态系统价值空间天花板和效率瓶颈，帮助生态系统进入加速成长的轨道。典型的加速器是金融工具的应用。金融如同生态系统中的润滑剂，将资产类资源的潜力释放并重新配置，提升流动性，进而降低了系统性的风险；资本的力量则能带来企业所处竞争时空的再配置，借助企业未来潜在的竞争资源在当下展开竞争。

在商业模式创新设计实践中，这四个视角既紧密联系，又相对独立。这四个视角并没有严格的先后顺序，每一个视角带来的改变都可以推动商业模式的重构。在绝大多数情况下，充满智慧和创造性的企业家和创业者们是从传统商业模式的某一个视角出发，重新勾勒出新的商业模式画卷，但四个视角的同时存在可以保障他们在构思新的商业模式时的完备性，最终实现商业模式的更新换代。由于生态系统内利益相关方的实力、利益诉求、沟通方式等是一个动态变化的过程，这就需要我们经常运用这四个视角去检验生态系统的运作是否有效。

3. 模式设计

模式设计是在模式洞见的过程中，对发现的各种潜在机遇点进行梳理，并把机遇点融入具体模式构建设计中的过程。在新的商业模式设计中，首先，要明确生态系统中各利益相关方的角色调整与资源的投入；其次，要结合各利益相关方对结果的影响力与利益诉求，匹配盈利模式；最后，要设计推演各利益相关方的现金流结构，保障整个生态系统现金流结构的顺畅。

当今的商业世界已经形成了一荣俱荣、一损俱损的生态系统，如果一家企业的现金流出现问题,有可能因此影响整个生态系统的健康发展。因此,新的商业模式需能够及时反映利益相关方角色行为的调整和利益诉求的变化,力图在保障重点企业价值最大化的基础上实现生态系统内各方共赢的局面。

4. 评价决策

企业在提出不同的商业模式设计方案时,需明确设立评价标准,以便进行有效选择。评价标准分为两类:一是结果类评价指标,包括商业生态系统与焦点企业的价值空间及发展速度;二是过程类评价指标,包括利益相关方的动力机制或投入度、资源能力的利用效率。

5. 执行反馈

进入到执行阶段,首先需要对商业模式进行验证,测试不同利益相关方对新商业模式的认可程度是否达到预期,并在此基础上进行商业模式的调适。一旦商业模式经过市场检验后得到确认,就会对其进行大规模复制。为了保障执行的效果,建议在具体的执行管理过程中进一步明确活动的责任人、所需资源、具体目标及评价标准,将拓展过程中的活动落到实处。

三、商业模式设计的方法

在具体的商业模式设计中,创业者要参照他人成功的商业模式,找出项目的关键因素,在行业中实现准确的定位,并为市场和客户提供新的价值。商业模式的设计方法主要包括以下几个方面。

1. 参照法

这是初创企业设计商业模式的有效方法。该方法以国内外商业模式为参照,然后根据本企业的有关商业权变因素,如环境、战略、技术、规模等的调整,确定企业商业模式设计的方向。采用参照法进行商业模式设计时,一定要根据企业自身的情况进行调整和改进,创新地摸索出符合本企业的商业模式。许多企业的商业模式设计都是通过参照法进行的。按照调整、改进的方式不同,参照法还可以细分为全盘复制法、借鉴提升法。

全盘复制法是对经营发展良好的企业的商业模式进行复制,并根据自身企业情况略做修正。在互联网经济发展的初期,这种方法被广泛采用。例如,很多网站都对早期的门户网站"免费"盈利模式进行了模仿。借鉴提升法是初创企业结合自身的特点,对商业模式进行借鉴并有所提升,使之更加契合自身发展情况。

2. 相关分析法

相关分析法是在分析某个问题或因素时,将与该问题或因素相关的其他问题或因素进行对比,分析其相互关系或相关程度的一种分析方法。相关分析法需要根据影响企业商业模式的各种权变因素,运用有关商业模式设计的一般知识,采用影响因素与商业模式要素相对应的方式确定企业的商业模式。利用相关分析法,可以找出相关因素之间规律性的联系,通过研究如何降低成本,达到价值创造的目的。例如,亚马逊通过分析传统书店,在网上开办了电子书店。

3. 关键因素法

关键因素法是以关键因素为依据来确定商业模式设计的方法。商业模式中存在着多个变量影响设计目标的实现,其中若干个因素是关键的和主要的。通过对关键成功因素的识别,找出实现目标所需的关键因素集合,确定商业模式设计的优先次序。

关键因素法主要有五个步骤:①确定商业模式设计的目标;②识别所有的关键因素,分析影响商业模式的各种因素及其子因素;③确定商业模式设计中不同阶段的关键因素;④明确各关键因素的性能指标和评估标准;⑤制订商业模式的实施计划。

4. 价值创新法

对一些从未出现过的商业模式设计往往需要进行创新,即通过价值要素的构建、组合等设计出新的商业模式,这一点在互联网企业表现尤为明显,如盛大网络游戏全面实行免费模式,开创了网游行业盈利新模式 CSP。音乐公司通过网络原创音乐平台,将进行原创音乐的网民、网络音乐下载者、电信运营商、风险投资者、合作伙伴等进行了关联,从而设计出新的商业模式。

四、商业模式设计逻辑思路

商业模式设计没有固定的逻辑思路。我们认为,商业模式设计逻辑思路大体包括以下几个方面。

(1) 作为商业模式创新的起点,是如何获得资本(融资)和如何运用资本的呢?以利润最大化和资本增值为目的,以价值管理为特征,以融资为资金来源渠道,将本企业的各类资本不断地与其他企业、部门的资本进行流动与重组,实现生产要素的优化配置。

(2) 定位产品价值模式,需要进行企业环境调研,其中既包括行业环境、行业趋势的调研,也包括竞争对手的调研,目的是确定提供给我们的客户什么样的产品和服务价值。深入了解客户经营业务的本质,以及该客户如何满足他自己的客户的需求。通过重新定义新目标市场来创造产品的价值优势,重新定义顾客新的需求认知来达到产品或服务价值创新,也可经由价值链的重组与价值活动的创新等方式增加产品的价值优势。

(3) 确定企业战略的目标和方针,找到企业战略发展的可持续性增长的模式,尤其是商业模式创新的方向,明确商业模式创新要素的发展方向。制定出具有独特商业模式要素和特征的竞争策略和经营目标,取得核心竞争力优势。

(4) 确定企业的产品是为谁而做,需要进行市场定位,在对目标客户进行细分的基础上,企业需要根据市场潜力、竞争对手状况、自身特点选定和进入特定市场。企业运用目标市场定位策略对客观存在的不同消费者群体,根据不同商品和劳务的特点采取不同的市场营销组合。

(5) 根据制定好的企业战略和企业商业模式的发展方向,以及市场定位的目标客户群,制定出基于企业战略的营销方案,以营销来带动商业模式创新。因为营销可以保证企业接触自己的目标市场,了解消费者需求的变化,并且能够尝试验证企业的盈利能力。制定市场策略,开拓市场和建立销售渠道,涉及如何制定企业的市场和分销策略。

(6) 经过制定基于企业战略的管理组织结构和管理模式,也就是确定商业模式创新的具体方案，细化到需要达到什么目的和指标、需要采取哪种手段和步骤。将这些目标和措施进行统一和整合，并通过相应的组织架构和执行机构来保障创新的组织和控制，把新的管理要素(如新的管理方法、新的管理手段、新的管理模式等)或要素组合引入企业管理系统，以便更有效地实现组织目标的创新活动。

(7) 创新资源的整合配置，可达到企业资源最佳利用。通过对不同来源、不同层次、不同结构、不同内容的资源进行识别与选择、汲取与配置、激活和有机融合，使其具有较强的柔性、条理性、系统性和价值性，并创造出新的资源。

这就是根据企业的发展战略和市场需求对有关的资源进行重新配置，寻求资源配置与客户需求的最佳结合点。

(8) 创新方案的具体执行，重点在于成本控制和进度控制。通过目标管理方法，保证利润的落实。创新要以成本作为控制的手段，通过制定成本总水平指标值、可比产品成本降低率等，以达到对经济活动实施有效控制的目的。

(9) 盈利模式的创新，就是对企业经营要素进行价值识别和管理，在经营要素中找到盈利机会，即探求企业利润来源、生成过程以及产出方式。通过企业所有创新的业务活动创造出更多利润源、利润点和利润杠杆，进一步丰富企业的收入来源和收入渠道。

第三节 评 估 市 场

一、了解市场与顾客

1. 了解市场

狭义的市场是指买卖双方进行商品交换的场所。广义的市场是指为了买卖某些商品而与其他厂商和个人相联系的一群厂商和个人。

最通俗的理解是：市场是对某一种产品或服务有需求且有支付能力的人的集合。

2. 掌握市场规模

市场的规模即市场的大小，是指购买者的人数，又称市场容量。市场规模与竞争性直接决定了对新产品设计开发的投资规模。

3. 人、购买力、需求三要素的相互关系

人、购买力、需求三要素的相互关系如图 6-2 所示。
(1) 人口多但收入低，购买力差，则不能构成容量很大的市场。
(2) 人口少，购买力虽然高，但也不能构成容量很大的市场。
(3) 只有人口多，顾客购买欲望强而购买力又高，才能成为一个有潜力的市场。
(4) 如果产品不适合市场需求，不能引起人们的购买欲望，购买力再高也不能成为现实的市场。

4. 顾客需求

解决顾客的问题，满足他们的需要，他们就会带来更多营业额和利润，企业就会获得成功，这是企业经营最根本的出发点。

顾客购买产品或服务是为了满足需求(我们称之为顾客需求)。

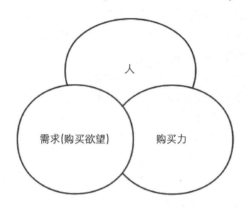

图 6-2　三要素的相互关系

【拓展阅读 6-2】

老太太买李子

一条街上有三家水果店。

一天,有位老太太来到第一家店,问:"有李子卖吗?"店主见有生意,马上迎上前说:"老太太,买李子啊?您看我这李子又大又甜,还刚进回来,新鲜得很呢!"没想到老太太一听,竟扭头走了。店主很纳闷:"奇怪啊,我哪里不对得罪老太太了?"

老太太接着来到第二家水果店,同样问:"有李子卖吗?"第二位店主马上迎上前说:"老太太,您要买李子啊?""是啊。"老太太应道。"我这里李子有酸的,也有甜的,那您是想买酸的还是想买甜的?""我想买一斤酸李子。"于是老太太买了一斤酸李子就回去了。

第二天,老太太来到第三家水果店,同样问:"有李子卖吗?"第三位店主马上迎上前同样问:"老太太,您要买李子啊?""是啊。"老太太应道。

"我这里李子有酸的,也有甜的,那您是想买酸的还是想买甜的?""我想买一斤酸李子。"与前一天在第二家店里发生的情形一模一样,但第三位店主在给老太太称酸李子时聊道:"在我这买李子的人一般都喜欢甜的,可您为什么要买酸的呢?""哦,最近我儿媳妇怀上孩子啦,特别喜欢吃酸李子。""哎呀!那要特别恭喜您老人家,快要抱孙子了,有您这样会照顾人的婆婆可真是您儿媳妇的福气啊!""哪里哪里,怀孕期间当然最要紧的是吃好,胃口好,营养才好啊!""是啊,怀孕期间的营养是非常关键的,不仅要多补充些高蛋白的食物,听说多吃些维生素丰富的水果,生下的宝宝会更聪明。""是啊,哪种水果维生素更丰富呢?""很多书上说猕猴桃含维生素最丰富。""那你这有猕猴桃卖吗?""当然有,您看我这进口的猕猴桃个大、汁多,含维生素多,您要不先买一斤回去给您儿媳妇尝尝?"

这样,老太太在第三家水果店不仅买了一斤李子,还买了一斤进口的猕猴桃,而且以后几乎每隔一两天就要来这家店里买各种水果。

(资料来源:百度文库)

案例中，这三个水果店的店主代表了三种不同类型的销售人员，第一个店主是一个不合格的销售人员，只是一味地告诉客户自己的产品如何好，却不了解客户需要什么；第二个店主是一个合格的营销人员，懂得通过简单的提问，满足客户的一般需要；而第三个店主可以说是一个优秀的销售人员，他不仅了解和满足了客户的一般需求，而且还挖掘创造了客户的需求——需求背后的需求，在这个阶段，销售人员已经从以前的拼价格转向做客户信赖的顾问，帮助客户分析问题、解决问题，获得客户的信任，同时也获得客户的订单。

在面对客户时，企业应该认真思考，如何更好地做到像第三家店主一样引导和创造需求。此外，顾客的需求是多样性的。马斯洛需求层次理论把需求分成生理需求、安全需求、社交需求、尊重需求和自我实现需求五类(见图 6-3)，依次由较低层次到较高层次，每一个需求层次上的消费者对产品的要求都不一样，即不同的产品满足不同的需求层次。将营销方法建立在消费者需求的基础之上考虑，不同的需求产生不同的营销手段。

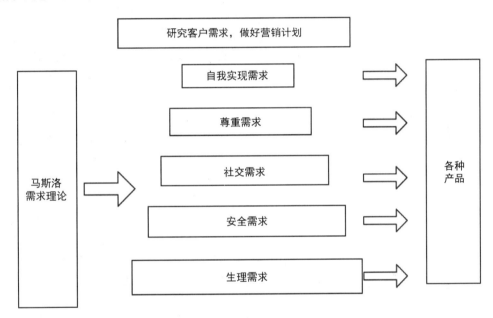

图 6-3 马斯洛需求层次理论

5. 寻找你的目标顾客

1) 顾客细分

顾客细分是将市场划分成不同类型顾客的过程，不同的顾客可能需要不同的产品和服务。

顾客细分能帮助了解以下内容。

(1) 顾客是哪些人(年龄、性别、职业、收入水平等)。

(2) 他们需要什么样的产品、服务，他们最看重产品、服务的什么方面(颜色、款式、价格、质量还是售后服务)。

(3) 他们愿意出多少钱购买产品和服务(消费层次)，他们喜欢在什么地方、什么时候购物(消费习惯)。

(4) 他们的购买量有多大。

(5) 顾客数量能否增加，能否保持稳定。

2) 选定目标顾客

选定目标顾客是指对每一类细分顾客进行深入分析，以确定哪一类顾客具有潜在价值和吸引力，并据此选择一个或多个群体作为未来的营销目标。

(1) 从客户属性出发，定性客户属性，即明确目标客户具备的一些条件。我们必须在已圈定的目标群体中进一步聚焦，这样就可以找到更适合我们的客户。例如，对于卖防脱发药品而言，通过客户需求分析(第一步)，我们明确要寻找的是掉头发的人，然后把药品卖给他。接着用假设法进行分析：这个掉头发的人，必须是什么样的人？假如他收入不高，他会非常在乎脱发吗？他不会在乎的。于是我们可以定性其为中高层收入的脱发者。这是第一个属性。假如他是 70 岁或更大年纪的老人，他会在意脱发吗？显然不会。于是，我们又定性为 30～50 岁的中高层收入的脱发者。再假如他是一个不爱美的人，他会在意自己脱发吗？答案同样是否定的。于是，我们又定性为爱美的、注意形象的、30～50 岁的中高层收入的脱发者。进一步，假如他长期脱发，已经掉光头发，他会在意脱发吗？他可能已经习惯了。于是又定性为刚刚开始掉头发，或轻度或中度掉头发的、爱美的、注意形象的、30～50 岁的中高层收入的脱发者。也可以多问自己几个问题，以挖掘出更多的属性。

(2) 从市场细分出发，锁定目标客户。首先，我们需考虑一些问题：①客户为什么需要我们的产品，而不是其他的同类产品？②客户要求的服务有哪些？我们是否具备提供这些服务的能力？③客户为产品能付出多少代价？这种支付与我们预想的有什么区别？④客户的潜力如何？客户有多大的购买能力？

市场细分的目的，是聚焦在最容易产生效益的客户身上，这也就是"目标客户"。同时，市场细分有助于规避竞争。市场细分，需要回归到提供的产品或服务的功能上来，也就是说，开始回归到卖点。假如是卖奶茶，通过圈定(口渴、喜欢茶饮品)、定性(年轻、时尚、有消费能力、大学生、高中生、初中生、逛街一族)选了一个店址，满足前面的两个条件，但是这里还有人开奶茶店，该如何细分市场？①主题细分。情感主题，只卖"情侣奶茶"，来买的人必须买两杯，寓意成双成对，主打情感牌。此时的目标群体是恋爱一族。②功能细分。养颜主题，只卖养颜茶。此时的目标群体是爱美一族。③特色细分。只卖手摇茶，不卖速溶茶。此时的目标群体是认可这一产品特色的人。市场细分是在选定的目标群体中亮出卖点，选取认可卖点且又有需求的人。

(3) 收集目标顾客信息。收集顾客的信息，就是做顾客方面的市场调查。要全面、细致地了解谁是顾客(who)、他们需要什么(what)、他们何时购买(when)、他们在哪里购买(where)、他们为什么购买(why)，这通常称为市场调查的"5W"原则。

【拓展阅读6-3】

金日集团依靠信息调整营销策略

中国香港金日集团在东南亚素有"西洋参之王"的美称。金日集团在推出护心健脑功能性保健品金日心源素三个月后，其客户服务部收到全国各地 900 多封来信，据此建立了金日心源素的客户数据库，结果却发现真实情况与原来的主观判断存在较大偏差。在这些反馈信中，20～30 岁的客户最多，占总数的 20%；其次是 40～50 岁的客户，占总数的

13%；50～60岁的客户占总数的12.9%。而实际服用人群的性别区分不明显，男女比例均衡，这与公司事前把金日心源素定位为"40岁以上男人的保健品"存在偏差。此外，客户症状最多的是头晕、失眠、记忆力减退，而金日心源素针对头晕、失眠、胸闷、记忆力减退、头痛、瞌睡等症状的效果明显，但是客户对"耐缺氧""抗氧化"的宣传却不知所云。为此，金日集团调整了市场定位，淡化了目标消费群的性别区分，将其定位为"中老年"的保健品，增加了"延缓衰老"的功能诉求，停止宣传"耐缺氧""抗氧化"的作用，集中宣传对"胸闷、心悸、头晕、失眠、心慌、气喘、疲劳、体虚"八大症状的疗效。

(资料来源：百度文库，有改动)

企业只有收集全面的客户信息，特别是客户与企业的交易信息，才能知道自己有哪些客户，以及各客户所具有的价值；才能识别哪些是优质客户，哪些是潜在客户；才能识别哪些是贡献大的客户，哪些是贡献小的客户；才能根据客户带给企业的价值和贡献的不同，对客户进行分级管理。

6. 收集顾客信息的方法

1) 直接渠道

直接渠道是直接收集客户信息的渠道，主要指客户与企业的各种接触机会。

(1) 在调查中获取客户信息主要包括调查人员调查、销售人员收集等。

(2) 在营销活动中获取客户信息主要包括：广告发布后，潜在客户或目标客户与企业联系；与客户的业务往来函电，包括询价、发盘、还盘、接受、合同执行、争议处理等函电。

直接收集客户信息还可以在服务过程中获取客户信息，在终端收集客户信息，通过展览会、展销会、洽谈会等获取客户信息。网站是信息时代收集客户信息的主要渠道。另外，还可以从客户的投诉中收集信息。

2) 间接渠道

间接渠道主要是从已建立客户数据库的公司(包括各种媒介、工商行政管理部门及驻外机构、国内外金融机构及其分支机构、国内咨询公司及市场研究公司)租用或购买信息等。

二、了解竞争对手

与竞争对手争夺顾客时，只有了解竞争对手的优势、特点和不足，才能做到知己知彼，百战百胜，同时也能够明确自己在同行业中的位置，正确地确定本企业的发展方向与目标。

不要简单地把竞争对手视为敌人，他们也是共同营造市场的朋友、促进自我提高的外在动力、学习经验的老师。没有压力就没有动力，没有竞争就没有精英。

1. 收集竞争对手信息

1) 竞争对手的发展历史

收集有关竞争对手产生与发展历程的信息，梳理竞争对手的发展历史，可以窥探竞争对手的战略转移、战术变化等，了解竞争对手的运营管理风格，掌握竞争对手的发展轨迹与规律，从而预测竞争对手可能实施的战略决策与具体行动。

其内容主要包括：①创业者的基本情况；②成立的时间、地点、注册资金；③涉足行业或领域的变化、业务内容的变化、产品与服务的变化；④市场的扩展与转移，公司高层、股东的变动；⑤其他发展过程中的大事记，如收购、兼并、剥离等情况。

2) 竞争对手的发展目标

要了解竞争对手的发展目标，除了研究其发展轨迹外，还需要综合运用其他情报信息。例如，媒体报道的竞争对手高层的讲话、产品结构的变化、销售渠道与地区重点的转移、广告策略的变化、企业宗旨与价值追求相关用语的变化等，根据这些信息综合分析与判断其发展目标，获取竞争对手的发展愿景，并评估竞争对手可能对本组织造成的威胁，学习与借鉴竞争对手的优势，制定竞争策略。

2. 竞争对手的基本信息

1) 企业名称

企业名称是企业的重要标识，要学会从企业名称中可以获得有价值的情报。因为企业名称往往指明了企业所属行业领域，或指明其所在的地理位置，或强调其企业文化精神等。例如，我们看到中华英才网就可以想到，该企业可能是从事人才招聘的网站，其运营范围是全国而不是某区域。需要注意的是，企业名称往往不止一个，除了面向社会公众的常用名称外，企业在签合同、对外交流等正式活动中，也可能使用其他注册的名称。

2) 企业地址与楼宇厂房情况

企业地址是指企业的营业场所或办公场所。通过企业地址可以推断出有用的情报。例如，企业处于地价昂贵、繁华地带，据此可以初步判断该企业比较有实力；企业总部办公地点的迁移，可能意味着其市场战略重点的转移；企业厂房、办公楼宇等设施的规模、装修情况能从侧面反映该企业的财力、规模与生产能力。

3) 电话号码、电子邮箱等联系方式

这是对该企业进行进一步调查的重要线索与渠道。一方面，利用这些电话号码与电子邮箱地址进行检索，能够搜索出含有该联系方式的网络信息，这些信息往往反映了该企业的广告、营销与宣传战略；另一方面，这是直接联系该企业的重要途径，通过这些联系方式，可以直接和竞争对手的员工进行电话或邮件交流，获取有价值的信息。

4) 企业网址

企业网址本身的构成一般是有特定意义的，与组织的形象或从事的具体业务相关。例如，专注于知识管理的知识管理中心，其网址名称是 KMCENTER。另外，企业网站含有大量的企业信息，企业网站的网址是进入该网站的重要途径，同时，网址是使用网页跟踪监测软件所需要的信息元素。

5) 企业登记注册与审批信息

企业在工商、税务部门的登记信息一般涉及企业的经营范围、注册资本、股东的姓名或名称、股东的出资方式与出资额、股东转让出资的条件、企业的机构及其产生办法、职权、议事规则、公司的法定代表人、企业性质(如合伙企业、有限责任公司、股份有限公司)、所有者构成、经营决策层构成等信息。因此，该类信息含金量比较高，且是可以公开查阅的。

3. 竞争对手机构组织与人力资源管理

1) 主要管理人员与背景

这类信息主要包括董事会、监理会、大股东构成，董事长、董事、总经理以及各职能部门负责人的情况(如年龄、学历、专业背景、经历、业绩、爱好、性格等)。

2) 公司组织结构及其职能的设计

这类信息主要涉及公司的职能部门及其组织结构、各部门的职能分工、各部门的员工人数、各部门在公司中的地位与作用等。

3) 人力资源管理与开发

这类信息主要包括员工规模、部门数量、员工忠诚度、培训措施、培训项目、招聘频率与数量、招聘渠道、人员流动情况(尤其是管理人员)、兼职聘用数量、待遇及条件、人才选拔机制、管理人员、技术人员、研究人员、销售人员组合研究等。

4) 薪水待遇、激励机制

这类信息主要包括各部门、各级人员薪水情况、提成、福利、奖金等情况，各种评优、选优、升职、考核的程序、标准和方法等。

5) 分支机构的规模、人数与地域分布情况

这类信息主要包括分支机构的人数以及规模，可以根据地域特点确定分支机构的分布情况等。

4. 竞争对手的产品与服务

任何企业或组织，其经营管理与运作的目的在于输出产品或提供服务，以产品与服务来获取经济和社会效益。因此，产品与服务信息的搜集是至关重要的，主要内容如下。

1) 产品基本信息

竞争对手的产品与服务有哪些？核心产品与服务项目是什么？优势产品与服务项目是什么？这些产品与服务项目的基本特征如何？产品的名称、型号，产品的功能描述等。

2) 产品生产与销售情况

产品生产量、产品生产过程与工艺、产品销售量、产品库存量、产品销售城市与地域范围、产品与服务针对的主要客户群等。

3) 产品与服务项目详情

产品与服务的构成要素、产品与服务的组合(产品与产品、服务与服务、产品与服务)、产品与服务项目的研究开发思路、产品与服务项目的功能与价值、产品与服务最主要的卖点及其优劣势、产品与服务的成本、产品与服务更新换代的周期等。

4) 产品价格

各种不同产品与服务的价格及价格的总体水平、各个细分产品的不同价格标准、价格定位、价格调整频率与力度、零售价与结算价、优惠措施与返利之间的相互关系、各类产品价格组合的策略与目的等。

5) 产品与服务项目的研发

在研项目或产品、预备进行研究的项目或产品、研发人员的数量与背景构成、研发的

领衔人物与其他主要人物的背景信息、研发或购买的专利情况、主要的研究成果、研发的投入与激励机制等。

6) 产品样本、资料或服务项目描述

产品的样本、产品性能与使用方法说明书，服务项目相关文字、图片、视频、音频等各类信息。

7) 产品品牌、包装组合情况

企业有哪些品牌？各类品牌的价位、包装如何？品牌包装组合和市场认同度如何？

8) 产品与服务的信誉度

产品与服务相关政策(如售后服务费用结算问题)、服务承诺、服务兑现情况如何？是否有非常完善的规章制度？员工是否能真正执行？服务态度、服务质量怎样？消费者是否满意？遭到投诉的概率有多大？

5. 竞争对手营销能力与市场战略

1) 销售团队与网点

人数与背景构成(如学历、年龄、经验等)、销售部门主管(如学历、专业、阅历、业绩、性别、年龄、喜好等)、营销覆盖网络(如地域分布、分支机构等)、主要承销商等。

2) 产品销售渠道、方法与策略

营销模式(如网络、电话、传单、电视广告、网络广告、平面广告、广播、报纸、多媒体广告、终端卖场陈列等)、销售渠道的侧重点、自建营销网络或是依托其他机构组织、营销体系框架及重点要素、销售条件、赊账策略、渠道价格体系、合作推广策略(如电视台办节目、同政府部门联结公益捐款等)、结盟策略(如和销售代理、地方分支机构的首席运营官的合作方式)等。

3) 公司产品市场细分与地位

行业(产业)分布、地域分布，产品销售地区及其集中度、销售额与销售总量、销售增长率、市场占有率、市场份额及其增长情况等。

4) 营销宣传效果与能力

品牌知名度与美誉度，宣传的覆盖面与深度，广告的覆盖面与影响力，广告的说服与引导能力，市场活动的覆盖面与有效性，展示会的吸引力与影响力，渠道与销售的覆盖面以及渠道的忠诚程度，销售能力、服务能力与信息能力，促销的频率、力度(即投入)、形式、内容、成效，以及促销对品牌提升的好处、促销对企业员工和商家信心的提高程度等。

6. 企业文化及管理决策的特点

企业文化及管理决策的特点主要包含以下几点：①企业战略目标、价值追求、口号、制度规范等；②企业决策程序，主要决策者的做事风格和特殊偏好；③员工进修与学习制度，培训方式与项目，以及员工集体生活状况，尤其是大型集体活动开展的频率与主题内容情况；④员工之间、管理层之间、员工与管理层之间的关系，公司高层与普通员工的互动，高层在普通员工心目中的号召力、威信、执行力等；⑤企业的作息时间、人性化管理(如一些特殊的人性化措施)；⑥后勤组织与服务的情况(如员工食堂伙食、青年员工宿舍等)；⑦基础保健与休闲娱乐设施情况(如各类保健运动设备、游乐场、游泳馆等休闲娱乐、保健、文化设施的提供情况等)；⑧特殊事件下公司各层级管理人员与员工的反应，如公司员工生重病需大量医疗费用,公司员工及高管人员对员工的关心程度,员工之间互助情况等。

7. 投资与经营状况

1) 投资信息

投资信息包括资本投资总量、投资领域与地域分布、海外采购情况等。

2) 财务信息

财务信息包括固定资产、流动资产、产值、主要成本、主要利润、税金、利润增长、资产收益率、资金周转周期、经营利润率、纯利润率、股东权益收益率、银行贷款、债权情况、债务情况、各季度的净利润(亏损)、各种收入来源分布等。

3) 合作伙伴、战略同盟情况

考虑合作伙伴、战略同盟的情况,如主要合作伙伴有哪些,供应商有哪些,承销商有哪些,主要的合作伙伴、供应商、承销商的背景、地域、行业分布情况,与每个合作伙伴的合作事宜和具体项目内容,合作战略及其对行业竞争的影响,对合作者、同盟者的评价等。

4) 客户与用户情况

客户与用户情况包括客户名单、数量、行业分布、地域分布,主要大客户背景信息,客户消费情况与习惯分析,客户满意度、期望值、希望得到的服务方式等的分析,个人用户的数量、行业分布、职位分布、地区分布、薪水待遇、学历、年龄等情况,客户(用户)评价等。

8. 企业公关能力

企业公关能力主要包含以下几个方面:①与政府主管部门的关系;②与银行、证券、媒体机构、科研院所等的关系;③与关联企业的关系,主要包括重要合作伙伴、上下游企业、顾问机构等;④公司面对突发事件的处理能力、灵活性、适应性;⑤尤其要关注各类特殊事件与新闻报道情况,如新闻媒体对竞争对手最近投资融资动态、公益、联盟等事件的报道,社会评价、媒体舆论评价、专家评价、行业人员评价、客户(用户)评价等。

9. 其他重要信息

1) 企业基础设施情况

厂房(办公地点)面积、生产设备数量与状况、办公地点与环境、办公设备、信息化程度(如计算机、各类信息系统、网络等的配备、开发、使用情况)、原材料与能源的供求情况等。

2) 核心竞争因素

商务模式和主要盈利点,产品开发与创新体制,拥有的核心技术与核心产品,拥有的特殊资源(如专利技术、技术和管理精英、特许和认证等),产品应用新技术的情况,运营特色、品牌估价等。

3) 地位与声誉

地位与声誉是指公司的名声和产品的名声,客户、供应商、承销商、同盟者等对竞争对手公司的评价,公司在整个行业中的地位等。

10. 收集竞争对手信息的方法

1）互联网

随着越来越多的企业开始进行网上营销和促销活动，互联网使搜集情报工作变得更加方便，更节省成本。以下是一些在互联网上获取竞争对手商业情报的常用方式和渠道。

（1）新闻发布稿。在竞争对手的网站上通常都有丰富的信息内容，值得一读的是其新闻发布稿。一般企业的新闻发布稿内容详尽丰富，若能接触到原始材料，会有助于从中收集"可操作性的情报"，从而得出可靠结论。当然也可以在公共新闻媒体上读到一些报道。

（2）购物中心。互联网上的消费者"购物中心"是了解竞争对手产品技术规格、产品动态、价格优惠条件的好"场所"。

互联网上有多数上市公司的大量资料，这是互联网最能发挥其作用的地方。利用搜索引擎或互联网购物中心，借助企业网站可以轻松获得有关企业的最新数据。

2）市场调研

市场调研是搜集情报的重要方法，但成本较高。市场调研报告能从一个旁观者的角度来了解企业信息。市场调研越来越多地由专业的市场调研机构来进行，如国外的带卡快思（Dataquest）——一家美国的数据公司，就是市场情报业的领先者。它提供了一个集调研、定制咨询和用户分析于一体的国际网络，主要从事定量市场研究、统计分析、增长预测和对信息技术销售商的市场份额排名。

3）展览会

展览会的独特之处在于不仅可以接触到客户，还能近距离了解竞争对手。这是做第一手市场调研和收集价格等信息的绝好机会。要像侦探一样，花时间走遍展会的每个角落，带着相机和记事本，尽可能多地收集信息。通过调查竞争对手，来寻找自己的产品、销售人员、展品、宣传资料、顾客评价和展会前的营销策略及其在实施效果方面与竞争对手的差距。当然，在展会上想要直接了解竞争对手的价格不是那么容易，任何人对价格都非常敏感。但是，通过客户来了解竞争对手的价格信息是非常有效的策略。例如，在广交会上，当你与客户讨价还价时，客户惯用的方法就是，指明哪家公司的报价比你低得多，其实这正好是顺藤摸瓜的时候。

【拓展阅读6-4】

当今时代，互联网正以前所未有的速度向前发展，为经济的全球化奠定坚实的技术基础。面对全球竞争，企业为了立于不败之地，越来越重视信息的收集与利用，尤其是利用互联网收集竞争对手的信息。

1. 定期浏览相关网站

我们获取产品信息最直接的方法就是从有关公司、商店、行业协会的网站上查找。国外领先产品的今天可能就是我们产品的明天。了解国外新产品的情况及发展趋势，有助于开发新产品。在生产厂家的网站上，往往会有对产品技术性能信息的详细说明。若对商店、行业协会的网站有不明白之处，我们还可以发电子邮件询问。不妨选择国外几家业内领先企业，定期访问它们的网站，跟踪它们的新产品开发信息。

2. 经常参加企业的业务联系

由于企业一般有较强的保密意识，所以在其网站上公布的信息常常是经过特殊加工的，一般深度不够，而且时效性较差，往往是企业已经或即将推出的新产品的信息。如何获取质量更好的信息呢？参加行业聊天室是一个好办法，特别是技术人员组成的聊天室。在不经意的闲聊中，说者无心，听者有意，往往可以得到很多有价值的信息。例如，微软为提防 Linux 对其操作系统 Windows 的挑战，就经常访问有关 Linux 的 BBS 和新闻组站点，以获取最新资料。有人发现，微软居然是访问 Linux BBS 站点次数最多的公司之一。

3. 注意跟踪竞争对手的招聘广告

产品是需要人来开发的，从竞争对手对应聘人员技术背景的要求上，可以判断出其新产品开发的基本方向。网络上有无数招聘网站，可以从中选择几个竞争对手经常发布招聘信息的网站，观察它们的人员需求情况，特别是对技术人员的需求情况。

4. 查找专利数据库

由于专利审批需要一定时间，且需要公布专利的一般资料，因此，观察竞争对手的专利申请情况是了解其新产品开发计划的途径之一。在网上查找专利，可以直接通过专利数据库或委托专利事务所代理查询。

根据联合国权威部门统计，有 90%～95%的新技术是在专利文献中报道的。通过检索竞争对手在某一技术领域申请的专利，并对这些专利及专利文献内容进行深入分析，能判断出竞争对手的研究与开发方向、经营战略以及产品和技术优势等。专利申请的成功意味着竞争对手在未来几年里将独占这一市场。此外，利用专利文献引进最新技术，也是提高企业竞争力极为重要的途径。

5. 从其他网上媒体获取竞争对手信息

如果竞争对手是一家有较高知名度的公司，我们可以通过阅读网上电子版报纸，如《人民日报》《光明日报》，以及电视台网站等媒体对竞争对手的报道来了解竞争对手。此外，我们还可以在搜索引擎中以竞争对手的名称作为关键词进行搜索，查找相关网页来获取有关竞争对手的资料。

(资料来源：达达文档网)

三、制订营销计划

市场营销计划是指调查市场、了解顾客需求，为其提供相应的产品和服务，以合适且有竞争力的价格，通过最方便的渠道把产品和服务销售给顾客，以期占领更多的市场份额，为此还要做力所能及的促销活动。成功的促销能增强本企业的竞争力，但是，如何灵活配置资源、突出重点并取得最佳效果，制订有效的市场营销计划是最佳的方法。

产品(Product)、价格(Price)、地点(Place)、促销(Promotion)这四个方面构成了市场营销的整个内容。这四个英文单词的第一个字母都是 P，所以市场营销中的四个方面简称为"4P"，如图 6-4 所示。

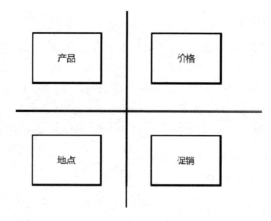

图 6-4 市场营销"4P"法

1. 产品

产品是指计划向顾客销售的东西或提供的服务，包括有形产品和无形产品。

产品的核心、产品的形式、产品的附加值，作为产品密不可分的三个层次，构成了产品的整体概念，如图 6-5 所示。

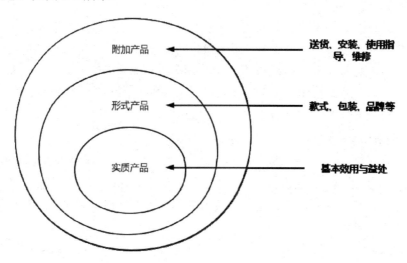

图 6-5 产品的整体概念

在进行产品决策时，应该考虑产品的以下因素。

(1) 规格：大小、型号。

(2) 外包装：商标、生产日期、保质期限、规格型号、产地、厂名、联系方法等。

(3) 内包装：产品说明书或产品手册。

(4) 售后服务。

(5) 质量：原材料、构成成分、工艺、技术水平等。

(6) 维修和零配件。

(7) 产品的附加值：消费者购买产品时所得到的附加服务和附加利益的总和，包括提供信息、免费送货、免费安装、维修，提供说明书、使用技术的培训等。

2. 价格

价格是产品或服务能够换回的货币数。价格要合适才行，定高了顾客不买，定低了赚不到钱。

1) 决定价格的因素

(1) 产品成本。产品成本是企业进行生产经营的各种支出，它决定着产品的价格底线，是产品定价的基础，也是企业进行经济核算的盈亏临界点。从企业发展的长远角度考虑，任何产品的销售价格必须高于成本，才能以销售收入抵偿生产成本和经营费用，否则企业无法维持正常的生产和经营，因此企业制订价格必须估算成本。

(2) 市场需求。某种产品的市场需求是指一定的顾客在一定的时间、一定的地理区域内、一定的市场环境和一定的市场营销方案下的购买总量。市场需求决定产品的最高价格，而价格和收入的变动又影响市场需求。

(3) 竞争者的产品和价格。由于企业不能随意定价，产品的最低价格取决于生产成本，而最高价格取决于消费者愿意接受的价格。在最低价格和最高价格的区间内，产品价格取决于竞争者同种产品的价格水平。因此，企业应采取适当措施，了解并掌握竞争者的产品质量、价格及企业实力，在此基础上进行准确定价。如果企业的产品与竞争者产品质量大体相同，则价格也应大体一致；如果比竞争者产品质量差，则价格低于竞争者产品价格，反之则应高一些。但在具体的定价工作中，还要综合考虑多方面因素，以作出明智的定价决策。

(4) 定价目标。

① 维持生存。如果企业面临着生产能力过剩、产品积压、市场竞争激烈的窘境，可以把维持生存作为定价目标，采取低价来保证企业正常生产和存货出售。因此许多企业经常通过大规模价格折扣来保持企业生存的能力。采取这种定价目标的条件是销售收入能弥补可变成本和一些固定成本。

② 利润最大化。利润最大化是指企业希望获得最大限度的销售利润或投资收益。它有长期利润最大化和短期利润最大化之分。长期利润最大化是一个企业长期的全部产品利润最大化；短期利润最大化是指企业对产品生命周期短暂、在市场上处于绝对有利地位或市场紧缺产品制定高价以在短期内获取最大利润。采取短期利润最大化定价目标风险大，容易损害企业形象，不能轻易使用。

③ 市场占有率最大化。如果企业确信在赢得最高的市场占有率之后能获取最低的成本和最大的长期利润，则可以采取低价来追求市场占有率最大化。

2) 定价方法

定价方法是指企业为了在目标市场实现定价目标，给产品制定一个基本价格和浮动范围。在选择定价方法时，企业要考虑产品成本、市场需求和竞争格局。因此，企业定价方法有三种类型：成本导向定价法、需求导向定价法和竞争导向定价法。

(1) 成本导向定价法。成本导向定价法是以成本费用为中心的定价方法，主要有成本加成定价法、目标定价法和边际贡献定价法等。其特点是简便实用。

① 成本加成定价法。成本加成定价法是指单位产品成本再加上固定的利润加成率来制定产品销售价格的定价方法。

② 目标定价法。目标定价法是根据企业总成本和预计的总销量，确定一个目标收益

率来核算价格的定价方法。

③ 边际贡献定价法。边际贡献定价法也称变动成本定价法，是多产品生产企业常用的一种定价方法。美国企业在 20 世纪 30 年代开始使用变动成本为产品定价。边际贡献定价法只计算变动成本，忽略固定成本，是以预期的边际贡献补偿固定成本并获得收益的定价方法。边际贡献是销售收入减去变动成本后的差额。采取边际贡献定价法的基本出发点是只要边际贡献大于零，即售价大于变动成本，企业就可以生产，否则不能生产。因为在边际贡献小于零的情况下，企业生产越多，亏损越大。

(2) 需求导向定价法。需求导向定价法是以消费者感受和市场需求强度为主要依据的定价方法，主要包括认知价值定价法、逆向定价法和需求差别定价法。

① 认知价值定价法。认知价值定价法也称理解价值定价法和觉察价值定价法，是根据消费者对产品的认知价值来制定价格的定价方法。认知价值定价法的关键在于准确计算出产品所提供的全部市场认知价值。认知价值定价法的步骤如下：从产品质量、服务和价格方面对新产品进行准确的市场定位；确定所提供产品的价值和价格；预计在此价格下所能销售的产品数量；根据预计销售量决定产能、投资和单位成本；核算在此价格和成本费用基础上能否盈利，若盈利则开发这一新产品，否则放弃这一产品概念。

如果每个企业都按产品的认知价值定价，那么每个企业都可以获得相应的市场占有率。如果有一个企业定价低于认知价值，就会提高市场占有率，因为消费者可以同样的支出获得更多的产品。

② 逆向定价法。逆向定价法也称反向定价法，是企业根据消费者能接受的最终售价，计算自己的经营成本和利润，逆向推出产品的批发价和零售价，力求价格为消费者所接受。

③ 需求差别定价法。需求差别定价法也称价格歧视，是指企业按照两种或两种以上不反映成本费用的比例差异价格来销售某种产品或服务。差别定价的主要方式有以下四种。第一种，顾客差别定价，如我国火车票价对一般人是全价，对学生是半价；电力公司对居民用户和商业用户采取不同的收费标准。第二种，产品形式差别定价，如同样面料的服装因款式不同，价格也不同。第三种，地点差别定价，如在剧院，由于座位的位置不同，票价也不同。第四种，时间差别定价，如蔬菜在夏天便宜，冬天贵。

差别定价的适用条件主要包括：市场是可以细分的，各个细分市场表现出不同的需求强度；低价细分市场的买主没有可能向高价细分市场转卖产品；竞争者没有可能在企业高价细分市场上低价出售同类产品；实行价格歧视所得到的额外收入要大于细分市场的费用支出；价格歧视不能引起顾客的反感；不能违法。

(3) 竞争导向定价法。竞争导向定价法是根据市场竞争的需要，以竞争对手的价格水平作为定价基础的定价方法，主要有随行就市定价法、投标定价法和拍卖定价法。

① 随行就市定价法。随行就市定价法是指企业根据行业内现行的平均价格水平来制定价格。它是同质产品市场上常用的定价方法。

在完全竞争市场上，卖方只是价格的接受者，产品价格由市场供求关系决定，因此只能按照现行市场价格出售产品。如果哪家企业产品价格低于现行市场价格，各企业都会降价，彼此之间进入价格战，这对哪家企业都没有好处，所以在完全竞争市场上各个企业大多根据现行市场价格定价。

在寡头市场上，经营同质产品的厂商也倾向于和竞争对手制订相同的价格。因为在这个市场上，消费者了解产品特征，倾向于购买低价企业的产品。因此几家企业保持和平共处，尽量维持现有价格。在经营异质产品的市场上，企业产品有差异，可以制定不同的价格，但是一些企业会根据自己的竞争位次制订价格。例如，市场领导者的产品价格最高，挑战者第二，跟随者第三，以保持各自的市场份额。

② 投标定价法。投标定价法是指在招投标过程中投标人为了赢得合同，在对竞争者报价进行预测的基础上，兼顾企业应有的利润而制订出比竞争对手低的报价。它一般用于建筑工程、大型设备制造、政府采购等方面。

企业确定的投标价格是以既能取得承包合同又能得到尽可能大的利润为目标，这两方面是矛盾的，因此在现实中很难做到。虽然企业报价低于竞争对手，但价格的最低限度不能低于边际成本。因此在实际操作中企业常根据期望利润制定投标价格。期望利润是某一投标价格所能取得的利润与估计中标的可能性的乘积。期望利润是企业最大的投标价格，也是最佳的投标报价。

③ 拍卖定价法。拍卖也称竞买，是卖方预先展示所出售的物品，在一定的时间和地点，按照一定的规则，由拍卖者用叫价的方法把物品出售给出价最高者的一种定价法。

拍卖一般是由拍卖者把现货或样品陈列在拍卖现场，拍卖时按编号依次叫价。叫价有上增和下降两种。上增是先由拍卖人喊一最低价格，然后让竞买人争相加价，直到无人再加价时，拍卖人便用铁锤或木板在桌上一拍表示成交。下降是先由拍卖人喊一最高价格，若无人购买，便逐渐落价，直到有应声的买主，拍卖人就拍桌一下表示交易达成。拍卖有自愿拍卖和强制拍卖两种。自愿拍卖是物品所有者自愿委托拍卖行代为拍卖其物品；强制拍卖是物品所有者因破产或其他原因使其物品被强制拍卖。

3) 定价策略

(1) 新产品定价策略。新产品定价策略有撇脂定价、渗透定价和满意定价三种类型。

① 撇脂定价。撇脂定价是指在新产品上市之初把价格定得很高，利用消费者求新求奇的心理获取最大利润，犹如从鲜奶中撇取奶油。美国雷诺公司就是采用撇脂定价法取得成功的典范之一。1945 年雷诺公司从阿根廷引进圆珠笔技术，利用二战结束后物资短缺的有利条件和广告宣传的作用，在圣诞节前夕把以"原子笔"命名的圆珠笔投放市场。当时每支圆珠笔的制造成本为 0.8 美元，售价 12.5 美元，短短 6 个月，雷诺公司就以 2.6 万美元投资获取了 155.86 万美元的税后盈利。采用撇脂定价法在短期内可以获取高额回报，有利于企业筹集资金，扩大生产规模，树立企业形象，为降价创造条件。但是由于价高利大，不利于开拓市场，也使市场竞争异常激烈，并且有大量仿制品出现。撇脂定价法的适用条件主要有以下四个。第一，市场规模大。由高价所引起的需求量减少并不会抵销高价所带来的利润。第二，市场具有不同需求弹性的消费者。企业有足够的时间先让需求弹性小的消费者来购买新产品，然后再向需求弹性大的消费者推销新产品。第三，拥有专利或技术垄断。由于企业拥有专利或技术垄断，即使高价也没有竞争者，仍然独家经营。第四，树立高质高价新产品形象。

② 渗透定价。渗透定价是指在新产品上市之初把价格定得相对较低，以物美价廉吸引消费者，扩大市场占有率。采取渗透定价法有利于扩大产品销售量，提高市场占有率，防止潜在竞争者进入市场。但是采取渗透定价法产品投资回收期长，风险大，一旦渗透失败，企业将会一败涂地。渗透定价法的适用条件如下：市场需求对价格极为敏感，价格弹

性大；生产成本和经营费用会随生产规模扩大和经验积累而下降；低价不会引起实际或潜在竞争；新技术已经公开或容易仿制；市场上已有同类产品或替代品。

③ 满意定价。满意定价也称君子定价，是在新产品上市之初采取对买卖双方都有利的中等价格来销售产品。它是一种比较温和的定价策略，既可以避免撇脂定价因价高而带来的风险，又克服了渗透定价因价低而造成的投资困难，同时兼顾了企业、消费者两方面的利益。

(2) 心理定价策略。心理定价策略是利用消费者心理因素，有意识地调高或降低产品价格的一种定价策略。它比较适用于零售业。心理定价策略有声望定价、尾数定价、招徕定价三种类型。

① 声望定价。声望定价是利用消费者仰慕名品、名店声望的心理特征故意把产品价格定得很高的一种定价策略。这是因为消费者对名品、名店所提供的产品有高度信任感，有一种"一分价钱一分货"的心理，认为高价必然优质，因此愿意为名牌产品付出高价。同时高价位的产品往往是身份、地位、财富、权力的象征，因此人们也愿意花高价购买名品、名店的产品，以展示自己的实力。声望定价往往适用于名品产品、时尚产品、艺术品和礼品等"炫耀性"产品销售。

② 尾数定价。尾数定价就是零头定价，是指利用消费者对数字认知的某种心理故意把产品价格定成尾数价格。例如，中国人对数字 5、6、8、9 情有独钟，因此有的产品定价为 168、598 等。

尾数定价能使消费者感到产品的价格是企业经过精细核算得出的，从而使消费者对企业产品产生信任感。尾数定价适用于低价产品。

③ 招徕定价。招徕定价是零售商利用消费者求廉价的心理特征，故意把几种商品价格定得很低以招徕顾客，其目的是利用招徕定价的商品吸引消费者购买其他正常价格的商品。

(3) 折扣定价策略。折扣定价策略是指商品按原定价格扣除百分之几出售的一种定价策略，其目的是鼓励消费者及早付清货款、大量购买、在淡季购买和提高顾客忠诚度。

折扣定价策略主要有现金折扣、数量折扣、职能折扣、季节折扣和折让等类型。

① 现金折扣。现金折扣是对按约定日期付款或提前付款的顾客给予一定的折扣。实行现金折扣应在付款条款上注明，如 "2/10, $N/30$"，其意思是买方在 10 日内付款，给 2% 的折扣，最迟要在 30 日内付清，但没有折扣。

现金折扣的目的是尽快收回货款，加速资金周转，减少坏账损失。因此现金折扣一般都高于银行利率。

② 数量折扣。数量折扣是根据一定时间内购买量大小给予不同的价格折扣。数量折扣分为累计数量折扣和非累计数量折扣两种类型。数量折扣的目的是让利给大量购买本企业产品的顾客。

③ 职能折扣。职能折扣也称功能折扣、贸易折扣，是制造方给执行某种市场营销职能的批发商和零售商的一种额外折扣。

④ 季节折扣。季节折扣是制造商给购买淡季商品或过季商品的顾客的一种价格折扣。季节折扣的目的是保持企业生产和销售一年四季稳定。

⑤ 折让。折让也是一种减价形式，有以旧换新折让和促销折让两种类型。

(4) 地区定价策略。地区定价策略是针对顾客的不同地区要求和营销条件而在价格上有不同处理方法的定价策略。地区定价策略有 FOB 原产地定价、CIF 定价、区域定价、基点定价。

① FOB 原产地定价。FOB 原产地定价是买方按出厂价购买某种产品，卖方负责将产品装运到产地的某种运输工具上交货，交货验收后的一切风险和运杂费用都由买方承担。FOB 是 Free On Board 的缩写，即装运港船上交货，是国际贸易中常用的贸易术语，我国习惯上叫"离岸价格"或"离岸价"。采用 FOB 原产地定价，卖方风险小，但利润也少，对远距离顾客缺乏吸引力。

② CIF 定价。CIF 定价是由卖方在规定的时间内租用运输工具，办理货运保险，将货物运抵指定目的港，并负责货物从装运港到目的港的正常运费和保险费。当货物在装运港装上运输工具时，卖方即完成交货。CIF(Cost Insurance and Freight)是常用的国际贸易术语之一，我国习惯上称"到岸价格"或"到岸价"。但是把 CIF 称为"到岸价"是错误的。因为在 CIF 条件下，尽管卖方负责租用运输工具并支付到目的港口的运费、负责办理货物保险并支付到目的港的保险，但货物在装运港装上运输工具后的一切风险仍由买方承担，货物装上运输工具后产生的除运费、保险费以外的费用，也由买方承担。在 CIF 条件下，卖方交货属典型的象征性交货方式，卖方凭单交货，买方凭单付款，因此在履行 CIF 合同时，卖方除按合同认真履行交货义务外，按规定向买方提交合格单据至关重要。CIF 定价简便实用，卖方利润较多，风险大；有利于吸引远距离的顾客，不利于吸引近距离的顾客。

③ 区域定价。区域定价是把市场划分为几个大区域，在每一个区域内实行统一价格。

④ 基点定价。基点定价是指企业选择一些城市作为定价基点，按基点到客户所在地的距离收取运输费。

3. 地点

地点是确定将企业设在什么地方。

1) 选择地点的基本原则

(1) 生产、加工类企业：有满足生产加工需要的场地；离原材料供应商较近；交通便利；租金较低；员工的生活便利和安全。

(2) 贸易和服务类企业：人口密度大且流动性大；距离顾客较近；交通便利且方便停车；同行较密集。

需要注意的是，不同行业有不同的选址要求，即使同一行业也因项目不同而存在不同的选址要求。选址是一门学问，要充分考虑各种因素，如图 6-6 所示。

2) 选择经营场地要考虑的因素

(1) 租金高低。

(2) 物业条件是否能满足经营面积和布局要求。

(3) 该地区商圈辐射范围大小、人口密度、生活和消费水平。

(4) 是否接近目标顾客群体。

(5) 社区未来发展前景。

(6) 同类生意的竞争状况。

(7) 交通是否便捷。

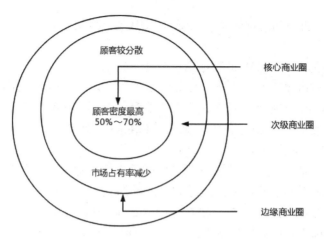

图 6-6 商圈分布图

3) 店铺选址应考虑的因素

(1) 距离公交站点越近越好。

(2) 要根据经营内容来选择地址。服装店、小超市要求开在人流量大的地方；保健用品商店和老人服务中心，适宜开在偏僻、安静一些的地方。

(3) 要选取自发形成某类市场的地段，借市场扬名。在长期的经营中，某市场会自发形成销售某类商品的"集中市场"。

(4) 要选择有广告空间的店面。有的店面没有独立门面，店门前自然就失去了独立的广告空间，也就使店主失去了在店前"发挥"营销智慧的空间。

(5) 要有"傍大款"意识。把店铺开在著名连锁店或强势品牌店的附近，甚至开在它的旁边，借助它的品牌效应"捡"些顾客。

(6) 不要在经常打折的店面周围做生意。

(7) 不要贪图房租便宜。

4．促销

促销就是利用某种强化手段向顾客传递信息，吸引他们来购买产品或服务。促销方式的分类如下。

(1) 广告宣传：通过媒体或发放小册子、价格表、名片、标志品来招徕顾客。

(2) 人员推销：推销人员与顾客面对面地沟通，促成交易。

(3) 营业推广：设法用降价、奖励、礼品、表演来影响顾客，使之有得到更多利益的感觉而成为忠实顾客。

(4) 公共关系：树立诚实不欺、优质守信的形象，赢得顾客的好感，往往也会借助媒体发布利好消息为企业打广告，从而影响顾客心理来店消费。

四种促销方式的优缺点如表 6-1 所示。

无论是哪种促销方式，关键在于销售。要有专业销售心态、专业产品知识、专业销售技巧。要学会问，通过提问来发现客户的需求；要懂得听，听懂客户没有说出来、需要意会的内容；要会聊天，根据不同客户的需求与其谈论适合的话题。

表 6-1　四种促销方式的优缺点

促销方式	优　点	缺　点
广告宣传	传播面广，形象生动，节省人力	只能针对一般消费者，难以立即促成交易，且费用较高，可信度较低
人员推销	直接沟通信息，反馈及时，可当面促成交易	占用人员多，费用高，传播信息速度慢且覆盖面窄
营业推广	吸引力大，激发购买欲望，可促使消费者当即采取购买行动	接触面窄，有局限性，有时会降低商品形象
公共关系	影响面广，信任度高，可提高企业知名度和声誉	花费力量较大，效果难以控制

第四节　商业模式案例分析

商业模式的类型较多，现选取较为典型的几个成功案例进行分析。

一、沃尔玛商业模式

沃尔玛百货有限公司由美国零售业的传奇人物山姆·沃尔顿先生于 1962 年在阿肯色州成立。经过 60 余年的发展，它已经成为全球最大的私人雇主和世界上最大的连锁零售商。

沃尔玛的创始人沃尔顿先生于 1918 年出生在俄克拉何马州的农村，他从小放牛、养马、挤牛奶、养兔子、养鸽子。中学、大学时期，他在餐馆、商店打工，自己赚钱上学。大学毕业后，沃尔顿在一家连锁商店工作过两年。1945—1962 年，在阿肯色州的农村，他通过加盟 "Ben Franklin" 品牌开过多家连锁店。当时让他极其痛苦的问题有两个：一是他必须付很高的批发价进货，由于他的规模太小，没办法，只好忍受批发价，得不到出厂价；二是像阿肯色州农村这种边远地方，人口少，市场小，没有批发商愿意往那里送货，沃尔顿需自己想办法安排货运。一般认为，在人口少于 5 万的乡镇开平价商场，是不会盈利的，因此，那时的连锁超市都集中在城市。恰恰因为如此，沃尔顿先生反倒觉得乡村才有机会，因为那里竞争少，只要价格足够低，即可赢得市场。

1962 年，在阿肯色州的一个小镇，沃尔顿开了第一家沃尔玛超市，以天天平价为基本立足点。随即，他开始在其他小镇扩张。他只选那些没人去、人口为 5 000~25 000 的乡镇。那些小地方，不仅没有竞争，而且每开一家沃尔玛超市，当地人马上会家喻户晓，不需要花钱做广告，他们自动就会来。这当然节省成本。到 1969 年，沃尔玛共开了 18 家规模相当大的分店，全部在人口低于 2.5 万的小镇。到 1990 年，沃尔玛有 1/3 的超市都开在这种没有竞争的小镇上，同时拥有相当强的定价权。

既然没有批发商愿意送货到阿肯色州的乡村，沃尔顿在 1964 年开始建立自己的物流库存中心。沃尔玛从此避开中间批发商，直接跟生产厂商谈价、进货了。沃尔玛从厂商进货到自己的物流中心，然后再运到各分店。随着沃尔玛规模的上升，它的砍价能力也直线上升，使沃尔玛的货价水平越来越低，竞争优势越来越强。沃尔玛的经营理念就是以较低的价格、独到的顾客服务向消费者提供种类齐全的优质商品，以"天天平价，物超所值，服务卓越"为经营核心,坚持永恒的经营主题——节约成本:①机器代替人力降低成本;②高科技管理下的信息系统减少并控制成本;③对房地产的准确把握,降低固定成本;④在广告上压缩投入,降低成本;⑤低成本、高效率的特色管理有效降低成本。

沃尔玛的最大特点是大批量采购货物,而且是直接从厂商采购,避开了中间商。由于采购量巨大,它能把厂商的出货价格压到最低。沃尔玛是世界上最大的零售商,在全球有5000多家巨型超市,每周有1亿多顾客光顾。这几千家超市的货物由总公司统一采购,比如鞋、衣服等。只要沃尔玛决定从哪家制鞋厂进货,那就是一年许多亿双鞋的订单,那家制鞋厂就不用找别的客户了,只为沃尔玛生产就够它发展增长了。正因为这样,沃尔玛就有了充分的议价能力。以最便宜的价格直接从厂商进货,不仅给沃尔玛带来很大的盈利空间,而且也让它有能力以低价和别人竞争。

二、戴尔电脑商业模式

迈克尔·戴尔真正有影响的见解并不在技术方面,而是在商业方面。早在20世纪80年代初他就开始关注个人电脑生产企业的工作模式,并且发现了一条更好的路子。这种方法可以免除许多不必要的成本,让人们以更低的价格买到自己想要的计算机。这条更好的路子就是向客户直销,绕过分销商这个中间环节。戴尔电脑公司从消费者那里直接拿到订单,接下来自己购买配件组装计算机。这就意味着戴尔电脑公司无须车间和设备生产配件,也无须在研发上投入资金。消费者得到了自己想要的计算机配置,戴尔公司也避免了中间商的涨价。

戴尔电脑公司的直销商业模式就是利用现有的价值链,并且除去了一个不必要的、成本昂贵的环节。多年来,直销模式让戴尔电脑公司保持了一种令竞争对手疲于应付的速度,也让它与客户建立了直接联系。这种联系又让它及时掌握客户想要什么样的产品,何时需要这样的产品。

具体而言,戴尔电脑商业模式分解如下。

1. 战略目标

为客户量体裁衣的直销模式是戴尔一向提倡的主线,直接与顾客打交道,了解他们的需求并且把产品直接销售给顾客。戴尔公司一直与潜在的顾客和已经购买了戴尔产品的顾客保持沟通,了解他们真正的需求,以及需要改进的地方。这个过程不是单独的,而是贯穿于从设计、制造到销售的整个营运过程。它也不是一个单一的简单过程,而是通过电话拜访、面对面的互动以及现在借助于网络沟通等多种渠道,持续不断地了解顾客的反应,及时获知他们对于产品、服务和市场上其他产品的建议,并知道顾客希望能买到什么样的新产品。其他公司在接到订单之前已经完成产品的制造,所以他们必须猜测顾客想要什么样的产品。但是戴尔的营销方式是先了解顾客需求,再接受顾客订单,最后进行产品制造。这样就能够保证按照顾客需求提供产品。

戴尔公司一成立,就确定了"提供绝佳的顾客服务及产品来赢得声誉"的目标。而且戴尔一直坚持直接与顾客接触来达到这一目标。

2. 目标客户

戴尔是一个遍及世界的电脑经销商,其客户分布在全球的各个角落,戴尔接受个人、家庭的订单,但更主要的业务来源于各大企业、跨国公司、政府机构、学校等。

在客户细分中,戴尔的具体做法是:不单单将产品细分,更主要的是分析顾客不断变化的需求之间的微小差别,以达到对顾客进行不断的细分。戴尔的产品细分是建立在顾客细分基础之上的。与顾客直接接触,了解他们的需求,根据需求的不同把顾客进行细分,针对不同顾客形成相应的产品细分。这种细分并不是固定不变的,而是随着市场的发展变化,不断审视当前业务,不断细分。

3. 重要经验

1) 建立贴近顾客的直接关系

贴近顾客是企业竞争的利器,但很多公司只是从单一角度与顾客建立关系,而戴尔则是根据客户的需要、特性和规模来建立与顾客不同的直接关系。这样的关系已成为戴尔公司最大的竞争优势。

2) 关注需求而不是关注产品

戴尔力图做顾客的顾问,帮助顾客作出正确的决策。主要科技人员经常以撰写报告、介绍新科技的方式来向顾客介绍计算机行业的发展趋势,帮助他们了解最新的计算机动态,还有顶尖的软件和硬件工程师必须定期或不定期地与顾客举行研讨会,讨论未来科技发展趋势。如此一来,公司就与顾客建立起信任、诚实的伙伴关系,让科技真正为顾客创造更大的价值。

3) 直线销售和直接提供资源

直线销售关注的是与顾客建立一种直接的关系,让顾客能够直接与厂家互动。戴尔通过这种互动,不管是通过国际互联网,还是通过电话,或者与销售员面对面互动,戴尔的顾客可以十分方便地找到他们所需要的计算机配置,戴尔则可以按照客户的订单制造出完全符合顾客需求的定制计算机。

4) 注重客户反馈

产品发展策略,应该基于顾客意见并据此进行调整。在戴尔看来,最好的顾客是能给他们最大启发的顾客;是教导他们如何超越现有产品和服务,提供更大附加价值的顾客;是能提出挑战,让他们想出办法后也可以惠及他人的顾客。

5) 提供专人客户负责制

戴尔为所有用户设立客户档案,他们可以随时随地联系到戴尔的客户代表。戴尔还建立了客户账户团队,它通常由技术销售专家、产品市场专家、产品服务专家和服务客户经理组成,能根据客户的不同需求,制定出最适合的IT解决方案。

6) 采用行业标准技术

戴尔公司向外界传达这样一个信息:标准化是进入经济全球化市场的入场券,标准化将改变IT行业的全球化竞争。只有标准化的产品和技术,才能最大限度地降低IT投资风险,为客户带来最优化的投资回报。戴尔的标准化为其全球用户带来极大的价值:节约成本、具有更佳的可控性及可管理性、提高服务标准及运营效率、提高应用及可获得性。

7) 按需定制

在计算机行业，绝大多数厂商不提供整机更改配置，产品选择余地较小。而戴尔对客户承诺实行按需定制、按单生产。戴尔公司允许客户自定义设计其喜欢的产品，客户可以自由选择和配置计算机的各种功能、型号和参数，这样每台计算机都是不同的。在为客户提供更好服务的同时，公司根据订单订购配件，无须囤积大量配件，获得了更多的利润。

8) 实行精细化管理

低成本一直是戴尔模式的核心。低成本必须通过高效率来实现，力求精简是戴尔提高效率的主要做法。戴尔在简化流程方面拥有550项专利。这些专利也正是其他公司无法真正复制貌似简单的"戴尔模式"的最主要原因。

9) 建立供应链管理

由于计算机价格下降得很快，库存压力很明显，戴尔选择与供应商合作，通过为他们提供长期产量预测以便进行制造预测，将整个系统中的库存量保持在最低水平。戴尔的供应商将仓库建在靠近戴尔的后勤中心，仅在需要的时候从这里供货，使库存保持动态调整。

三、星巴克商业模式

星巴克(Starbucks)是美国一家连锁的咖啡公司，1971年成立，现已成为全球最大的咖啡连锁店，是世界领先的咖啡产品的零售商、烘焙者和品牌拥有者。

1. 商业模式的核心：效率

霍华德·舒尔茨通过打造星巴克实体店，让星巴克咖啡变成一种贵族饮料。一杯咖啡均价为25～30元，相当于一个麦当劳套餐的价格。星巴克的店面要比麦当劳小很多，出餐率却远高于麦当劳。而且星巴克的店面顾客众多，无论是早上、中午还是下午都会有人买。星巴克的店面中虽然有舒服的座位，但是多数以外带为主。只有增加了外带业务，才能大幅提高星巴克的效益。

2. 开辟蓝海第三方空间

第三方空间的创意源自1983年霍华德·舒尔茨的一次意大利之旅。他为咖啡馆在意大利生活中所处的中心位置深感震惊，随后为星巴克构思了相似的概念。在他的设想中，公司应该成为客户生活的一部分，成为他们每天除家和办公室之外的"第三个去处"，他们可以在一个安全的环境中放松下来，还能享受到一种社区的感觉。1987年，他斥资400万美元重组星巴克，同时开启了缔造奇迹的历程。星巴克运用"第三个去处"的概念，致力于把咖啡这个世界上最古老的商品变成一个与众不同的、恒久的、承载价值的品牌。为了营造良好的氛围，星巴克的经营者努力将店面打造为生活中的"第三空间"，即除了工作单位和家庭之外的第三个经常要去的地方，一个可以休息、阅读、思考、写作甚至发呆的地方。在星巴克，顾客只需点一杯咖啡，就能从进门一直待到打烊，其间不会有人来打扰。由于星巴克的位置总是在最便利和繁华的街道，加上其优雅和温馨的环境以及富有小资情调的文化，已经成为众多白领的"第三生活空间"，白领们把星巴克当作休闲和洽谈的最佳去处。

3. 体验式服务

在消费者需求的中心由产品转向服务，再由服务转向体验的时代，星巴克成功地创立了一种以创造"星巴克体验"为特点的"咖啡宗教"。星巴克与一般咖啡店不同的地方在于其赋予了一杯咖啡更丰富的体验和更深层次的文化内涵。星巴克深知每一位顾客是最直接的消费者，应该努力使之成为常客，为此星巴克对店员进行了深度培训，使每名员工均成为咖啡方面的专家。

在顾客细品咖啡的同时，可以和店员进行深层互动，一起探讨有关咖啡的各类知识。在服务过程中，星巴克实行一种定制式的"一对一"服务，做到真心实意为顾客着想。星巴克的独特之处在于：重点并不在于人们是如何品尝咖啡的，而是享用咖啡的人是如何相处的；无论是顾客与顾客，还是顾客与店员，仿佛都被一种情感纽带连接着，他们知道彼此的喜好和性格，人与人之间的那种紧密、舒适、安全、愉快的情感联系既异于同事也并非家人。星巴克的员工被称作"快乐的咖啡调制师"，除提供优质服务外，他们还要能向顾客详细介绍咖啡的知识与调配方法。

4. 创新服务方式

"变"是永恒不变的原则，"创新"是企业生命力的延续。在星巴克的体验营造过程中，企业适时地根据营销环境等因素的变化作出合理的调整，充分发挥想象力不断地推出新的体验业务，以不断更新的差异化体验来吸引顾客。在新产品的研发方面，从卡布其诺、星巴克、咖啡味啤酒等新创意，到投入巨资对浓缩咖啡萃取技术的研发，都为星巴克带来了巨大的成功。

四、携程网的商业模式

携程网是中国领先的在线旅行服务公司，创立于1999年，总部设在中国上海。携程网向会员提供包括酒店预订、机票预订、度假预订、商旅管理、高铁代购以及旅游资讯在内的全方位旅行服务。携程网已在北京、广州、深圳、成都、杭州、厦门、青岛、南京、武汉、沈阳、南通、三亚12个城市设立分公司，员工超过1万人。携程网目前占据中国在线旅游50%左右的市场份额。

1. 资源整合模式

1) 并购现代运通

现代运通当时是国内最早最大的订房中心，提供全国100多个城市的700多家星级酒店预订服务，当时拥有40万余名的会员，同时提供800免费电话预订和网络预订，在宾馆预订和宾馆分销方面占有明显优势。携程则更看重运通的销售渠道，通过并购运通获得了稳定的销售渠道，这在公司营销战略上显得意义非凡。运通能够得到携程资金、人才和网络系统的支持，保障了在同行中继续领先的位置。并购最主要的还是带来资源和客户上的优势，现代运通是业内的老牌企业，行业资源优势非常明显。至于会员，携程的众多会员加上运通的40多万会员，一下子就是100多万会员。在如今的营销时代，谁能拥有客户谁就是真正的赢家。并购之后，无论是在内部(人才、资金、商业模式、管理)还是在外部(资源、客户)，同竞争对手相比携程都具有明显的优势。携程在短短一年的发展过程中,就取得了不俗的战绩,以 100 多万会员及每日 40 万页面浏览量稳居旅游网站首位。收购现代运通显然是携程整个战略步骤中非常重要和关键的一环,它使携程原有的服务达到一个新的高度。同时拉大了与竞争对手的差距,一举成为国内最大的商务旅行服务公司和最大的宾馆分销商。

2) 与酒店和航空公司合作

并购现代运通之后,携程的业务模式马上转型。因为现代运通已经有一批固定的合作酒店,在开拓市场方面也拥有大量的人才,携程又根据业务调整开发了相配套的互联网平台——"房态管理系统"和"实时控房系统"。通过"房态管理系统",携程能够跟所有会员酒店实现信息同步;通过"实时控房系统",携程还可以预先在酒店控制一些房间,客户通过携程预订房间,携程当时就可以确认。换句话说,合作酒店实际上成为携程自己货架上出售的产品,携程更像是全国所有合作酒店的集团中心,而不是单纯扮演一个中介的角色。

目前,携程已经与国内绝大多数航空公司及其票务代理机构实现了合作,如中国国际航空公司、中国南方航空公司、中国东方航空公司、深圳航空公司、海南航空公司、上海航空公司、山东航空公司、四川航空公司、厦门航空公司、澳门航空公司等,并与其中一部分航空公司共同推出联名卡。

携程已经在北京、上海、广州、南京等全国 45 个主要大中城市建有配送系统,包括当地配送中心、特许经营商和航空代理公司已有的送票系统,采用票到付款方式,把支付问题给解决了。从一定意义上来说,携程不仅整合了各大航空公司的机票,还整合了各大航空公司和机票代理机构的配送系统,在这些强大的资源支撑下,携程还提供付款、异地送票业务。随着金融业的参与,资金通过网上结算方式直接付款,免去了旅游者携款办理各种手续的麻烦。

3) 与旅行社合作

2000 年年初,携程开始涉及旅游度假产品。由于缺乏传统旅游资源,携程最初的策略是与中国旅行社总社、上海东湖国际旅行社及招商国旅几家国内著名的传统旅行社合作。由旅行社向携程提供旅游线路和导游人员,携程则为旅行社提供客户和技术支持,这样携程公司与传统旅行社优势的差异性得到了良好的互补。携程的交易额、毛利、会员数以及宾馆业务连年呈直线上升趋势。

2003 年,携程将华程西南旅行社收入囊中,这对携程开展旅游度假业务具有战略性意义,标志着它从此正式进军自助游市场。至此,携程形成了"酒店预订、机票预订、旅游服务"三大块主营业务的架构。短短几年间,携程利用并购手法在各个领域合纵连横,从纯粹的网站到酒店、机票分销,再到"机票+大酒店"套餐的自助游,并延伸到全面进军旅游市场。

4) 商旅服务资源整合

商务旅行管理是指当一个人或一家企业的商业出行费用达到一定规模时,专业商旅管理公司通过对这个人或这家企业的差旅活动进行整体考察分析,给出方案并实施管理。他们通常的职责是提供咨询意见,然后与客户共同改进商旅流程,并且通过利用公司所拥有的资源使个人或企业商旅成本最小化,实现对商旅成本的控制,并提供商旅全程的高质量服务。

依托遍及全国范围的行业资源网络，以及与酒店、航空公司、旅行社等各大供应商建立的长期良好稳定的合作关系，携程充分利用电话呼叫中心、互联网等先进技术，通过与酒店、民航的互补式合作，为客户全力提供商旅资源的选择、整合与优化服务。目前携程已与可口可乐、松下电器、平安保险、宝钢及施耐德电气、UT 斯达康等多家国内外知名企业达成合作。

2. 携程的营销模式

1) 合作营销

携程旅行信用卡由携程网和招商银行共同打造，该卡兼具招商银行信用卡和携程商旅贵宾卡的双重功能，不仅秉承招商银行信用卡"一卡双币，全球通用""先消费，后还款""境外消费，人民币还款"的诸多功能，还具备商旅查询、预订功能，同时可以享受全国近 3 000 家携程特惠商户的打折优惠、携程与招商银行的双重积分、高额的航空意外保险以及 24 小时海外紧急援救的服务。

2) 搜索引擎营销

作为常用的网络营销工具之一，搜索引擎常被作为网站推广和产品促销的主要手段，但搜索引擎的作用并不限于此，它还有更多的网络营销价值，如搜索引擎对网络品牌的营造和提升、网络市场调研、网站优化诊断、顾客关系渠道拓展等。对于携程公司来说，搜索引擎是让用户找到自己的一个好途径。公司从 2003 年便开始了搜索引擎营销，但在初期阶段，只是通过发布广告的方式，没有营销的策略。后来携程逐渐意识到，搜索引擎营销的首要目标是品牌推广，于是便开始摸索适合自身的搜索引擎营销策略。目前，携程公司在搜索引擎策略上，不仅将搜索引擎看作一种广告方式，还从品牌角度去考虑。

3) 数据库营销

数据库营销就是通过创建数据库能使企业在最佳时间、以最佳方式，把信息发送给需要这些信息的最适宜的群体，降低取得每个订单的成本，开拓市场并建立增加企业利润的可预测性的模型，再利用这个模型来对顾客的询问、顾客的希望及与顾客的疑问有关的、详尽的最新信息的计算机数据库系统进行实时的管理，以使企业能够区分出高反应率的顾客，从而达到建立一种稳定的、长期的顾客关系的目标。

3. 携程的质量管理模式

1) 流水线作业

携程另一个借鉴制造业的做法就是"流水线"作业。传统的机票预订公司的业务模式是，一个服务人员从接到询问电话开始，一直到报价、出票，都是这个人负责，在比较小的公司，甚至连送票都是同一个人。这不但效率低下，也为服务人员的暗箱操作提供了可能。

携程将每个业务类别都切分成很多环节，由不同的小组分工合作。例如，有专门接电话的小组，也有专门维护价格的小组，保证能够在两秒钟之内立刻报出价格，出票则由另外的小组负责。这样不仅每个环节的专业性得到了提高，降低了成本，还可以杜绝不规范操作的灰色地带。传统服务中一切凭借调动个人经验形成的判断，都被以技术和流程的方式展示，并固定下来，通过这种方式，携程达成服务的标准化与服务的个性化之间的平衡，一言以蔽之，就是服务产品的"个性化构思，大工业生产"。标准化的指标、"模具"式的流程生产，保证了服务品质的稳定，同时也给产品的丰富、选择的个性化提供了更大可能。

2) 六西格玛管理模式

六西格玛是制造业中运用较多的规范化管理技术，它能测量到服务过程中的缺陷，同时也能找出消除缺陷的方法。携程将六西格玛管理运用到旅游服务领域，有效地提高了处理订单的速度，也减少了话务员接电话的时长。六西格玛的中心思想是，如果能"测量"一个过程中有多少个缺陷，便能有系统地分析出怎样消除它们和尽可能地接近"零缺陷"。六西格玛在制造业得到广泛应用，携程则是将其有效地运用到服务领域的成功典范。

五、腾讯的商业模式

腾讯商业模式的主要特征是：①独特性高，业务布局较完善。②无线端、网络端和客户端完成了业务的搭建，构建了独特的商业模式结构。③支撑体系完善，盈利水平较高。④构建了四大支撑体系，即会员体系、账号体系、金融体系、基础服务。四大支撑体系依然是以 QQ 平台为基础，以会员体系、账号体系增强用户黏性、整合业务资源，以金融体系完善收入模式，稳固利益链，以免费基础服务培育资产型用户，四大支撑体系成为由七大业务模式构成的"一站式在线生活平台"的稳固支撑和强大保障。⑤业务资源整合度高，综合竞争力较强。

目前，腾讯的产品线已经渗入到互联网的多个应用领域，众多产品线基本实现了相互协同，构建起"一站式在线生活平台"的商业模式，为其建立"互联网帝国"的愿景，构筑了较高壁垒。

1. 腾讯公司的"3C"

腾讯公司的业务主要有：QQ 即时通信、电子邮箱、QQ 空间、QQ 秀、QQ 宠物、短信、游戏、新闻和信息、音乐、影视、CRBT、拍拍、财付通、搜索广告等。3C 内容管理主要指对文字资料、音视频以及扫描图像等各种商业内容，以及网络资源和用户信息等的组织、分类和管理的有序化过程，主要包括：Web 信息发布；主页更新；信息安全和分类管理；客户信息；信息内部共享和伙伴间传递；信息产品和服务。内容管理成为腾讯最重要的业务内容之一，甚至影响经营的成败。协同处理需要解决商业流程的协同，以及内外部人员的协同。腾讯公司涉及互联网业务较为广泛，涉及各种协同处理，包括邮件、即时通信等信息沟通，组织人事和工作管理与流程协同，产品销售和服务智能化，内外部网络整合，资源整合与管理等。交易服务主要是指完成互联网企业的线上线下交易，为交易全程提供各种信息服务。腾讯公司的交易服务主要包括：交易产品或服务的信息目录、交易订单处理、售后服务；市场信息与售前服务；销售相关活动；客户信息服务，即电子订单提供及客户售后服务。

2. 腾讯公司的"4F"

互联网企业商务活动中的商业交易活动，包含四种基本的"流"，即"4F"——商流、信息流、资金流和物流。

商流是指腾讯商品在交易中所有权的运行过程，具体包括提交和接受订单、购买等销售工作。商流是腾讯商品所有权的转移过程，是交易的重要内容。商流传递可以实现电子数据交换和网络支付等商流与资金流的紧密结合，更加方便快捷。

信息流包括提供的商品信息、产品和服务销售、业务咨询和售后服务、商业贸易单证以及交易方的支付能力、支付信誉等。腾讯公司的信息流形式包括网站新闻和信息、音视频、E-Mail、QQ 即时通信、GSM 短消息、社区服务等。

资金流包括资金的支付转移过程，如现金、信用证、汇票通过银行在买卖双方及其代理人之间的流动。互联网企业的资金流可以借助银行、网络平台等实现快速流转。此外，腾讯自己开发的财付通、微信支付等支付工具成为资金流的重要工具，解决了腾讯公司商业活动的电子支付问题。

物流是物品从供应地向接收地流动的过程。腾讯的物流主要是基于网络的产品或服务的配送活动，包括实体商品或服务的物理传递和虚拟商品或服务的网络传送。互联网企业的产品和服务主要是知识和信息产品，具有天然的虚拟性，避免了实体物流所面临的各种困难和风险。

3. 腾讯公司的"5P"

腾讯公司的产品组合包括 QQ 产品及其相关的互补性产品，以及服务和保证等因素。以 QQ 即时通信工具为核心产品，腾讯研发了一系列相关产品，如 Q 币、QQ 宠物、QQ 空间、QQ 音乐、QQ 邮箱、QQ 游戏等。此外，腾讯公司的产品还包括拍拍网、网络社区、腾讯网 SOSO 搜索等。QQ 即时通信及其互补性产品符合网络产品的特性，具有很好的网络效应，形成市场的绝对地位，也为腾讯公司的商业模式带来了巨大的价值。

腾讯公司的 QQ 主要采取免费加附加功能服务等，腾讯依靠免费服务吸引海量用户，提高网站流量，利用付费服务满足用户的个性化和差异化需求。例如，提供 QQ 会员、QQ 交友、财付通、QQ 飞车在内的在线游戏等互联网增值业务，移动 IM、3G 影院、3G 图书室、手机游戏 WAP、手机 QQ 等无线增值业务，以及网站广告、搜索引擎广告、视频广告、社区嵌入广告等业务。

营销渠道是企业进入目标市场所产生的途径、环节、场所、仓储和运输等。腾讯公司的营销渠道以网络为主，构建 QQ 网站、QQ 游戏、拍拍网以及 QQ 等网络平台，与用户直接接触和发布信息。例如，腾讯 Q 币可以通过淘宝卖家、游戏论坛、商品交易专区、网上店铺等进行销售。

促销组合是企业利用各种媒介与目标市场进行沟通的信息传播活动，包括广告促销、人员推销、商业推广、公共关系营销等。腾讯公司的产品促销主要依托 QQ 即时通信工具向用户推广。腾讯公司在市场细分的基础上，将业务分为即时通信业务、网络媒体业务、无线互联网增值业务、互动娱乐业务、互联网增值业务、电子商务、广告业务等。

4. 腾讯公司的"6V"

价值发现主要立足于发现市场需求，深入分析企业的价值链环节和客户需求，判定企业的利润区分布和市场容量。腾讯商业模式最核心的部分就是它发掘了别人没有发现的顾客需求。对于腾讯来说，QQ 即时通信软件的出现满足了交流的虚拟性和及时性，消除了物理距离的阻隔，促进了情感的沟通，满足了人们之间各种联系的需求。QQ 具有市场的全球性和需求的无限性，不受空间和时间限制，因此，腾讯可以依靠 QQ 最大化地挖掘市场价值。价值主张是互联网企业向消费者所能提供的产品和服务的价值。价值主张的阐释必须清楚、准确，要对客户及其偏好深刻理解，必须真实、可信、独特、具有销售力。价值主张应表述简单，不能太复杂，以免向顾客传递不清晰的表述，致使顾客产生购买犹豫。腾讯的价值主张是"为用户提供一站式在线生活服务"，通过个性展示的空间，以及为用户提供娱乐、交友、信息等为用户提供价值满足。价值创造是互联网企业为用户提供一系列有价值的产品或服务等相关的业务活动所带来的价值。商业模式是企业进行创造价值的决定性来源，并成为企业创新的重点。腾讯公司商业模式的便捷性、新颖性、用户黏性、创新性相一致，为客户提供全方位方便快捷的服务。QQ作为典型的互联网产品，具有显著的网络效应，并对用户形成独特的黏性和锁定，成为腾讯价值创造的重要来源。

价值管理的目的在于最大限度地为企业创造价值。腾讯公司的价值管理需要考虑利益相关方以及对企业内外部资源有效整合，为之制定行之有效的综合解决方案，如通过为QQ软件提供一系列互补性产品和增强直接的产品体验来强化网络效应。

价值配置是对企业内外部资源及其价值活动进行配置，其目的在于有效整合价值网络中的各种可利用的有效资源，为企业创造价值服务，以实现资源的最佳利用和价值产出最大化。为此，腾讯开展了一系列活动，如与电信运营商结成联盟、与HBO组建战略联盟、与金山共建安全战略联盟、与华纳签署分销协议等。价值实现是企业向客户、合作伙伴、供应商、经销商等提供价值并实现自身利益的方式。腾讯公司依靠海量的用户获取利润。免费策略成为腾讯企业QQ的重要策略，吸引客户，赢得竞争。免费只是价值实现的策略，不是腾讯的价值实现目标。腾讯公司以免费赢得了用户，在免费的背后是海量的用户群为腾讯带来进一步价值实现的空间，如QQ VIP会员、C2C电子商务平台、无线增值服务等。

思考与练习

1. 分析典型商业模式，探讨成功商业模式有什么异同。
2. 分析典型商业模式，探讨成功商业模式的关键核心点是什么。
3. 商业模式的定义是什么？
4. 商业模式分为哪些类型？
5. 商业模式包含哪些要素？

第七章 创业资源

本章阐述了创业资源的内涵与种类,深入剖析了社会资本、资金及专业人才在创业过程中的作用,并详细探讨了影响创业资源获取的因素、获取路径和获取方法。在此基础上,本章进一步分析了创业融资的定义、分类和渠道,介绍了创业融资的原则和选择策略,并重点论述了创业资源的管理和开发方式。

第一节 创业资源概述

创业资源是指企业在创立、发展和成熟过程中所依赖的各种生产要素和支持资源。创业资源是企业发展不可或缺的结构性要素。创业资源不是资金、技术和人力资源的简单叠加,而是多重资源的有机重构和优化组合。

一、创业资源的种类

创业资源分类具有多重视角,具体分类如下。

1. 依据资源的存在形态进行分类

依据资源的存在形态分类,创业资源可分为有形资源和无形资源。有形资源是具有物质形态、易于量化、比较直观的资源。有形资源包括资金、房产、机器设备、原材料、半成品、自然资源等。无形资源是以非物质形态存在的、难以用货币精确衡量的、较为抽象的资源。无形资源包括人力资源、信息资源、信誉资源、政策资源和技术资源等。一般而言,无形资源是具有较大延伸空间的创业领域,是推动、吸引、集聚有形资源的重要条件。

2. 依据资源的根本属性进行分类

依据资源的根本属性分类,创业资源可分为技术资源、人力资源、组织资源和物质资源。①技术资源。技术资源包含技术流程、技术设备、制造特色和核心技术。技术资源包含在生产实践中产生的具有标识性的工艺流程、制作方法、生产创新等要素。这些要素创新凝练在具体的劳动工具、劳动设备和劳动环节之中,成为稳定的无形资产。②人力资源。人力资源包含创业过程中形成的创业团队、创业群体和创业关系网络。创业者是企业开办的核心资源,是企业发展、运营和壮大的基石。创业关系网络是人力资源外向构建的重要框架。在企业的发展过程中,拥有良性的关系网络能够有效地获取重要信息,塑造企业的良好信誉,拓展企业发展空间。③组织资源。组织资源包括企业制度架构、工作流程、工作规范和工作评价。企业有效发展需要制度构建以激发员工的工作积极性,实现企业的有效发展。④物质资源。物质资源包括土地、厂房、设备、矿山等实体资源以及资金、资产、股票等非实体资源。

3. 依据创业过程中的作用进行分类

依据创业过程中的作用分类，创业资源可分为发展性资源和根本性资源。发展性资源是企业发展必不可少的人力资源、物质资源、市场资源等。根本性资源是决定企业兴衰成败的战略性资源，具体为知识资源、技术资源。企业把握知识资源和技术资源，是发展和壮大的核心因素。

4. 依据创业资源的来源进行分类

依据创业资源的来源分类，创业资源可分为自有资源和外在资源。自有资源是创业团队自身拥有的人力资源、资金资源、技术资源和信息资源等，如企业的创业者、员工、土地、厂房、机器设备、材料、资金、技术等。外在资源是创业团队尚不具备的，需要从投资者、银行等外在环境中筹集、获取的资金、场所等资源。外部资源如原材料供应商、技术供给者、销售商、广告商以及相关政府部门等。在某些情况下，创业企业为了减少交易或者沟通的成本，可以把一些外部资源转化为内部资源。

5. 从资源认知度进行分类

从资源认知度分类，创业资源可分为现实资源、潜力资源和潜在资源。现实资源就是指那些创业者已经完全认识到的创业资源，如机器设备、原材料、厂房、资金等。潜力资源是指那些已经被创业者关注，但创业者可能还没有完全认识到潜在的创业资源。比如人员(无论内部还是外部)就是一种典型的潜在资源。潜在资源是指那些创业者可以利用但却还没有发现的创业资源。从某种意义上说，这种资源所占的比例可能是很大的，但其作用的不确定性往往也是很大的。

6. 从资源支撑点的角度进行分类

每一种创业资源都对创业企业有一定的"支撑"作用。如果把创业企业比喻成一座大厦，那么各种创业资源就是这个大厦的基础以及构成这个大厦的各种材料，没有这些创业资源的支持，大厦将倒塌而不复存在。而按这种支撑作用的着力点的不同，可以把创业资源划分为效益型资源、声誉型资源和决策型资源。效益型资源是指那些能够直接影响创业企业经济效益的资源。也就是说，通过配置和利用这些资源，就能够达到降低成本或者增加收入的目的。声誉型资源是指那些能够提升创业企业的品牌知名度等无形资产的创业资源。决策型资源是指那些能够为创业者的各种决策提供相关信息的创业资源。创业资源在广义上与商业资源的领域大致重合。在创业过程中，创业者需要将创业资源逐渐累加为完善的商业资源。从狭义的角度来讲，创业资源和商业资源具有不同的理论角度。

(1) 创业资源比商业资源的关注面更精确。创业团队在创业初期，往往不会拥有所有维度的商业资源，处于左支右绌的状态。创业团队需要充分运用所占有的创业资源，不断地发展、丰富和壮大企业自身，逐渐吸收、匹配和完善相应的商业资源，方能维持企业的正常发展。

(2) 创业资源比商业资源更强调动态性和发展性。创业团队在发展前期具有较明显的不确定性和非稳定性。创业团队需要依靠较为狭窄的资源发展和壮大自身，从而在动态过程中吸纳各种相应的要素。

(3) 创业资源比商业资源更侧重无形资源。商业资源具有稳定性，是能够量化的有形资源。创业活动本身是从无到有、从小到大、从弱到强的发展过程。创业资源侧重于难以被度量的人力资源、信息资源和社会资源。

二、影响创业资源获取的因素

创业资源具有多维性。创业者根据自身创业活动的特点进行创业资源价值排序，优先选择最适合自身的、最紧迫的创业资源。影响创业资源获取的因素具体如下。

1. 商业创意的价值

创业者要获取外在创业资源，关键原因在于商业创意能够得到资源所有者的价值共鸣。商业创意包含创业活动的创新性，是否具有新产品、新服务、新工艺、新手段、新思路；包含创业活动的盈利性，是否通过创业活动能够在固定的创业周期中得到相应的利润回报；包含创业活动的风险性，创业活动具有什么样的创业风险，是否具备一定的抗风险能力；包含创业活动的前瞻性，创业活动在创业过程中如何预测未来的创业风险、创业机遇、创业增长点，从而采取有针对性的创业行动，保证企业具有较大的盈利空间。

2. 创业资源的配置方式

由于资源的异质性、效用的多维性和知识的分散性，人们对于同样的资源往往具有不同的效用期望，有些期望难以依靠市场交换得到满足。因此，如果通过资源配置方式开发出新的效用，使之更好地满足资源所有者的期望，创业者就有可能从资源所有者那里获得资源使用权，开展生产经营活动。

3. 创业者的基本素养

创业活动是从小到大、从弱到强的发展过程。创业者前期的经验能够在创业活动中有效规避商业风险，实现企业的良性发展。前期经验主要包括行业经验和创业经验。行业经验是创业者在某一行业的工作积累和经验总结。行业经验能够为创业者提供行业发展现状、发展局限、行业规范、行业规则和人际网络等信息。行业经验是创业者不可或缺的前提条件。创业经验是创业者拥有创办企业的经历、经验和实践，从而具备大量的创业经验积累，能够有效地进行创业风险评估、创业资源获取、创业活动规范等行为。

创业过程是创业资源不断重构的发展过程。资源如何实现优化组合，形成创业合力，这在很大程度上依靠创业者的管理能力。创业者具备较为卓越的管理能力，能够实现对创业团队的良性沟通、有效激励、系统管理、良性成长和外在协调。良性沟通有助于创业团队成员有效地交流意见和看法，促进团队凝聚力和团队向心力。有效激励有助于创业团队为共同的创业目标凝心聚力，向前奋进。系统管理有助于创业团队减少内耗，实现创业活动的规范性和效率性。良性成长有助于创业团队成员不断地提高自身的业务能力和学习能力，保持对行业发展动态的敏感度。外在协调有助于创业团队与投资者、原材料供应商、经销商等保持较好的商业交往，为企业发展创造良好的外部环境。

【拓展阅读7-1】

新入职员工应具备什么样的素养
——周鸿祎在360新员工入职培训上的讲话

我想给新入职的同事讲一讲我的期望，再提几个建议。我这个人喜欢说真话，不喜欢说漂亮话，因为漂亮话没用。但说真话，大家可能不爱听。

首先，大家一定要明白，你自己来360到底想获得什么。

我觉得，第一，你一定得在360学到能力、学到本事才行，因为你将来要行走江湖，要扬名立万，靠的就是能力和本事。在座的大多数既不是高干子弟，也不是富二代，跟我一样都是平民子弟。不少是第一代来北京的"北漂"，唯一能依靠的就是自己的双手和头脑。你要想成功，本事是最重要的，其他都是虚的。公司有没有名气，午饭有没有鲍鱼，给你什么Title，都是虚的。Title这玩意最骗人了，你真要想有个好Title，我建议你回家自己开一家公司，自己就是CEO啊！可能还会有人说上班开不开心很重要，但在公司最艰苦的时候，你很可能不会开心。因此，最重要的是你在360能不能学到东西，能不能锻炼出能力。在360，只有有能力的人才能得到更多的资源和更大的舞台。换句话说，360只是一道门，现在它向你们打开了，但你能走多远，要看你自己能锻炼出怎样的脚力。

可能有的人要说，我就想找个地方混一混。其实，一个公司大了以后，也一定有地方可以混，我也管不了每一个人。但是，我在互联网行业里干了十多年，看到了很多失败者，他们都是太过于聪明，把自己混失败了。大家一定要记住，混日子就是在浪费自己的时间。想一想，你35岁以后还能混吗？那个时候会有更多的年轻人，他们比你更努力，比你更能干，要求也比你低。你要是没学到东西，没锻炼出来能力，他们会代替你的。能力是不能混出来的，而是学习出来的，是锻炼出来的。结果，你在企业里只把年龄混大了，能力没有提升，那么你人生道路会越来越窄，也丧失了最好的学习机会。

因此，如果你不喜欢360，你一定要尽快换，尽快找到自己喜欢的工作，找到一件值得自己去投入的事情，至少你不会浪费自己的生命。如果你选择360，仅仅是因为公司的名气，就想混，吃亏的是你自己。想想，你再能混，能混我多少钱啊？你一年混我20万元，5年一共也才混我100万元啊，这对我来说没什么，但是你在这里白搭了自己5年的时间。你5年的青春值多少钱？难道只值100万元吗？

这话我不仅对新入职的同事说，对很多大学毕业生都是这么说的，是代表我个人的看法。即便你不是来到360，你去别的地方，这个问题也值得思考。

你再看看你的周围，是不是也会发现有混日子的人？有些人在那里混，混得都离不开公司了，结果丧失了竞争力。要知道，靠自己省吃俭用攒出的工资，是攒不出一个人生来的。你要在360发财，有可能，前提是你的本事要达到一定的层次。

有的人可能会问：周鸿祎有钱了，为什么干得这么带劲儿？我可以直截了当地告诉你，在360，我其实是给大家打工的。我做360这件事，是因为它让我激动，干这件事能大大地满足我的成就感。

那么，在360到底能学到什么本事和能力？很多，比如好的方向、经验、执行力、领导力、沟通能力、团结别人的能力、市场营销的能力等，有太多的能力是你可以在360学习的。你可能又会说，在别的公司也能学到啊！我可以跟你说，你在360掌握这些东西，学会这些本事，能比在其他公司时间更短、速度更快。

我也希望你们能拿到360的期权，这很简单，这是我们行业的规则。这个公司我不是大股东，投资人是大股东。我们所有员工的期权加起来也是一个很大的比例。我们都希望公司最后能够上市，做到像百度和腾讯那样的规模，有一个不错的市值。我也希望很多人能淘到第一桶金，解决你在北京买房子的钱还是有机会的。

但这些都不是从天上掉下来的。你在360必须努力，必须做得好，这样你才能锻炼自己的很多能力，成长得也很迅速。除了发财外，你的能力和本事还能给你带来影响力，给你带来好的声誉。现在，即使竞争对手提起我，都会说周鸿祎做产品很牛，但如果我手里没有东西，我天天在这里吹，说老周是中国最会做客户端的人，打死你都不会信。

因此，只要你在360踏踏实实做下去，我相信每个人都有可能做成功一件事情。这件事可能很简单，比如说打补丁，但你做到极致就变得有价值了。而这件事情就是你身价的最好证明。由于你有了这样的经历，可能就有人愿意为你投资1000万元。

大家不要听完我说的话就跃跃欲试去创业。创业的机会时刻存在，但是成不成功取决于你的能力，取决于天时、地利、人和。在360，大家也能提高自己的创业能力，也能结识自己的创业伙伴，也能获得一些创业的资源。也许几年之后，你在360告一段落了，你就真的可以去创业、去创办自己的公司了，那个时候你从360淘到的，就不仅仅是第一桶金，那就将是你人生的第二桶金。所以我觉得，我们所有的员工只要你有能力，有这些经历，靠自己的双手、大脑和聪明才智，就有机会获得或大或小的成功。

成功是需要时间积累的，我1995年研究生毕业，刚来北京也是一无所有、一穷二白。到方正之前，我其实也创过业，但是没有成功。所以我得出一个经验：做公司很容易，把公司做成功很难。我决定在方正公司踏踏实实工作几年，那几年我不仅是在为公司打工，还是在为自己积累经验。因此，我在公司认真地做好我该做的事情，甚至还做了很多公司没想让我做的事情。我客观上为公司作出了很大贡献，但实际上我个人是最大的受益者，因为我得到了很多锻炼，我做事的能力提高了很多。如果没有这个经历，我是没有能力出来做360的。

我在雅虎的时候，大家觉得我是个职业经理人。职业经理人是什么形象？整天西装革履的，说着洋文，执行总部的指令。我在雅虎打工，本来也是可以混日子的，这样还能拿到一大笔钱，但是我不想混。为什么不愿意混呢？我觉得我的时间宝贵，在雅虎混时间久了，我就和这个行业脱离了。因此，在雅虎我也是一样怀着创业的精神，在努力地做事，把搜索、门户、邮箱做起来了。我努力地提高自己的能力、经验和见识，这才使我之后有能力去做投资、做奇虎、做360。

你们面前摆着很多机会，但我可以告诉你，360就是在你们眼前最好的一个机会。当然，你可以去腾讯，去百度，去淘宝，但这三座大山已经很成功了，已经具有了很大的规模，你在那里更有可能会成为一个螺丝钉。现在的360不是一个上市公司，未来会有很多机会等着你，你可以在其中作出很多贡献，拿到公司的股票和期权。但你能不能把握住这个机会，取决于你的经验和能力的积累。因此，大家不要以打工的心态在360工作，我这里不需要打工的。

我希望大家来360是和我合作几年，无论以后是否还在360工作，大家都能够在360做成一些事情，在能力上能够有所提升，这就是我的期望。我希望大家在360时抱着一种给自己干的心态，积累你的知识，积累你的经验，积累你的能力。这也是我自己这么多年来在北京、在这个行业里屡败屡战之后的一个深刻体会。

另外一点，我希望你在公司做事，一定要争取把一件小事情做成大事，通过做这件事情你也能获得成就感。如果有一天你开一家公司，也许很挣钱，但不一定很有成就感。当你挣到你的第一个100万元之后，你会很有成就感。挣到你的第一个1 000万元之后，你会很有成就感。但再往后，就变成了一个数字游戏了，你就没感觉了。

但是，今天我们大家聚在一起，我们完全有能力做出来一个影响中国几亿人的产品或者服务，这种成就感会让你一辈子都感到骄傲。甚至你有了孩子的时候，有一天他问你："你年轻的时候为互联网做了什么？"你就会很骄傲指着计算机上的360说："你老爹当年就是干这个的。"这样，不仅你自己感到骄傲，他也会为你感到骄傲。

我觉得，人的一生不一定能干成某一件大事，但是一定要去追求，或者和别人一起干成一件非常大的事情。我希望未来大家提到我，会说我做了很多事情，或者成功，或者失败。但我更希望大家能说我干成了360，让中国互联网更加安全。我颠覆了一个时代，我创造了一个新的网络安全的时代。

几年以后，当大家想起我今天的话，我希望大家不要感到后悔来到360，至少你在360学到了很多东西，通过自己的努力在360挣到了钱，通过自己做成一件事有了成就感，同时也建立了自己的影响力。

最后，我想说的是，大家一定要保持一个好的心态。你进公司时，可能由于面试的仓促，交流不充分，给你的职位低了点，给你定的工资不像你期望的那样高，但我觉得你今天拿的工资并不代表你的身价。只要你锻炼出能力，有了本事，即使360没有给你发挥的空间，你也不用天天发牢骚，你完全可以用你在360学到的本事，选择其他公司，去创造一个更加美好的未来。

当年我在方正的时候，我学到了我所需要的能力，当我认为它不能够再给我更好的成长平台时，我可以毫不犹豫地放弃它。相反，如果你没有能力，选择在那里混，你永远没有勇气选择放弃一家公司。要记住，勇气不是个性，勇气不是脑袋发热，勇气是由实力构成的。

在座的各位，今天你们拥有的更多的是潜力，而不是实力，我希望在未来的几年时间里，大家可以把自己的潜力转化为实力。也许，在我们当中，会产生很多新一代的互联网精英，这完全有可能，因为互联网的未来毫无疑问是属于年轻人的，所以我未来的梦想就是在360成功之后，专注地去做投资人，帮助更多的年轻人获得成功。

人力资源部常常劝我不要和大家谈创业，怕大家想着创业，第二天就辞职回家办公司了。我和大家讲，创业其实是一种精神、是一种心态。创业有很多种形式，不是只有自己办公司、自己当老板才叫作创业。当你的人生还处于起步阶段，你还不具备足够的经验和能力，就需要给人当学徒，需要学习和积累，其实这个过程也是创业。

也许你想干一件很大的事情，但要借助很多资源，这时候你可以在公司内部创业。我们公司有很多人是在360内部创业，他们为什么放弃了自己的小公司来到360？因为他们无论再努力，但由于没有足够大的平台，无法将事情做大。因此，他们现在追求的不是能得到多少钱，而是先做成一件大事，为他们以后独立创业打下基础。

今天，360还是一个创业公司，不是一个大公司，更不是一个国际化的企业，我们就

> 是一个创业公司。我们内部有很多创业团队，我希望加入进来的各位都成为合格的创业者，和公司一起创业，在这里要学到创业的能力，打造自己的基石，这是我的期望。
>
> (资料来源：职场网，有改动)

4. 社会资本

社会资本是指创业者通过社会网络获取各种创业资源的能力。创业团队应注重提升自身素质，增加社会资本，从而获取丰富的信息资源。创业团队通过梳理、筛选各类信息资源，采取切实有效的行动，降低潜在风险，提升信誉度和信任感，实现创业资源的获取和整合。

5. 资金的重要作用

资金是创业活动的重要因素。创业活动的每一具体环节的落实，都需要相应的资金支撑。吸收相对充裕的资金是创业者开展创业活动的重要准备工作之一。离开大量资金的注入，创业活动只能是纸上谈兵、束之高阁。创业者在进行创业活动过程中，经常会出现对资金缺口的错误判断。创业者往往认为只需要筹措到企业开办的资金，企业运作过程中会自动产生利润。然而在实际中，新办企业在初期往往利润较为单薄，并且往往比预期利润还要低。创业者如果对创业初期的资金投入不够，往往会发生资金链断裂的情况，从而使企业陷入困境。

6. 专业人才的重要作用

创业活动过程是人力资源获得充分拓展、整合和优化的过程。在信息技术时代，商业活动的支撑要素在于人力资源的集聚效应。创业活动不能是个人的单枪匹马和单打独斗，而是依靠创业团队的齐心协力、群策群力。在组建创业团队过程中，吸纳相应的专业人才是创业活动开展的必备条件。专业人才包括技术型人才、管理型人才。技术型人才负责企业的业务拓展和产品流程。管理型人才负责企业制度建构、企业内部规章制度完善，以及企业工作的内部监控。

创业团队秉持"不求所有，但求所用"的信念，积极向风险投资者、律师、高校专业教师等行业人才咨询，积极与知名的行业专家建立稳固联系，通过外部专业人士的建议和帮助，获取专业的发展建设，优化整合各种创业资源，保证公司的业务顺利开展。

三、创业资源获取的途径

创业资源获取的途径首先为市场途径，其次为非市场途径，具体如下。

1. 通过市场途径获取创业资源

经由市场获取创业资源，可以细分为购买和联盟两种方式。购买是运用资金从市场购入所需的外部资源。购买物品包括厂房、生产设施、办公设备、专利技术、人力资源等。购买是创业资源集聚的主要方式，对于某些隐形资源难以进行购买的，创业者可采取联盟的方式进行资源集聚。联盟是通过创业公司与其他组织的有机联合，对自己尚不能独立开发的资源实行共同开发。联盟的条件是联盟双方各有所需，相互支撑，对于利益分配达成共识。对于高科技创新公司而言,选择和科研机构、高校进行联盟,不仅能够获取前沿的技术信息,而且能减少设备、场所等开支,是获取技术资源的较好路径。

2. 通过非市场途径集聚资源

非市场途径在于资源内生和资源外引。资源内生是企业内部逐渐培育、萌芽和发展所需的创业资源。这包括企业内部的技术研发、建设厂房和设备,企业内部培训提高了员工的工作技能。资源内生方式是人力资源激励的一种方式,能够提高员工的企业认同度,提升员工的工作积极性,提高工作效率。资源外引是发挥企业信誉资源,通过商业创意、发展战略、前景预测等方式,吸引物质资源、技术资源、资金以及人力资源,从而增强企业整体实力。

第二节 创业融资

创业融资是指创业者为了将商业创意落地而采取各种方式筹措创业资金的过程。企业的生产经营活动与资金支持是紧密相关的。合理地开展创业融资活动,有利于企业降低创业风险,提升企业产品转换率,确保企业的可持续发展。

一、创业融资分析

缺乏足够的资金支撑,企业容易陷入资金链断裂的困局,导致企业破产、清算和倒闭。对于新创企业而言,企业的技术研发、企业的原材料供应、企业商品的广告宣传、企业员工的薪资待遇、企业员工的技能培训都需要资金的支撑。并且,当企业步入正轨后,企业的扩大再生产、企业产品的升级换代、企业的并购联盟等都需要雄厚资金的支撑。

二、创业所需资金的测算

创业资金测算包括企业创办初期的各项资金投入(显性投入和隐性投入)。显性投入指的是购置厂房、购买生产设备、购买办公设备、购买生产原材料、员工薪资待遇、企业产品宣传等投入。隐性投入是指厂房装饰维修、企业业务拓展、员工技能培训、基本保险费、营业税等支出。

投资支出中,部分属于非流动资金支出,在创业资金中属于一次性支出,如房屋租赁费用、生产设备购置费用、生产设备安装调试费用、厂房装修费用等;部分属于流动资金支出,如员工的工资支出、业务拓展费用、设备维护费用等;部分费用属于企业开办费用,即企业从筹备到建成期间发生的各种费用支出。开办费用包括场地费、购置费、培训费用、注册登记费等。

三、创业融资渠道

融资渠道是企业筹措资金的方式、方法和通道。创业融资渠道主要包括私人资本融资、投资机构融资、政府扶持基金等方式。

1. 私人资本融资

这是我国大学生创业融资的主要渠道。私人资本融资分为个人积蓄、亲友投资等。个人积蓄是创业者将自己的积蓄投入到所创办的企业之中,表明了对创办企业的信心和动力。当然,个人积蓄毕竟有限,对于创办企业所需资金远远不够,不能构成创业融资的根本性途径。

对于新创企业来说,除了个人积蓄之外,身边亲朋好友的资金是最常见的资金来源。在向亲友融资时,创业者必须要用现代市场经济的游戏规则、契约原则和法律形式来规范融资行为,保障各方利益,避免不必要的纠纷。

第一,创业者一定要明确所融集资金的性质,据此确定彼此的权利和义务。若融集的资金属于亲友对企业的投资,则属于股权融资的范畴;若融集的资金属于亲友借给创业者或创业企业的,则属于债权融资。由于股权资本自身的特性,创业者对于亲友投入的资金只需承诺其享有的所有者权益比例,而不用承诺日后的分红比例和具体的分红时间,但对于从亲友处借入的款项,一定要明确约定借款的利率和具体的还款时间。

第二,无论是借款还是投资款项,创业者最好能够通过书面的方式将事情确定下来,以免将来产生纠纷。除此之外,创业者在向亲友融资之前,要仔细考虑这一行为对亲友关系的影响,尤其是创业失败后的艰难困苦,要将日后可能产生的有利和不利方面告诉亲友,尤其是创业风险,以便将来出现问题时将对亲友的不利影响降到最低。

【拓展阅读7-2】

浙大城市学院毕业生自主创业两年开蛋糕店5家

在绍兴市新建北路5号,有家"新天烘焙"蛋糕店。与其他蛋糕店不同的是,这家店不仅宽敞明亮,而且在店铺的一角摆放着一张圆桌、两张凳子,桌上还放着几本杂志,有点休闲吧的味道。

这家与众不同的蛋糕店的主人,是位刚走出大学校门才两年的年轻人——浙江大学城市学院2006届毕业生陶立群。陶立群毕业后自主创业,现在已拥有5家蛋糕连锁店和一家食品加工厂,成为绍兴市里小有名气的创业青年,2008年被评为"绍兴市创业之星"。

2006年6月,陶立群从浙江大学城市学院工商管理专业毕业时,决定开家蛋糕店。他作出这个决定并不是盲目的,大学期间,他曾经经营过校内休闲吧、小餐厅,都做得不错。曾做过"元祖蛋糕"代理的他,对蛋糕市场有所了解,觉得能在这一行闯出一片天地。虽然父母极力反对,但陶立群认准了这条路,决意走下去。2006年夏天,他白天顶着烈日逛绍兴市区大大小小的蛋糕店,看门道、想问题,晚上则躲在房间里查资料,了解市场行情。他还跑到杭州、上海等大城市做蛋糕市场的调查,进行可行性分析。

陶立群的调查有了不小的收获:绍兴当时只有"亚都""元祖"两家知名品牌蛋糕店,其余的都是本地小蛋糕店,中高档品牌蛋糕市场相对空缺,而且当时绍兴还没有一家蛋糕店的糕点是现卖现烤的。陶立群的创业梦想就定位在打造本地中高档蛋糕品牌上。

两个多月后,当满满9页的《新天烘焙蛋糕店可行性策划书》放在父母面前时,陶立群的父母被感动了,他们拿出积蓄支持儿子创业。2006年年底,第一家"新天烘焙"蛋糕店在绍兴市新建北路 5 号正式开张,陶立群做起了小老板。他将店面分成两部分,前半部分是自选式的透明橱窗,便于顾客自行挑选;后半部分则用来加工糕点,现做现卖。起早摸黑,对在创业之初的陶立群来说是常事。为节约成本,采购、运货等工作,陶立群都是自己一个人做。优质的用料、独特的口味、有人情味的服务,渐渐赢得了消费者的喜爱。

(资料来源:浙江大学城市学院官方微博)

2. 投资机构融资

投资机构融资较为规范,一般分为银行贷款、金融机构贷款、交易信贷等方式。银行贷款细分为抵押贷款、担保贷款。抵押贷款是借款人以名下财产作为抵押,获得银行相应的贷款。抵押贷款包括不动产抵押贷款,即土地、房屋等;动产抵押贷款,即机器设备、股票债券、汽车等;无形资产抵押贷款,即专利技术、著作权等。担保贷款是借款人向银行提供符合法定条件的第三方保证人作为还款保证。当借款方难以履行约定时,银行有权按照约定要求保证人承担清偿贷款的连带责任。担保贷款包括自然人担保贷款、专业担保公司担保贷款等方式。

金融机构贷款。金融机构包括信托公司、企业财务公司、金融租赁公司、保险公司、典当行等机构。保险公司提供保单质押贷款,即满足一定条件的投保人凭借保单向保险公司申请质押贷款。创业者也可进行抵押贷款,将一定价值的物品质押在典当行,以获取相应数额的贷款。

交易信贷方式。交易信贷是企业在经营过程中通过延期付款和预收货款的方式形成的信贷关系。通过交易信贷方式,能够在一定程度上缓解创业初期企业的资金压力,提高企业资金流通率,维护企业信誉。

3. 政府扶持基金

政府扶持基金种类较多,主要包括科技型中小企业技术创新基金、中小企业国际市场开拓资金、再就业小额担保贷款等。科技型中小企业技术创新基金是扶持科技型中小企业发展的政府专项基金。创新基金由科技部主管、财政部监管,通过无偿资助、贷款贴息和资本金投入三种方式,支持科技型中小企业的创新创业活动。创新基金已形成了资助种子期、初创期企业的技术创新项目,资助中小企业公共技术服务机构的补助资金项目,以及引导社会资本投向早期科技型中小企业的创业投资引导基金项目。创新基金作为政府对科技型中小企业技术创新的资助手段,将以贷款贴息、无偿资助和资本金投入等方式,支持成果转化和技术创新,培育和扶持科技型中小企业。创新基金将重点支持处于产业化初期(种子期和初创期)、技术含量高、市场前景好、风险较大、商业性资金尚未具备进入条件、最需要政府支持的科技型中小企业项目。因此,创新基金将以创新和产业化为宗旨,以市场需求为导向,上联"八六三""攻关"等国家指令性研究发展计划和科技人员的创新成果,下接"火炬"等高技术产业化指导性计划和商业性创业投资者。

我国设有中小企业国际市场开拓资金政策。中小企业国际市场开拓资金是指国家财政用于支持中小企业开拓国际市场各项业务与活动的政府性预算基金,以及地方财政自行安排的专项资金。该资金旨在支持中小企业及其服务企业、社会团体和事业单位开展开拓国际市场的相关活动。它主要支持以下活动:参加境外展览会、管理体系认证、产品认证、国际市场宣传推介、创建企业网站、广告商标注册、境外市场考察、国际市场分析、境外投(议)标、境外展览会(团体)项目、企业培训。

再就业小额担保贷款是为帮助下岗失业人员自谋职业、自主创业和组织就业，对于诚实守信、有劳动能力和就业愿望的下岗失业人员，针对他们在创业过程中缺乏启动资金和信用担保的问题，难以获得银行贷款的实际困难，由政府设立再就业担保基金，通过再就业担保机构承诺担保，向银行申请的专项再就业小额贷款。建筑业、娱乐业、销售不动产、转让土地使用权、广告业、房屋中介、桑拿、按摩、网吧、氧吧等国家限制行业不得申请小额担保贷款。下岗失业人员或合伙经营实体申请贷款，应持有关资料到所在街道居委会或原单位提出申请。

四、创业融资的选择原则

1. 收益与风险相匹配原则

企业融资的目的是将所融资金投入企业运营，最终获取经济效益，实现股东价值最大化。在每次融资之前，企业往往会预测本次融资能够给企业带来的最终收益，收益越大往往意味着企业利润越多，因此融资总收益最大成为企业融资的选择原则。在融资取得收益的同时，企业也要承担相应的风险。对企业而言，尽管融资风险是不确定的，可一旦发生，企业就要承担百分之百的损失了。新创企业一般企业规模小、抗风险能力低，一旦风险演变为最终的损失，必然会给企业经营带来巨大的不利影响。因此，创业融资过程中应通盘考量要承担怎样的风险以及企业的抗挫折能力。

2. 融资规模量力而行原则

确定企业的融资规模，在创业融资过程中非常必要。筹资过多，可能会造成资金闲置浪费，增加融资成本；或者可能导致企业负债过多，偿还困难，增加经营风险。而如果企业筹资不足，又会影响企业投融资计划及其他业务的正常开展。因此，企业在进行融资决策之初，要根据企业对资金的需要、企业自身的实际条件以及融资的难易程度和成本情况，量力而行地确定企业合理的融资规模。

不同企业、同一个企业不同的业务过程对资金需求期限的要求也是不同的。比如，高科技企业由于新产品从推出到被社会接受需要较长的时间，对资金期限一般要求较长，对资金的需求规模也较大。而传统企业由于产品成熟，只要质量和市场开拓良好，一般情况下资金回收也快，这样对资金的需求量也较少。

3. 控制融资成本最低原则

融资成本是指企业实际承担的融资代价，具体包括两部分：融资费用和使用费用。融资费用是企业在资金筹集过程中发生的各种费用，如向中介机构支付的中介费；使用费用是指企业因使用资金而向其提供者支付的报酬，如股票融资向股东支付的股息和红利，发行债券和借款向债权人支付的利息。企业资金的来源渠道不同，则融资成本的构成也不同。

4. 测算融资期限适宜原则

企业融资按照期限来划分，可分为短期融资和长期融资。企业究竟是选择短期融资还是长期融资，主要取决于融资的用途和融资成本等因素。从资金用途来看，如果融资是用于企业流动资产，由于流动资产具有周期短、易于变现、经营中所需补充数额较小及占用时间短等特点，企业宜选择各种短期融资方式，如商业信用、短期贷款等。如果融资是用于长期投资或购置固定资产，这类用途要求资金数额大、占用时间长，因而适宜选择各种长期融资方式，如长期贷款、企业内部积累、租赁融资、发行债券、股票等。

5. 保持企业控制权原则

企业控制权是指相关主体对企业施以不同程度的影响力。控制权的掌握具体体现在：控制者拥有进入相关机构的权利，如进入公司制企业的董事会或监事会；能够参与企业决策，并对最终的决策具有较大的影响力；在有要求时，利益能够得到体现，如工作环境得以改善、有权参与分享利润等。

在现代市场经济条件下，企业的融资行为所引发的融资结构变化与企业控制权之间存在着紧密联系。融资结构不仅具有明显的企业治理功能，还明确规定了企业收入及控制权的分配方式，从而直接影响着一个企业控制权的归属。企业融资行为造成的这种控制权或所有权的变化，不仅直接影响企业生产经营的自主性、独立性，而且还会引起企业利润的分流，从而损害原有股东的利益，甚至可能会影响企业的近期效益与长远发展。比如，发行债券和股票两种融资方式相比较，增发新股将会削弱原有股东对企业的控制权，除非原股东也按相应比例购进新发行的股票；而债券融资只增加企业的债务，并不影响原有股东对企业的控制权。因此，管理者在进行融资的时候一定要掌握各种融资方式的特点，精确计算不同融资方式对企业控制权的影响，确保企业始终处于可控状态。

第三节　创业资源管理

创业资源开发是创业者拓展、开辟、利用新的资源从事创业活动，是创新企业保持竞争力和生命力的必经途径。

一、不同类型资源的开发

1. 创业资源开发的原则

1）渐进原则

对于任何一个创业企业或者创业团队来说，创业资源是难以完全发掘、配置和利用的。遵循渐进原则，根据对资源的需求程度、资源开发成本、资源收益不确定性三者的综合考虑，逐步寻找和利用各种创业资源。也就是说，对于每一种创业资源，都应当选择一个适当的整合时机，以降低资源的维护成本。创业者在创业过程中不仅要考虑主导资源的投入，而且要注意对其他资源的维护。就像木桶的盛水量是由最短的木板所决定和制约的道理一样。创业者要对潜在资源的需要情况进行研判和预估，做好充分的资源储备，实现各种创业资源在创业过程中动态的资源配置。

2）双赢原则

我们所发掘和应用的每一种创业资源是一个相对独立的利益体。因此在开发和使用这些资源的时候，不能仅从创业企业自身利益出发，必须坚持双赢原则。需要长期使用的创业资源，更要重视对方的既得利益。

3) 量力原则

不仅对于不同的资源需要渐进开发和使用，即使对于同一种创业资源，也存在着逐步开发的问题。尤其是对于创业团队和创业企业来说，资源开发的能力和经验都相对较弱，因此就更需要采取量力而行的原则，按部就班地对某一种创业资源进行开发和使用。创业资源整合的根本目的是实现创业企业利益的最大化，但这个利益还有当前利益和长远利益之分。因此，进行创业资源整合的时候就要充分协调好当前利益与长远利益之间的冲突。任何基于当前利益而对创业资源的过度开发，都会给企业的长远发展带来隐患。

4) 缓冲原则

遇到困难和挫折是创业企业常有的事情，而应对这些困难和挫折可能更多的是依靠创业企业的自有资源，因为任何一个利益主体都不会愿意冒风险去帮助一个新创建的企业。因此，在对内部资源整合的过程中一定要留有余地，以备不时之需。比如在资金方面，适当地储备资金是有一定必要性的，因为创业企业处于困境情况下进行二次融资比较困难。

2. 人脉资源的开发

1) 人脉资源的特性

(1) 长期投资性。人脉资源不是事到临头的病急乱投医，而是长期地维持和培育人脉关系。

(2) 动态拓展性。人脉资源不是一成不变的，而是需要通过主动的交流、沟通、帮助来进行巩固。

(3) 动态辐射性。每一个个体的人脉资源是有限的，但是，个体的朋友圈具有不断辐射性。熟人介绍是人脉资源拓展的有效方式，可加快人与人之间的交往频率，有效降低交际成本，提高合作效率。

2) 人脉资源的开发方法

(1) 熟人介绍。扩展你的人脉链条。根据美国人力资源管理协会与《华尔街日报》共同针对人力资源主管与求职者所进行的一项调查显示：95%的人力资源主管或求职者通过人际关系找到适合的人才或工作，而且61%的人力资源主管及78%的求职者认为，这是最有效的方式。前程无忧网也曾经做过"最有效的求职途径"调查，其中"熟人介绍"被列为第二大有效方法。因此，根据你的人脉发展规划，可以列出需要开发的人脉对象所在的领域，然后，你就可以要求你现在的人脉支持者帮你寻找或介绍你所希望的人脉目标，然后创造机会，采取行动。

(2) 参加培训。志同道合者的平台。参加与自己的工作或兴趣有关的各类培训班，走出去方知人外有人，天外有天。培训班不仅是一个学知识、长见识、开拓思路的好地方，更是我们借此拓展人脉资源的好机会、好平台。

(3) 参加活动。表现自己、结交他人的舞台。同学会、老乡会、联谊会、沙龙聚会、庆典会等，你若有时间还是尽可能去参加。如果想扩展你的职业和事业，这些活动对你来说是必不可少。你需要做的是，分辨出哪些该参加，哪些该拒绝。

3. 人力资源的开发

人力资源开发是指一个企业或组织团体在现有的人力资源基础上，依据企业战略目标、组织结构的变化，对人力资源进行调查、分析、规划、调整，提高人力资源管理水平，使人力资源管理效率更高，为团体(组织)创造更大的价值。新创企业的人力资源包括创业发起者、核心团队成员、管理团队和其他员工。新创企业根据企业的发展战略，建立行之有效的人力资源发展体系。通过开发来增强人在工作中的活力，才能充分、合理地利用人力资源，提高人力资源的利用率。提高人的才能是人力资源开发的基础。

1) 人力资源的特性

(1) 生物性。人是自然界中的高级动物，是生物体最复杂、最高级的存在形态。所以，人力资源的生物性应符合自然界的运动规律，并且影响人的行为和结果。人力资源的生物性主要表现为生殖繁衍性、新陈代谢性、遗传基因性、自然环境反应性。人力资源的生物性要求开发主体注意满足人的自然需求，注意工作条件和工作环境对人的身体与心理的影响，建立有利于人们身心健康的劳动制度。

(2) 社会性。人组成社会并成为社会发展的主体，不同的社会形态和时空，不同的文化背景和国别、地域，都会影响人们的价值观念、行为方式、思维方法。人力资源的社会性主要表现为信仰性、时代性、地域性、国别性、民族性、文化性、职业性、层级性、财富的占有性等。人力资源的社会性要求在开发过程中应特别注意社会政治制度、国别政策、法律法规以及文化环境的影响。

(3) 资本积累性。人力资源是人的体力、智力、知识、技术、能力、经验、信息、健康、关系的综合体现，是靠不断投资形成的，通过外界教育、培训、影响和自我学习努力的积累结果。这种活的积累资本，提供了人力资源的反复开发性与不断增值性。

因此，加大对人力资源的投资以增加其资本积累是现代人力资源开发的重要方向。

(4) 个体差异性。人力资源的个体差异性表现为性别、年龄、文化程度、专业、技能、价值观、兴趣、性格、智力、资历等。这种差异性为人力资源的不同运用方向、优劣区分、针对性开发奠定了基础，也为不同的开发对策提供了依据。

2) 人力资源开发方式

人力资源开发的方式，在于建立完善的激励体系。通过精神层面、物质层面的奖惩激发员工的工作潜能；建立完善的培训机制，帮助员工的职业成长；建立企业文化，善待员工，提高员工的企业认同感和职业归属感。其具体内容如下：①工作轮换。通过对相似岗位的调整，保持工作的新鲜感和适度挑战性。②行动学习。被开发者一般为 4~5 人一组，承担企业内外组织的某个具体任务或项目，定期开会并就各自的研究成果展开讨论。③研讨会或大型学者会议。这种方法既进行了思想、政策和程序等的交流，也对一些没有定论或答案的问题展开了讨论，包括对某些未来趋势进行探讨。研讨会通常与大学或咨询公司合办。该方法既能借鉴其他公司或学者的一些最新实践模式或研究成果，也能捕捉到一些有关未来走向的一些敏感信息。

4. 信息资源的开发

信息资源是一种知识型资源，信息资源的开发实际上是智力的开发、科技的开发、知识的开发。信息资源由信息生产者、信息、信息技术三大要素组成。

1) 信息资源的特征

(1) 共享性。信息资源作为一种重要的资源，可以为人所享用。在物质商品的交换中，双方的交换是对等的。而在信息的交换中，双方的交换是不对等的，卖方并不会失去信息，如果交换双方没有设定限制，卖方仍然可以使用这一信息，仍然可以与其他买方进行交换。这种交换的不对等性，使信息资源不能像工业产品那样被占有。信息资源和信息一样，在消费和使用中具有非排他性的特点。信息资源的建立是为了持续地反复使用，不允许他人使用信息资源是违反信息的本质属性，信息用户数量越多，对信息的需求量就越大，信息资源的价值就越高。信息资源利用范围的扩大不仅表现为信息内容的深化和扩展，而且还表现为信息内容共享范围的实现和扩大。

(2) 可转移性。信息资源具有可以变换、加工和转移载体的特性。人类社会为使信息资源得以充分利用，总是要将信息加以转换。信息内容在转换载体时的不变性，使得信息可以从一种形态转换为另一种形态。例如，物质信息可以转换为语言、文字、数据、图像等形式，也可以转换为计算机语言、电讯信号等形式。同一信息可以用多种不同的载体来承载，不同的信息也可以用同一类载体来表现。由于信息资源具有可转移性，人们可以通过各种印刷媒介和电子媒介等，更有效地加工处理、开发利用信息资源。

(3) 增值性。由于信息资源是一种可再生资源，所以信息资源具有可开发性。信息资源的作用在于对自然资源、人力资源和资本资源进行有效组合，从而创造效益，使其增值。信息资源的知识密集性使信息资源具有巨大的能动作用，可控制或支配物质资源和能量资源，利用有用的信息资源并作用于其他资源，并对这些资源进行合理配置。社会经济发展到现阶段，信息资源已成为一项重要的生产投入要素，它对其他要素具有决定性影响。同时信息资源也使自身增值，知识通过价值链一次又一次地被附加上去，数据处理系统、管理信息系统、演进知识系统、信息产业系统成为低消耗、高增值的产业。

2) 信息资源的开发方法

对于信息资源的开发，具体应做好以下三方面工作。

(1) 筛选和抓住有效信息。信息时代与以往时代的不同之处在于，各种信息蜂拥而至、充斥四周。创业者如何筛选和抓住有效信息，从而转化成创业机遇，成为信息资源开发的难题。信息资源管理的主要目标是确保一个组织机构在信息资源方面的投资能够以最佳的方式运作，这就要求有关人员必须将信息视为一种宝贵的资源，并视信息资源共享为一种规则。必须对信息技术实施集成管理，实现信息资源管理内部融合。

(2) 信息资源开发工作制度化。企业决策的预见性、前瞻性和系统性，都取决于决策信息的全面性、系统性和多样性。在利用信息资源和技术时，必须保证职责分明，即明确规定谁管理这些资源、谁利用这些资源、彼此的权利和义务是什么、如何确保合作与资源共享等内容，最大限度地提高信息质量。改进信息利用和促进信息增值是一个组织机构的战略目标。信息资源管理的最终目的是使机构中的每一个成员都成为有效的信息处理者和决策者，从而有效地提高每个人和整个机构的生产率。

(3) 信息管理不仅在于对外搜集信息，也在于对内整合信息。企业信息资源网的建设在信息工程方法论的指导下，按照一定的标准规范，利用有效的软件工具进行各职能领域的中、长期的信息需求和数据流分析，建立信息资源管理基础标准，建立全域和各职能域的信息系统框架、数据模型和系统体系结构模型，制订出计算机网络规划和应用系统开发计划。

【拓展阅读 7-3】

阿里金融：信息资源的开发再利用

阿里金融亦称阿里小贷，为小微金融服务集团(筹)旗下的微贷事业部，主要面向小微企业、个人创业者提供小额信贷等业务。从诚信通到支付宝，再到与银行合作试水网络联保服务，直至 2010 年组建小贷公司，并获得国内首张电子商务领域的小额贷款公司营业执照。阿里巴巴的信贷业务做得风生水起，阿里金融帝国初具雏形。目前，阿里金融已经搭建了分别面向阿里巴巴 B2B 平台小微企业的阿里贷款业务群体，以及面向淘宝、天猫平台上的小微企业、个人创业者的淘宝贷款业务群体，并已经推出淘宝和天猫的信用贷款、订单贷款、阿里信用贷款等微贷产品。

早期的阿里巴巴网站只是一个给商家提供网上展示商品的平台，用户只要注册登录，即可免费获得展示产品的服务。但用户鱼龙混杂，甲方希望乙方先付款，而乙方又希望甲方先发货。阿里巴巴为此推出了一种叫"诚信通"的服务，要求企业在交易网站上建立自己的信用档案，并展示给买家。之后，阿里巴巴网站进一步衍生出"诚信通指数"，对交易双方的信用状况进行量化评估。通过这套系统，阿里巴巴将企业的基本情况、经营年限、交易状况、商业纠纷、投诉状况等，全部纳入了"诚信通指数"统计系统。随着网络系统技术水平的提高，几乎所有的可疑交易都能被扫描和识别，加上惩罚措施的跟进，目前的信用记录大多值得信赖。

2003 年年初，在阿里巴巴 B2B 核心业务盈利稳定后，马云为寻找新增长点开始了日本之行。马云发现，雅虎日本凭借本土化策略在日本 B2B 市场大胜 eBay 日本，这坚定了他推出 B2B 业务的决心。同年 5 月淘宝成功上线，当年 10 月推出了日后影响着金融支付变革的支付宝。现在，支付宝已经不再是淘宝棋局里的一颗棋子，非淘宝业务已经超过了一半。2008 年，支付宝在国内第三方支付市场中占了半壁江山。阿里巴巴涵盖了 30 多万家企业的信用数据库，在银行眼里简直就是无价之宝。

从 2007 年 5 月起，阿里巴巴联合建设银行、工商银行，向会员用户推出了四种贷款产品。会员可通过阿里巴巴向银行申请贷款，阿里巴巴在接到申请之后，连同企业的信用记录，一并递交给银行，由银行审核并决定贷款与否。2007—2010 年试水期间，阿里巴巴建立起整套信用评价体系与信用数据库，以及一系列应对贷款风险的控制机制，并开始以自身的交易平台优势帮助建设银行对客户进行风险控制，甚至包括针对网络特性制定的坏账客户"互联网全网通缉"，公布用户的不良信用记录。

阿里巴巴拥有近 300 万注册会员，几乎涵盖了所有的行业，其中不乏具有高成长性企业。2010 年 6 月，在阿里巴巴、复星、万向、银泰等股东的推动下，浙江阿里巴巴小额贷款公司悄然成立，注册资本 6 亿元，是全国范围内首家完全面向电子商务领域小微企业融资需求的小额贷款公司，并获得国内首张电子商务领域的小额贷款公司营业执照。

阿里小贷公司的优势很明显，全国上千万小微企业在阿里巴巴的平台上进行买卖，而阿里巴巴手握支付宝多年来沉淀的庞大后台数据，想了解这些会员企业的情况可以说易如反掌。2011 年，重庆市阿里巴巴小额贷款有限公司也宣告成立，注册资本 10 亿元。阿里集团旗下金融业务板块"阿里金融"正式诞生。截至 2012 年上半年，阿里金融的小额贷款业务投放贷款 130 亿元，从 2010 年自营小贷业务以来累计投放 280 亿元，为超过 13 万家小微企业、个人创业者提供融资服务。阿里金融一度创造过日均完成贷款接近 1 万笔的纪录，在中小企业融资难的当下，阿里信贷正发挥着重要作用。

(资料来源：豆丁网)

5. 资金资源的开发和利用

新创企业的现实难题是资金资源的短缺。在进行资金资源开发的过程中，要注意战略投资者的预期目标与企业发展战略目标的契合度。

1) 明确投资者与投资项目的匹配度

新创企业进行资金资源开发时，首先对所需要的资金资源能够有整体性的统筹规划。在确定初步投资意向后，创业企业在与投资者接触过程中，认真了解投资者的基本情况，包括资质情况、业绩情况、行业背景、市场影响等方面。

2) 克服产品偏执的发展情结

技术类企业开发资金资源的过程中，往往会出现产品偏执误区，忽略战略眼光、商业模式和盈利前景，导致融资失败。企业在发展过程中，需要在产品开发、商业模式、盈利情景、战略路线之间找到平衡点，从而引起资本兴趣，实现融资成功。

3) 反复衡量的主要问题

问题1：什么时候需要钱？

创办企业当然需要资本，应考虑融资后的投资收益状况。融资需要付出成本，既有资本的利息成本，也有昂贵的融资费用和不确定的风险成本。因此，只有在严谨论证自己的创意之后，确信利用筹集的资本产生预期的总收益大于融资总成本时，才有必要考虑融资，要争取做到"好钢用在刀刃上"。

问题2：需要多少钱？

由于资本的筹集与使用都具有成本，因此企业筹集来的资本并非"韩信点兵，多多益善"。事实上，多余的资本只会让新创企业盲目扩张，而这种超出自身运作能力的扩张不能保证企业自身盈利目标的完成，也不能实现股东预期的回报。

问题3：需要什么样的钱？

不能保证企业自身盈利目标的完成，也不能实现股东预期的回报，最可怕的是让没有市场经验的新创企业迷失方向乃至"夭折"，因此，创业者在融资时应该量力而行，避免"圈钱"。对于新创企业以及成长型企业来说，选择哪种融资方式有着重要意义，因为不同的融资方式具有不同的融资成本。一般来讲，融资方式不外乎股权融资和债务融资两种，除了创业投资外，股权融资的主要表现是上市融资。

问题4：是否愿意让投资者了解企业的秘密？

无论以哪种方式融资，资本的提供者需要依据相应的条款、制度、手续，了解企业。以债务融资为例，无论是银行贷款还是担保公司进行担保，提供资本的一方会要求企业提供清晰透明的财务管理资料，并反复审查。以股权融资的创业投资为例，创业投资者还需要了解创业者个人的秘密，包括信用状况、个人能力等，确保一旦投资后，创业者有足够的能力使资本升值。

问题5：如何看待自己的企业？

投资者在考虑是否投资时，往往要看融资者对自己公司的态度：究竟是像对待子女一样爱惜自己的企业，还是抱有"养大了卖钱"的心理。在前一种想法支配下，融资者为了自己的企业健康成长，会尽力把企业搞好，并且会在企业面临困难时，像对待孩子一样千方百计地去抢救；而在后一种想法支配下，融资者是为了以后卖掉企业大赚一笔，因而可能为了企业日益强大而不择手段，这是投资者最担心的事情。

二、创业资源开发的推进方法

1. 坚持创业资源整合

1) 整合资源

创业总是和创新、创造及创造财富联系在一起。因为这会迫使创业者把有限的资源集中于销售，进而为企业带来现金。为了确保公司持续发展，创业者在每个阶段都要问自己，怎样才能用有限的资源获得更多的价值？

学会拼凑。很多创业者都是拼凑高手，通过把一些新元素与已有的元素重新组合，形成在资源利用方面的创新行为，进而可能带来意想不到的惊喜。创业者通常利用身边能够找到的一切资源进行创业活动，有些资源对他人来说也许是无用的、废弃的，但创业者可以通过自己独有的经验和技巧加以整合。例如，很多高新技术企业的创业者并不是专业科班出身，可能是出于兴趣或其他原因，对某个领域的技术略知一二，他们敏锐地发现了机会，并迅速实现了相关资源的整合。整合已有的资源，快速应对新情况，是创业的利器之一。拼凑者善于用发现的眼光，洞悉身边各种资源的属性，将它们创造性地整合起来。这种整合很多时候甚至不是事前仔细计划好的，而往往是具体情况具体分析、"摸着石头过河"的产物。

2) 步步为营

创业者分多个阶段投入资源并在每个阶段投入最有限的资源。步步为营的策略首先表现为节俭，设法降低资源的使用量，降低管理成本。但过分强调降低成本，会影响产品和服务质量，甚至会制约企业发展。比如，为了求生存和发展，有的创业者不注重环境保护，或者盗用别人的知识产权，甚至以次充好。这样的创业活动尽管短期内可能赚取利润，但长期而言，发展潜力有限。因此，需要"有原则地保持节俭"。步步为营的策略表现为自力更生，减少对外部资源的依赖，目的是降低经营风险，加强对所创事业的控制。步步为营不仅是一种做事最经济的方法，也是创业者在资源受限的情况下寻找实现企业理想目的和目标的途径，更是在有限资源的约束下获取满意收益的方法。习惯于步步为营的创业者会形成一种审慎控制和管理的价值理念，这对创业企业向稳健成熟发展期过渡具有重要作用。

3) 发挥资源杠杆效应

尽管存在资源约束，但创业者并不会被当前控制或支配的资源限制，成功的创业者善于利用关键资源的杠杆效应，利用他人或者别的企业的资源来完成自己创业的目的：用一种资源补足另一种资源，产生更高的复合价值；或者利用一种资源来获得其他资源。其实，大公司也不只是一味地积累资源，它们更擅长于资源互换，进行资源结构更新和调整，积累战略性资源。

对创业者来说，容易产生杠杆效应的资源，主要包括人力资本和社会资本等非物质资源。创业者的人力资本由一般人力资本与特殊人力资本构成，一般人力资本包括教育背景、以往的工作经验及个性品质特征等。特殊人力资本包括产业人力资本(与特定产业相关的知识、技能和经验)与创业人力资本(如先前的创业经验或创业背景)。调查显示，特殊人力资本会直接作用于资源获取，有产业相关经验和先前创业经验的创业者能够更快地整合资源，更快地实施市场交易行为。而一般人力资本使创业者具有知识、技能、资格认证、名誉等资源，也提供了同窗、校友、老师以及其他连带的社会资本。

相比之下，社会资本有别于物质资本、人力资本，是社会成员从各种不同的社会结构中获得的利益，是一种根植于社会关系网络的优势。它有助于个体开展目的性行动，并为个体带来行为优势。外部联系人之间社会交往频繁的创业者所获取的相关商业信息更加丰富，有助于提升创业者对特定商业活动的深入认识和理解，使创业者更容易识别出在常规商业活动中难以发现的顾客需求，进而更容易获得金钱和物质资源。

4) 设置合理的利益机制

资源通常与利益相关，创业者之所以能够从家庭成员那里获得支持，是因为家庭成员之间不仅是利益相关者，更是利益共同体。既然资源与利益相关，创业者在整合资源时，要设计好有助于资源整合的利益机制，借助利益机制把潜在的和非直接的资源提供者整合起来，借力发展。因此，整合资源需要关注有利益关系的组织或个人，要尽可能多地找到利益相关者。

2. 其他资源整合

1) 识别利益相关者及其利益

整合资源要关注有利益关系的组织或个人，把这些利益相关者一一识别出来，把他们之间的利益关系辨析出来，甚至有时候还要把利益创造出来。一般来说，寻找利益相关者就是要寻找那些具有共同点的人，同时也需要寻找可以互补的人。

2) 管理好能够促进企业持续成长的人力资源

企业持续成长需要大量的人力资源作为支撑，保持企业持续成长对人力资源管理提出更高的要求。高素质的人力资源是企业持续成长的根本，管理好人力资源是企业持续成长的重要保证。

3) 构建共赢机制

共赢机制是指创业者在进行资源整合时，一定要兼顾资源提供者的利益，使资源提供与使用的双方均能获益。在与外部资源所有者合作时，创业者还要构建一套各方利益真正实现共赢的机制，给资源提供者一定的回报，同时尽可能替对方考虑到规避风险。

4) 维持信任

资源整合以利益为基础，需要以沟通和信任来维持。沟通是产生信任的前提，信任是社会资本的重要因素。同时，创业者要尽快从人际信任过渡到制度信任，从而建立更广泛的信任关系，以获取更大的社会资本。

3. 关注资源配置方式

创业者进行资源配置方式创新，当然不仅是为了满足资源所有者的期望，主要还是为了达到自己的商业活动目的。这就要求新的资源配置方式必须具有帕累托效应，能够通过总效用的增长使资源提供者和使用者实现利益双赢。

因此，必须关注资源配置的生产性功能，资源配置方式与生产性服务通过资源改造进行资源效用开发，使利益相关者的期望得到更好的满足，这是商业活动的生产性功能。创业活动的难点是在不确定性情景下的资源获取，而解决这一困难的办法正是资源效用开发与生产经营方式创新，并通过商业创意体现出来。生产经营方式创新的意义是，更好地满足利益相关者的期望，促进社会财富增长。

因此，新的资源配置方式不仅不能损害资源所有者原有效用期望的满足，而且要提高效用满足的程度。在此基础上，创业者才可能从资源所有者那里获得资源使用权，实现自己的商业目标。

4．动态推进方式

随着创业过程的开展，创业者需要整合不同的资源。成功的关键就是看创业者能否根据不同的创业过程和环节有效地整合资源。从时间轴维度上看，创业资源开发的推动方法可以归纳为寻找式资源整合、累积式资源整合、开拓式资源整合三种方式。

1) 寻找式资源整合

对于初次创业的创业者来说，其创业存在许多共性问题，比如管理经验不足、市场狭窄、创业资源匮乏等。创业之初，创业所需的资源主要依靠自身的努力来获取，但是仅仅依靠从自己的身边获取的创业资源很难维持企业的发展，需要从外界寻找创业资源。

寻找式资源整合主要是结合创业团队自身的资源情况，分析资源储备存在的不足，提出整合外界资源的方案，积极地寻找和整合所能利用的创业资源。这就要求创业者具备较强的预见力和洞察力。较强的预见力可以让创业者准确地把握自己所在行业的发展热点和竞争焦点。洞察力是一种从不同类型的信息中获得知识的能力。创业者只有拥有较强的预见力和洞察力，才能在诸多资源中获得对自己创业有所帮助的资源。

2) 累积式资源整合

进入创业的中期，新创企业得到了一定的发展，也积累了一些企业赖以生存和发展的创业资源。这段时期，企业正处于发展的关键期，创业资源需要不断累积。这就需要创业者掌握累积式的资源整合方法。为了使已获得的创业资源发挥其最大的效能，创业者必须在初创企业的发展过程中，进一步了解创业资源的特征，以便于更好地整合利用。只有对已有的资源进行准确的分析定位，才能在此基础上进行进一步的整合利用，才能发挥资源的最大效能，不断提高企业的核心竞争力。

3) 开拓式资源整合

当今社会的竞争，与其说是人才的竞争，不如说是创造力的竞争。创新是一个企业发展的动力和灵魂，没有创新的企业是很难成长发展的。开拓式创业资源整合要求创业者不断地把创新式思维注入其中，从创新的视角寻找具有创新点的创业资源。特别是继续寻找企业新的增长点，在新的增长点上开拓和整合利用资源。

【课后案例】

华为技术有限公司资源整合方式

华为技术有限公司在发展过程中，成功地运用了各种资源整合方式，实现了企业的跨越式发展。华为技术有限公司是一家生产销售通信设备的民营通信科技公司，于 1987 年正式注册成立，总部位于中国深圳市龙岗区坂田华为基地。华为是全球领先的信息与通信技术(ICT)解决方案供应商，专注于ICT领域，坚持稳健经营、持续创新、开放合作，在电信运营商、企业管理、终端和云计算等领域构筑了端到端的解决方案优势，为运营商客户、企业客户和消费者提供有竞争力的ICT解决方案、产品和服务，并致力于赋能未来信息社会，构建更加互联的美好世界。

一、拓展时代的资源整合战略

1996—1998年，华为与电信局、当地政府分别占一定股份(华为大股东)成立新的合资公司，其中当地的运营商和政府主要是靠"当地的资源优势"入股，华为靠技术和人员入股。但是这些合资公司自诞生之日起就是个空壳，华为从来没有把产品特别是有技术含量的产品放进去，这些企业的作用只是签单走账，把华为的产品卖给各地股东客户——电信局。但是这些合资公司对华为的作用是巨大的，主要体现在以下两个方面。

1. 市场占领作用

这一模式让华为转眼之间成了各地电信局的"自家人"，自家人采用自家人的设备就变成了最合理的事情。第一家合资企业就是四川华为，股东四川电信的利润分红高达25%，于是华为很快就成了电信行业的垄断供应商，有些电信局甚至拆掉其他公司的设备换上华为的产品。这一方式也解决了令制造商头痛的回款问题。仅1997年，华为的国内销售额就增长到41亿元，同比增长了60%。

2. 融资功能

华为的《合资企业工作指导书》中对合资公司的功能进行了以下描述："合资企业要在当地解决贷款和融资问题。合资公司注册以后，要把自己的注册资金存到有可能提供贷款的银行，并抓紧解决贷款问题，必要时，可以向两家以上的银行存、贷，争取合资对象出具担保或由华为母公司担保。"于是银行贷款瓶颈立即被突破，同时通过吸纳电信局和当地政府的员工持股，极大地扩张了内部融资范围。华为资金短缺的局面从此才真正得到缓解，而后来华为较高的负债率也是从这时候开始的。

二、国际化进程的资源整合产物——H3C

2003年11月17日，华为和3COM合资成立杭州华三通信技术有限公司(简称H3C)，共同研发、生产及销售数据通信产品。其中，华为以技术入股，向合资企业提供企业网络产品的业务资源，持有合资公司51%的股权；3COM以16亿美元和整个中国区业务注入合资公司，还授权新公司使用相关的许可，拥有49%的股份。双方约定：华为负责H3C中国及日本的销售，3COM则负责其余海外地区。可以说，H3C的成立对于合资双方都极具战略意义，它帮助3COM实现了更广泛的产品线、更具竞争力的成本结构以及中国市场上更好的竞争地位；同时帮助华为实现了当时最需要实现的目标——开拓国际市场，提升品牌知名度。H3C成立之后，华为在中国市场的销售能力远远大于3COM在海外的销售能力。H3C官方网站的数据显示，2006年，H3C销售收入7.12亿美元，连续3年保持70%左右的同比增长。分析师们普遍认为"这是3COM最优质的资产"。

2005年1月初，按照两年前的合资协议，3COM以2800万美元购入华为所持的H3C公司2%股权，从而拥有了后者51%的控股股权。2006年11月29日，华为将所持有的华为3COM的49%股份以8.82亿美元悉数出售给美国3COM公司。华为的一位前高管曾给这起买卖中华为所付出的成本算过一笔账："当时，华为没有用一分钱现金，投入的是低端路由器、以太网交换机以及相关的技术和销售。"这位华为的前高管表示："也就是说，华为团队利用当时3COM先期投入的6亿美元，在完成华为摆脱危机的历史使命的同时，在3年的时间里，为华为挣了68亿元人民币。"

2007年9月29日，3COM公司(纳斯达克：COMS)宣布接受私人股权投资基金贝恩投资每股现金530美元的收购价格，与其签署最终合并协议。根据协议条款，贝恩投资将获得3COM公司83.5%的股权，而华为将收购其余的16.5%股权，交易总值大约22亿美元。

2007年12月，3COM亏损巨大，称已接受贝恩投资和华为收购报价。

2008年1月，情况转折，贝恩投资联手华为收购3COM一案在美国遭延期审查。

2008年2月底，华为和贝恩投资宣布撤回收购申请，但可能通过提交替代方案的办法，以求打消美国监管部门的顾虑。然而，多种替代方案均未能达成一致。

2008年3月21日，贝恩投资宣布，正式终止与3COM签署收购协议，这意味着，从2008年9月提出高达22亿美元的报价以来，这一备受全球关注的并购案最终以失败告终。华为与3COM后期扑朔迷离的资本运作路径其实是表现出了华为希望通过参与并购交易，获得更多资本收益的路线。

三、资源整合进入新业务新市场

2010年12月，华为与朗新信息科技有限公司签署合资协议，成立合资公司。总部设在北京，合资公司立足于原朗新在中国电信、中国联通市场的现有产品和应用经验，结合华为的销售与服务网络及资金优势，加大投入，进一步为中国电信和中国联通客户提供更优质的解决方案和服务，构建有竞争力的全业务融合运营支撑系统。

2011年5月，华为与海底光缆工程系统公司签署协议，成立以提供端到端海缆通信解决方案和服务的合资公司，此举标志着华为正式进入海底通信市场。海底光缆工程系统公司是一家海上工程公司，公司管理着世界上最大的海缆船船队以及大量的海下施工设备，在海底光缆安装和维护、科学考察、油气田建设方面能为客户提供更优质的解决方案和服务。目前全球光缆市场正在慢慢回暖，海缆通信市场也发展迅速。目前海缆市场预计累计新建长度将近10万千米，新建项目数量超过20个，加上互联网的不断发展，在未来，海缆市场将会保持稳定增长。

2018年年初，华为发布2017年年报，并发布新的愿景与使命：把数字世界带入每个人、每个家庭、每个组织，构建万物互联的智能世界。

2018年2月27日，华为与音频及媒体技术研究机构Fraunhofer IIS签署了一项MPEG-4音频专利组合的全球许可协议。该专利许可协议涵盖了华为产品在过去和未来对于Fraunhofer MPEG-4音频专利组合的使用权。

2018年5月13日，电广传媒与华为技术有限公司共同签署《战略合作协议》，以共建共赢AMI(AI人工智能/MR混合现实/IP知识产权)数据中心为驱动，升级广播电视网络ICT架构，提供公有云服务，在智慧传播、智慧家庭、智慧城市等方面进行合作，共同推动广电业务的发展。2018年6月21日，美国议员敦促Alphabet旗下的谷歌重新考虑与中国科技巨头华为之间的关系。2018年7月，大庆油田公司与华为技术有限公司在深圳签署战略合作协议，双方将在云计算、移动应用、大数据、人工智能、物联网、运维服务、人才培养等领域展开全方位、深层次合作，实现资源共享、优势互补，为大庆油田实现信息化建设"三步走"战略提供技术支持，助推双方共同发展。

华为聚焦 ICT 基础设施领域，围绕政府及公共事业、金融、能源、电力和交通等客户需求持续创新，提供可被合作伙伴集成的 ICT 产品和解决方案，帮助企业提升通信、办公和生产系统的效率，降低经营成本。华为将继续以消费者为中心，通过运营商、分销商和电子商务等多种渠道，致力打造全球最具影响力的终端品牌，为消费者带来简单愉悦的移动互联应用体验。同时，华为根据电信运营商的特定需求定制、生产终端，帮助电信运营商发展业务并获得成功。

华为还将对网络、云计算、未来个人和家庭融合解决方案的理解融入各种终端产品中，坚持"开放、合作与创新"，与操作系统厂家、芯片供应商和内容服务商等建立良好的合作关系，构建健康完整的终端生态系统。

华为技术(华为)是全球领先的电信解决方案供应商，专注于与运营商建立长期合作伙伴关系。华为拥有热诚的员工和强大的研发能力，快速响应客户需求，提供客户化的产品和端到端的服务，助力客户商业成功。

华为产品和解决方案涵盖移动、宽带、IP、光网络、网络能源、电信增值业务和终端等领域，致力于提供全 IP 融合解决方案，使最终用户在任何时间、任何地点都可以通过任何终端享受一致的通信体验，方便人们的沟通和丰富人们的生活。

2017 年 8 月，华为云业务部门升为一级部门。华为公司副董事长、轮值 CEO 徐直军提出，华为云 BU 要有"崭新的组织形态、崭新的运作方式、崭新的运作背景、崭新的面向客户的方式"。华为的产品和解决方案已经应用于全球 170 多个国家，服务全球运营商 50 强中的 45 家及全球 1/3 的人口，具体包括以下 10 个方面：①无线接入；②固定接入；③核心网；④传送网；⑤数据通信；⑥能源与基础设施；⑦业务与软件；⑧OSS；⑨安全存储；⑩华为终端。

华为实施全球化经营的战略。华为 1996 年进入中国香港地区；1997 年进入俄罗斯；1998 年进入印度；2000 年进入中东和非洲；2001 年迅速扩大到东南亚和欧洲等 40 多个国家和地区；2002 年进入美国。截至 2016 年年底，华为在全球 168 个国家和地区有分公司或代表处；同时，依据不同国家或地区的能力优势，在美国、欧洲、日本、印度、新加坡等国家和地区构建了 16 个研究所、28 个创新中心、45 个产品服务中心。华为有 7 万多人的全球最大规模的研发团队，每年销售额的 10%投入研发，累计获得专利授权 36 511 项。过去 10 年，华为累计研发投入 250 亿美元。在这样一个全球性的市场网络与研发平台上，产品的研发需求来自华为，架构由欧美顶尖专家设计，硬件由华为中国团队完成，软件主要由印度科技人才承担，制造主要由富士康公司完成，最后再在华为的全球市场网络进行销售。2015 年，华为支持客户 1 500 多张网络的稳定运行，保障全球 130 多个重大事件、自然灾害网络稳定。

华为的全球化扩张有三个核心特征。

1. 国际化制度建设

从 1996 年开始，华为先后聘请 IBM 等美国、英国的 10 多家咨询公司对华为进行研发、供应链、人力资源、财务以及市场体系的管理变革，17 年来用于管理变革的成本总计达到 50 多亿美元。其结果是，构造了华为与西方公司接近乃至于完全相同的一整套制度和流程，这是华为能够在全球市场立足并获得成功的根本原因。

2. 法律遵从

遵守联合国法律和美国法律，华为将美国法律视为国际法，因为在事实上，美国在全世界可以利用自己的法律打击和制裁任何企业。另外，还必须严格遵守所在国家的法律。华为在巴西市场的开拓将近 20 年，累计亏损 13 亿美元，亏损的主要原因是对巴西法律环境缺乏认知，其实许多外国公司在巴西都有长期亏损的历史。但 2013 年，华为在巴西首次盈利 200 万美元，如果以今后每年 6 000 万美元的盈利目标计算，还需要 23 年的时间才能实现静态地扭亏为盈。

3. 文化遵从

华为建立道德遵从委员会，其主要职能就是引导和规范华为员工从语言、习俗、宗教乃至于生活习惯等方面主动适应和融入所在的国家或地区。

(资料来源：搜狐网)

思考与练习

1. 创业资源的种类有哪些？
2. 创业融资的渠道有哪些？
3. 创业资源的开发原则有哪些？

第八章 创业计划

创业计划是创业者创建公司的纲领性文件,它详细描述了创业内容及其特点,深入分析了创业的外部环境与前景等关键要素,是企业成立的重要说明书,也是提供企业发展指标和衡量企业发展的标尺。

第一节 创业计划概述

创业计划是创业者计划创立业务的书面摘要,它可以为公司的发展设定更具体的方向和重点,让员工了解公司的业务目标并鼓励他们朝着共同的目标努力。更重要的是,它使投资者以及供应商、销售商等能够了解企业的业务状况和业务目标,并说服投资者(旧的或新的)为企业的进一步发展提供资金。因此,创业计划是创业者撰写的最重要的商业文件之一。

一、创业计划的作用

创业计划对建立一个好的商业团队和选择一个好的商业项目起着决定性作用。创业计划不仅能够使创业者对所创企业的性质有更准确的理解,还能够将诸如市场营销、财务、人力资源、生产流程等功能性项目贯穿起来,使创业者对企业的经营模式、市场前景有更加详细的理解。

1. 自我评价作用

创业者应该是所制订创业计划的首位读者。创业不是一时兴起,创业者应根据自身掌握的资源对所创企业的前景、产品的销售渠道以及运营过程中可能遇到的风险进行评估,尽可能详细地分析其所拥有的资源、已知市场条件和初始竞争战略,并提出初步行动计划。尤其对于初创业者,提前进行市场评估以及风险分析尤为重要。一个刚有雏形的项目,往往很模糊,通过创业计划的制订,可以很清晰地反映出创业将遇到的困难。同时也能较准确地分析出创业前景,针对反映出的正面和负面的问题,逐一思考推敲。通过制订创业计划,创业者将会对该项目的发展模式再一次更系统的思考和推断,有助于创业者更加理智和清晰地了解所创企业和项目的可行性。

2. 资源整合作用

在创业过程中,各种生产要素、各种资源信息是分散零乱的,各种工作程序之间是互不衔接的。创业之初,首先要做的就是争取投资资金,寻找合作团队等。

资金是创业的基础,创业企业要获得投资者的认可,其中最首要的步骤就是从审验创业计划书开始。创业计划书作为整个创业过程的综合说明、创业项目启动的可行性分析报告,在某种程度上,它也是一份包装企业并对外宣传的文件。它能够向风险资本家、银行、客户和供应商通报所创公司的业务及其运作方式，帮助投资者了解企业的产品、营销和人事、系统管理等方面的问题，进一步取得投资者的信任，获得投资资金。

一份完美的创业计划不仅能够增加创业者自身的信心，还能够增加风险资本家、合作伙伴、员工、供应商和经销商的信心，使他们能够了解将要参与的项目和活动，使每个人都知道在未来的创业过程中自己所充当的角色、需执行的任务以及自身能否胜任。因此，创业计划对于创业者吸引所需的人力资源，凝聚创业团队成员的心灵和思想非常重要。而这些信心的凝聚，是一个企业创业成功的基础。同时，还能吸引新股东的加盟，吸引有志之士参加创业团队，吸引对创业计划感兴趣的单位赞助和支持。

因此，一份好的创业计划书对成功获得融资具有不可替代的作用。通过编写创业计划书，梳理思路，进行调研，完善信息，找到各种工作程序之间的衔接点，最终把各种资源有序地调动并凝聚起来，构成最佳资源组合。

3. 市场评估作用

创业计划能够根据当前社会经济的政策形势预测企业未来的发展方向，所以它也为企业提供了良好的效益评价体系和管理监测指标。在创业计划书中，提供所有与企业的产品或服务有关的细节，包括企业所实施的所有调查。这些问题包括：产品正处于什么样的发展阶段？它的独特性怎样？企业分销产品的方法是什么？谁会使用企业的产品，为什么？产品的生产成本是多少？售价是多少？企业发展新的现代化产品的计划是什么？竞争对手的情况如何？竞争对手都是谁？他们的产品是如何营销的？竞争对手的产品与本企业的产品相比，有哪些相同点和不同点？竞争对手所采用的营销策略是什么？要明确每个竞争者的销售额、毛利润、收入以及市场份额等，掌握了这些信息，才能在创业过程中更好地应对遇到的困难，更好地利用最佳资源组合，创造最大的经济利益。

二、创业计划书的内容

创业计划书是创业计划的书面呈现。总的来说，创业计划书的内容主要由计划摘要、计划主体两部分构成。

1. 计划摘要

计划摘要是创业计划精华部分的浓缩，是整个创业计划内容提要，能简洁、确切地表现创业计划的重要内容。因此计划摘要需要在制订完成创业计划主体部分后，凝练而成。它涵盖创业计划中的所有要点，因此，语言力求简练、一目了然，能够迅速吸引并打动读者。计划摘要中需要直观地让读者看到以下几点。

(1) 企业的人员构成、组织结构、经营模式及业务范围。
(2) 创业资金来源、资金规划、资金总额的分配比例。
(3) 企业生产产品的介绍。
(4) 产品针对的消费群体是哪些，消费者对产品的需求量。
(5) 企业市场前景分析，市场竞争分析及对策。
(6) 企业的营销策略，运营过程中的可能风险评估及对策。
(7) 投资分析、财务规划。

(8) 生产管理、产品成本，预期回报阶段性目标。

(9) 企业的亮点。

创业计划书作为企业的宣传书，在制订过程中需要制订者反复推敲、凝练，力求做到表述准确、形式优美，语句简练清晰具有说服力。最重要的是一定要在计划书中充分说明所创企业的创业竞争力和优势，以吸引投资者的阅读兴趣，达到投资者愿意进一步了解创业项目的目的。

2. 计划主体

创业计划主体是整个计划的核心。主体的内容应该能够充分展示企业家描述的全部内容，通常包括以下几方面。

1) 企业简介及战略目标

这部分内容主要向合作伙伴或者投资人介绍企业的人员构成、组织架构、发展理念、战略目标，企业所属的行业背景，企业在所属行业的发展现状以及企业的发展态势预测等。初创企业，应详细介绍创业者的成长经历，包括求学过程、个人兴趣爱好、专业特长等，着重介绍创业灵感的来源。发展中的企业，则需简单介绍企业成长史、现状以及前景规划。在介绍企业成长史时，要总结企业发展过程中的经验和教训，对于发展过程中的失误有什么认识体会以及改进措施等，对过去有客观中肯叙述的计划书更容易赢得投资者和合作伙伴的信任。

2) 主要产品(业务)的介绍

无论是投资者还是创业团队，最感兴趣和最想了解的，就是企业提供的产品(服务)是什么，有没有发展前景。因此创业计划中要着重表述清楚下列问题：企业所属的行业性质，所提供的产品(服务)是什么，主要客户来源有哪些，产品(服务)目前的发展阶段，产品(服务)针对的消费群体及原因，企业所提供产品(服务)市场需求量，比较其他同类企业产品(服务)的独特之处等。除此之外，产品(服务)的销售方式、生产成本、预售价格以及开发新型产品(服务)的规划等也是需要描述清楚的问题。

回答上述问题时，文字运用要客观准确、有理有据、通俗易懂，具有一定的科学性和说服力，才能进一步引起投资者的投资兴趣，坚定创业团队其他成员的创业信心。

3) 营销策略及市场评估

创业的盈利和发展情况关系着企业的存亡，也关系着投资者的投资意愿与创业团队的合作信心。因此，计划书应提供给读者一个全面的营销计划，在计划中应有下列内容：①企业的营销团队和组织分工；②产品的主要销售渠道；③产品的广告宣传、促销和公关活动；④促销活动的预期目标和产生原因；⑤相关费用预算；⑥营销危机应对。

在计划书中还应有对产品(服务)市场的深入了解和评估。①分析企业所属产业的生命周期是处于萌芽、成长、成熟还是衰退阶段，企业所在地经济情况、地域特点、主要消费群体的特点等；②针对所属行业的政府政策支持和限制都有哪些，企业发展的决定性因素有哪些，限制此类行业发展的因素及应对方法；③消费者选择该公司的产品(服务)的影响因素，各种因素所起的作用；④所属行业的发展态势和现阶段发展情况，该行业的销售份额以及价格趋向、行业销售额情况发展趋势分析、行业的典型回报率等问题；⑤该行业的创新技术要求，市场竞争及竞争战略。

通过制订计划书，尤其对于初创企业，能够重新对自己的创业思路进行系统梳理，对所创企业的前景和市场能有更全面的了解和掌握，这对创业者进一步进行市场规划，分析目标客户，如何在未来同类市场竞争中开展业务有着重要作用。

4) 投资分析

创业的首要目标是在保证创业行为不对社会造成损害，甚至能为社会带来收益的前提下，能够获取经济收益，即盈利。如何使创业投入资本顺利回笼且获得更高回报，是投资者和创业合作团队最关注的问题。因此，创业之初不但要对所投资项目进行审核评估，还需要对所投项目成本的管理和控制进行详细规划。在计划书中，这部分内容应包括：①所属行业的投资环境、投资风险、投资策略、投资前景，以及项目的投资价值和投资可行性分析；②投资资金如何使用及主要用途方向；③投资项目所需资源用量；④所需资源成本预估；⑤创业各环节成本预算及预计资金分配；⑥成本动态控制；⑦成本回收及盈利计划。

5) 财务规划分析

创业流动资金对企业运营具有决定性影响，因此，投资资金的来源与使用是创业者需要提供给投资者的重要资料。创业者对企业创业资金和流动资金的筹集和融资方法以及融资成功后的资本结构都应有周密的计划。

除此之外，处于发展阶段的企业在计划书中还应包括以下内容。

(1) 企业过去财务状况的分析及未来发展趋势预测。

(2) 未来投资财务预算(包含用于设备、人力资源等方面的投资明细及动用计划)。

(3) 企业分阶段盈利、负债数据比对及分析。

(4) 企业财务现状及投资预计回报。

(5) 财务管理规范和流程等。

初创企业则要根据同类型市场的财务情况对比分析，预测未来投资回报率，借此明确投资决策。

6) 生产运营计划

生产运营计划包括企业生产经营情况、产品未来发展趋势分析和年度目标任务等内容，还需制定相关生产计划表、技术服务经济指标计划表、经济效益计划表等，同时要对相关预测数据作必要的文字说明。尽可能详细地把产品(服务)的生产制造和运营过程展示给投资者，以此增大企业的评估价值。

7) 风险分析及对策

防患于未然才能在遇到问题和解决问题时游刃有余。同样，创办企业时，及早发现漏洞并补救，就能避免在经营过程中走弯路。

对投资者而言，所有的创业投资都有风险，不可避免。创业融资者针对创业风险有没有对应的行之有效的措施，将投资风险降低，才是投资者考量是否投资的核心。因此，创业者在制定这部分内容时，不应为了获取投资资金对创业风险进行规避或者隐瞒或者是刻意缩小化，而是应该客观全面地分析创业过程中可能出现的风险，并针对每一项可能发生的风险提出对应的防范措施，将创业风险及危害降到最低。

8) 融资计划

融资计划是资金供求双方合作前景的计划分析。它的主要读者是投资者，因此，它应包含投资者最关心的几个方面：①创业项目的可行性和收益率；②融资方式(创业者应尽量选择成本低、融资快的方式)；③创业项目的政府财政支持情况；④融资资金分配；⑤投资者投资安全保证、财务收益及资金退出方式；⑥利润分配等。

【拓展阅读8-1】

大学生回乡创业取得成功

宏伟和江波是一起长大的朋友，也是老乡，他们来自××县××村，从小一起长大，从小学到高中一直在一个班里，最后又同时考取了同一城市的两所大学。每个人对自己的家乡都有特殊情结，宏伟和江波更是如此。大学毕业后，他们的同学大多留在了城市，而宏伟和江波则不约而同地打算回到家乡，为家乡的建设出一份力。

于是，经过很长一段时间的考察调研，他们决定利用家乡的有利政策和便利条件自己创业。创业项目就选定了最适合农村环境的养殖业。宏伟和江波根据多年的生活经验以及详尽的市场调查，制订了一份详细的创业计划书。当地政府对大学生创业有扶持政策，得知两个大学生要回乡创业，县政府特别重视。县政府看了宏伟、江波提供的创业计划书后，更是对他们的创业想法给予了大力支持，村里的乡亲们也纷纷表示愿意免费向他们传授养殖经验。就这样，宏伟和江波的养殖场如火如荼地办了起来，很快就获得了盈利，不久就成了县上的养殖大户，带动了当地经济，还解决了很多农民的就业问题。下面就是他们的创业计划书。

大学生农村创业计划书

项目名称：鱼、鸭、鸡立体混合养殖

项目地点：××村

项目总投资：10万元

一、项目建设背景

在××县委组织部对大学生村官扎根基层、创新创业的不断引导与鼓励下，在××镇党委和政府的正确领导和悉心指导下，充分发挥自身专业优势，结合当地实际情况，引导广大农民积极创业增收，创建鱼、鸭、鸡立体混合养殖中心。

二、项目经济及社会必要性评价

××村是个传统的农业村，富余劳动力较多。由于种植业收益率低以及××村特殊的地理位置，导致大量劳动力外出务工。如何在农村经济结构战略性调整和农村产业结构调整的重要时期，破解这一瓶颈，增加农民收入，成为摆在当前的一道难题。

××村群众有养殖的传统习惯，但由于品种单一、生产方式原始、技术落后，且防疫工作不到位，导致成活率低，甚至造成鱼鸭大批死亡，给养殖户造成了极大的经济损失，严重打击了农民的养殖积极性。此外，较小的养殖规模没有给养殖户带来应有的经济效益，因此，如何让农民真正做到养殖增收、解决农村富余劳动力就业问题，是农村养殖面临的紧迫课题。

三、市场需求分析及预测

水产品及家禽作为日常生活消费品，市场需求空间巨大。千家万户的餐桌以及宾馆、酒店等都是这些产品的需求场所。鱼、鸭、鸡养殖产业孕育着巨大商机，随着人民生活水平的不断提高，消费需求量将会逐年增加，市场前景广阔。

立足现实，着眼于××县区域位置和市场特点。目前，本地市场上的鱼、鸭、鸡大多数是由外地养殖户供应，运输费用占产品成本比例较大，导致产品市场价格较高，而且消费者普遍反映产品品质较差，更愿意购买本地土特养殖产品。

因此，高品质的土特养殖业在我县具有较大的发展潜力和前景。

四、项目建设内容及规模

1. 规模

养殖场地结构分布合理，适合立体养殖业发展，共有水域面积约23亩，山地面积约40亩，整体规划混合养殖四大家鱼4万尾，肉鸭1 000只，土鸡1 000只。

2. 具体建设内容

(1) 养殖场改建：河滩修整及排水分流建设，初步规划建设成四大块主要水面养殖区，预计投资1万元。

(2) 养殖棚舍建设：初步建设鸭舍6栋，鸡舍4栋，育雏舍4栋，第一期预计投资1.5万元。

(3) 其他费用：饲草种植费2 000元，购买鸡、鸭、鱼苗费用6 000元，饲料费4万元，防疫费6 000元，河汊承包费用8 000元/年，租赁看护场所费用3 000元/年，日常开支1万元，合计7.5万元。

前期投资总计：10万元。

五、项目投资效益分析

每只鸭收益5元，按照85%的成活率计算，预计每批鸭收益4 200元，一年出栏5批，收益2.1万元。每只鸡收益7.5元，按85%的成活率计算，预计每批鸡收益6 200元，一年出栏2批，收益1.24万元。预计养鱼收益3万元。

预计收益总计：5.3万元。

六、资金来源

养殖场经营者和村民合资，个人投资4万元，为了使养殖场尽早走上正轨，更好更快地发展起来，现急需资金6万元，希望上级领导在政策和资金上给予支持。

综上所述，该项目投资少、见效快、抗风险能力强，具有极强的科学合理性和可行性。项目预计在实施第三年即能收回投资，更主要的是能起到示范带动作用，指引一条致富路，激发广大村民创新创业的热情，展现我县大学生村官扎根基层、服务农村的务实精神。

分析： 创业者在创业之初要结合自身特点，选对创业项目，选择最适合创业项目的创业环境(地理位置、政策扶持)等，要保证产品市场供求链的衔接，对产品的市场前景做客观预计，同时对投资和收益要有明确的规划。制订详细周密的创业计划，并积极务实地落实，才能加速创业成功的步伐。

(资料来源：百度文库，有改动)

第二节　创业计划书的撰写

创业计划书的撰写是一个着眼于项目发展前景，制订详细计划，确定创业盈利模式，明确创业项目所需资源并寻求支持的过程。

一、创业计划书的基本结构

一份完整的创业计划书，大致由封面、保密要求、目录、摘要、正文和附录等几部分组成。

1. 封面

封面是计划书的门面，一份好的计划书必须有一个醒目别致、令人眼前一亮的封面。首先封面上要用醒目的字体做标题，如《××企业创业计划书》。其次，还要预留足够的空间排版：包括企业(项目)名称、单位、地址、联系人、联系方式(电话、传真、邮箱等)、企业官网网址、企业计划拟订时间等。在有限的空间内，既要明确展示给读者创业项目名称、业务范围，还要提供尽量详细便捷的联系方式，便于读者与自己联系。为了吸引读者，撰写者可以考虑选择一张能体现企业特点或产品(服务)的彩图作为封面插图，但要注意预留其他内容的编排空间。

2. 保密要求

创业计划书属于商业机密，所有权属于计划书的撰写者。因此，撰写创业计划书时，应有明确的保密要求。保密要求可单独成页并列出说明，也可在封面下部明确标出。

保密要求用于提醒投资者对计划书妥善保管，对计划书内容保密。在未经撰写者同意前，不得将计划书的全部或部分内容以任何形式泄露。若投资者无投资意向，须尽快将完整的计划书归还撰写者，并不得以任何形式留存。

3. 目录

目录是计划书内容的索引，计划书的撰写者在编撰过程中可利用编辑工具按照章节顺序对计划书进行一、二、三级标题编排。计划书编写完成后，便可自动生成目录，确保了章节内容与目录页码的一致性。

4. 摘要

摘要应强调用词准确，表述简练，内容翔实。

5. 正文

正文部分是创业计划书的主体和核心部分。这部分要分别介绍企业产品(服务)的基本情况、经营管理团队框架、行业市场预测分析、企业产品(服务)营销策略、风险管理及财务预测等内容。在撰写过程中，要注意用语简练、篇幅适中、内容具体、条理清楚、资料充足，体现说服力和吸引力，同时注意阐述和总结并重，首尾呼应，体现完整性。

6. 附录

主体部分不能详细展示的内容，或需要提供参考资料和数据的内容，都可放在附录部分作为补充。例如，企业营业执照、产品的专利证书或代理授权书、产品(服务)相关的荣誉、与创业项目相关的各种调查问卷等。

翔实完整的内容能够打动读者，别致用心的外观设计能够吸引读者。在编撰创业计划书时，不但要对计划书内容进行反复推敲，做到有理有据、翔实可信，还要对封底和封面设计、企业 Logo 设计、内容布局排版、字体大小、颜色选择、装订样式、装订包装细节等有所要求，力求醒目、吸引眼球。这样的一份计划书才能在读者心目中强化企业形象，展示企业风采，提高创业项目的可信度，从而进一步强化投资者的投资信心。

二、创业计划的信息搜集

创业计划相关信息的搜集，即通过相关的信息媒介获取市场信息，是企业创立的重要步骤。通过不断搜集分析信息，一方面可以论证创业项目的可行性，另一方面可以使创业者了解市场行情、客户需求，明晰自身优势和不足，确定创业发展方向和创业定位。此外，也能够向读者展示企业实力，增强创业合作团队的信心。

1. 搜集计划

如何通过有效渠道获取信息？如何确保信息质量？在信息搜集前需要先进行明确的规划。

首先，需要明确需要解决的问题及搜集信息的目的。

其次，需要明确信息搜集内容、范围、方式、渠道等。

再次，需要明确具体的时间、地点、人员、沟通方式等。

最后，需要设计好信息收集分类汇总的表格及质量分析标准提纲等。

2. 搜集方法

1) 网络平台

随着大数据时代的来临，网络平台的利用无疑是信息搜集的首选渠道。从搜索引擎、社交网络的普及到人手一机的智能移动设备，互联网上的信息总量正以极快的速度不断增长。这些信息涵盖了商家信息、个人信息、行业资讯、产品使用体验、商品浏览记录、商品成交记录、产品价格动态等海量内容。这些数据通过聚类可以形成创业大数据，其背后隐藏的是行业的市场需求、竞争情报，隐藏着巨大的财富价值。通过搜索引擎、文献检索等方法可以获取各种创业信息。采用大数据辅助创业分析，通过对海量数据的分析研究，可以精准地了解政策、城市、市场、价格、用户等各方面因素，并给出智能决策辅助，从而做到"知彼知己，百战不殆"，清醒智慧地开展决策研究等工作，高效地创造更好的效益。

2) 传统媒体

互联网目前还不能完全取代传统媒体。只有在传统媒体公开的部分创业资料信息，是前人、成功者、政府、专业机构留下的创业经验，是一笔宝贵的财富。创业者可根据自己所涉行业和企业的特点，有针对性地搜集相关信息。

3) 调查问卷

调查问卷是获取真实信息的重要手段。通过线上、线下的观察、询问等调查方式，或直接利用调查问卷从市场和消费者中了解情况，搜集相关信息。利用这一途径能够更加直观地了解市场、了解消费需求。

4) 建立情报网

在企业进行运营管理和重大决策时，通过单一的渠道进行信息搜集是远远不够的，因此必须多渠道、多途径地搜索信息，即建立自己的情报网。除了通过互联网、传统媒体等获取信息外，还可以通过参与各种相关产品展销会、洽谈会获取参展公司的产品说明和技术资料，也可以组织利益相关的战略合作伙伴，从中获取信息等。将信息搜集、筛选加工、反馈传递等活动进行分类汇集，力求所获信息的及时性、准确性和全面性。

3. 搜集步骤

1) 确定问题

创业者要弄清自己想解决什么问题，想获取哪方面的信息，确定信息搜索的重心和目的，才能有针对性地进行相关信息的搜集，避免做无用功。

2) 制订计划

周密的计划是有效开展信息搜集的前提和保证。从实际出发，依据不同层面的问题制订相应的搜集计划，有效有序地开展搜集，提高搜集效率。

3) 组织实施

按照搜集计划，遵循原则、注重时效地进行第一手信息的搜集。灵活运用搜集方法，并对问题进行多方位、多角度的信息搜集。对所获信息从重要程度、详细程度、可借鉴程度等方面进行分类，进而筛选出最需要的信息数据。最后将筛选出的可用信息数据汇总整理，形成诸如数据图表、资料汇编、调查报告等形式的信息成果。这些信息成果对于创业者来说，有着重要的参考价值。

第三节 创业计划书撰写步骤

创业计划书往往是由创业团队多方协作，通过反复讨论和修改共同完成。撰写创业计划书不仅是完成一个写作任务，而且是在运行一个商业项目。撰写的计划书没有固定的模式。一般来说，撰写创业计划书包括以下四个阶段。

一、准备阶段

创业者或创业团队通过提出倡议和筛选商机，选择了合适的创业项目后，就可以开始撰写创业计划。在开始撰写创业计划之前，要进行许多重要的准备。

1. 市场调查

通过市场调查，为所选择的项目或创意的可行性和实施细节搜集各种信息及资料。这是撰写创业计划核心部分的关键。撰写创业计划要基于实地调查获取真实的市场信息，掌握实际资料。市场调查的内容极为广泛，主要包括宏观环境调查：政治、经济、文化、气候和地理状况、人口、技术、行业发展情况等。

2. 制订计划

制订工作计划包括确定创业计划的目标与宗旨(融资、寻求合作伙伴、竞赛)；完成构思，确定总体框架(对要素的取舍、议题的增减、篇幅等进行预先规划)；确定日程安排。

3. 分工协作

确定负责人进行统一协调，各部分分工负责撰写，明确每个团队成员的职责和任务，并公布工作制度、纪律和工作要求。创业团队可以制作一份任务分配表，将创业计划书的各项任务、完成时间、完成标准分配给团队成员。

二、起草阶段

这一阶段要全面撰写创业计划的各个部分，初步形成比较完整的创业计划方案。一般按照以下三个层次完成草稿：第一层次主要评估基本现状、设计战略理念，内容上侧重于创业项目、创业企业、产品与服务、工艺与技术、组织与管理、战略规划等方面。第二层次需要深入细致地调查、分析、创新思考，主要侧重于对市场与竞争的分析，提出生产设想和促销策略。第三层次的议题和要素要使创业计划趋于完善，这部分内容需要条理性强且符合规范，主要包括财务计划、融资方案以及风险分析等。

三、完善阶段

将草稿交给有关专家广泛征求意见，以进一步补充、修改和完善草拟的创业计划书。认真检查草稿是否完整、务实、可操作，是否突出了创业计划项目的独特优势和竞争力，并注意对细节的加工润色，如词汇的选用、语法结构、语言精练程度、上下文衔接、整体思路等，剔除多余和重复的内容、错误的拼写，如有补充材料则放到附录部分。

四、定稿阶段

这一阶段是将创业计划定稿并印制成正式文本，注意创业计划书的装帧。封面内容包括公司名称、地址、电话、电子邮箱、日期、创业计划编号等。

【课后案例】

雷军与小米的创业十年

2020年8月11日，在小米科技园，小米公司创始人、董事长兼CEO雷军用时3小时发表了一场演讲，用20个创业故事，回顾小米的十年创业历程，包括招募创业伙伴、100个MIUI种子用户、和董明珠打赌等。

雷军宣布，小米未来十年的发展策略是"重新创业、互联网+制造、行稳致远"。同时，雷军还公布小米发展的三大铁律：技术为本，性价比为纲，做最酷的产品。

雷军回忆，在小米创办的第一年，花了 80%的时间在招人，不懂硬件，先从软件开始做起，"那时安卓刚起步，我们就成了国内最早一批做安卓的。但操作系统毕竟是操作系统，工程量相当庞大，不是十来个人的小团队可以搞定的"。

小米就把电话、短信、通讯录、桌面这四个当时最重要的功能做出来，并建了一个论坛，招募志愿者来"刷机"。

"让我们感动的是，居然有 100 位用户愿意冒着巨大的风险刷 MIUI，也就是我们熟悉的 100 位梦想的赞助商。"雷军在发布会上如此说道。

可喜的是不到一年时间，MIUI 用户量就超过了 30 万。在十周年的演讲中，雷军也谈到和董明珠的 10 亿元"赌约"，他这么评价："我们也干了不少蠢事，比如和董明珠打赌。"

雷军在发布会上说："2013 年我们被选为中国经济年度人物，编导在后台和我俩说，你们能不能热闹一点？我说，可以呀，和董明珠打个赌吧，赌一块钱，赌小米的营收五年时间能不能超过格力？"可一上台，董明珠将双方的"赌约"改成了 10 亿元。"我当时就蒙了，董总怎么不按剧本走呀，这 10 个亿肯定一下子成为社会话题。"

五年时间，小米从 200 多亿元涨到了 1749 亿元，增长了 8 倍，但格力的营收从 1 200 亿元涨到 1 980 亿元，涨了 60%，最后小米还是输了。颇具戏剧性的是，结束打赌的第二年，小米的营收超过了格力。

"我每次想起打赌这件事情，都后悔得不得了。"雷军说，"敢于和格力打赌，是因为那个时候我们信心的确膨胀了。很快，小米就遭遇了非常多的成长烦恼。"

除了干过的傻事，雷军在现场也分享了十年来他记忆最深刻的三个高光时刻的故事，即 2018 年小米作为第一家"同股不同权"的科技股登陆港交所、2019 年小米终于拥有了自己的物业小米科技园、同年小米成为最年轻的世界 500 强，"就在昨日公布的 2020 年财富 500 强榜单上小米上升 46 位，成为最具成长力的科技创新公司"。

在小米进入世界 500 强那年，雷军曾表示："我大学一毕业就开始创业，特别羡慕林斌他们有机会在世界 500 强上班，现在好不容易把自己的公司搞成了世界 500 强，终于可以在 500 强上班了。我们一定得好好'嘚瑟'一下。"

雷军称，小米已经连续两年入选世界 500 强。但小米也总被拿来与老牌世界 500 强比较。"苹果、三星、华为，我承认小米今天还不如它们，但其实小米做得还很不错。作为一个成立 10 年的企业，小米有很多缺点，但要看到更多的闪光点。"

在他看来，最让自己自豪的不是上市和入选世界 500 强，而是推动了智能手机的普及，加速了移动互联网的起飞；带动 100 个行业的变革，成就了一大批创业者；小米还改变了很多人的命运。

小米公司，不仅入选了世界 500 强，还在北京拥有了自己的办公园区。2019 年 7 月，小米科技园正式开园，为此，雷军专门发了一条微博："北漂，奋斗九年多，终于买房了！8 栋楼，34 万平方米，52 亿元造价。"

在当天 3 个小时的演讲中，雷军还发布了十周年小米献礼产品，包括小米 10 至尊纪念版、高性价比的 Redmi K30 至尊纪念版、小米透明电视三款"超大杯"产品。

小米智能工厂也在这次演讲中首次亮相。雷军介绍，位于北京亦庄的小米智能工厂是小米用互联网赋能制造业的产物，总建筑面积达 1.86 万平方米，投资金额 6 亿元，已经成为智能化"黑灯工厂"。所谓黑灯工厂，可实现全厂生产管理过程、机械加工过程和包装储运过程的全程自动化无人生产。

雷军介绍，在继续和代工厂真诚合作的基础上，小米将深度参与制造业，不仅自研大量高端装备，而且设计完成了全自动化的高端手机生产线。此次活动发布的小米 10 至尊纪念版透明版即由该工厂生产。

雷军称下一个十年，智能制造将进一步助力中国品牌的崛起，小米产业基金已投资了超过 70 家半导体和智能制造的公司，小米未来要做的是"制造的制造"，帮助更多制造型企业实现智能制造。

(资料来源：观察者网，有改动)

思考与练习

1. 模拟企业注册流程。
2. 拟定创业企业选址方案，并进行展示。
3. 组建创业团队，模拟创业项目，拟订创业目标、经营目标、部门设置及招聘计划，并进行分享。
4. 模拟创业团队，展示风险应对策略，并由学生相互评价。

参 考 文 献

[1] 梁启超. 中国近三百年学术史[M]. 天津：天津古籍出版社，2004.
[2] 赵屹，汪艳. 新媒体环境下的档案信息服务[M]. 上海：世界图书出版公司，2015.
[3] 吴亚梅，龚丽萍. 大学生创新创业教程[M]. 重庆：重庆大学出版社，2018.
[4] 刘润. 每个人的商学院[M]. 北京：中信出版社，2019.
[5] 唐继红. 大学生创新创业实务[M]. 北京：高等教育出版社，2017.
[6] 萨瑟兰. 敏捷革命[M]. 北京：中信出版社，2017.
[7] 罗文谦，惠亚爱，徐锦华. 大学生创新创业基础[M]. 北京：国家行政学院出版社，2017.
[8] 薛永基. 大学生创新创业教程[M]. 北京：北京理工大学出版社，2017.
[9] 陈奎庆，丁恒龙. 大学生创新创业教程[M]. 北京：科学出版社，2017.
[10] 刘辉，李强，王秀艳. 大学生创新创业教程[M]. 上海：上海交通大学出版社，2016.